全国教育科学规划教育部青年课题"新一轮课改背景下高中生物核心素养的实践研

课题批准号：EHA160474

U0695913

高中生物
核心素养研究

肖安庆◎著

民主与建设出版社
·北京·

图书在版编目（CIP）数据

高中生物核心素养研究 / 肖安庆著. — 北京：民
主与建设出版社，2019.10

ISBN 978-7-5139-2664-5

Ⅰ.①高… Ⅱ.①肖… Ⅲ.①生物课—教学研究—高
中 Ⅳ.①G633.912

中国版本图书馆CIP数据核字（2019）第209035号

高中生物核心素养研究
GAOZHONG SHENGWU HEXIN SUYANG YANJIU

出 版 人	李声笑
著　 者	肖安庆
责任编辑	刘　芳
封面设计	姜　龙
出版发行	民主与建设出版社有限责任公司
电　 话	（010）59417747　59419778
社　 址	北京市海淀区西三环中路10号望海楼E座7层
邮　 编	100142
印　 刷	北京虎彩文化传播有限公司
版　 次	2022年6月第1版
印　 次	2022年6月第1次印刷
开　 本	710毫米×1000毫米　1/16
印　 张	16
字　 数	288千字
书　 号	ISBN 978-7-5139-2664-5
定　 价	45.00元

注：如有印、装质量问题，请与出版社联系。

2014年3月，教育部印发的《关于全面深化课程改革 落实立德树人根本任务的意见》首次明确提出各学段学生要发展核心素养，将核心素养的培养置于全面深化课程改革、落实立德树人目标的基础地位，对教育要"培养什么人、怎样培养人"提出了根本要求。通过充分研究与论证，教育部于2016年9月发布了《中国学生发展核心素养》。可见，学生核心素养的培养已成为新一轮课程改革的新指向，也为新一轮课程改革提供了新动力，相对应的教师核心素养培养培训工作也越来越受关注。

2017年12月29日，教育部印发了关于《普通高中课程方案和语文等学科课程标准（2017年版）》的通知，新一轮课程改革于2018年秋正式全面推广实施。经过一年多的讨论和修改，《普通高中生物学科课程标准（2017年版）》正式颁发，这为高中生物核心素养的实施提供了纲领性文件，为生物课程改革的实施提供了原动力。

什么是核心素养？核心素养是指学生借助学校教育所形成的解决问题的素养与能力，是最关键、最必要的共同素养。与传统三维目标的区别在于，核心素养强调知识、能力和态度的有机结合，凸显情感、态度和价值观的重要性，强调人的反思和行动能力。核心素养可用态度乘以知识与能力的和来表示，即素养=（知识+能力）态度。生物科学素养是公民参加社会生活、经济活动、生产实践和个人决策所需的生物科学知识、探究能力以及相关的情感态度与价值观，是公民科学素养构成中的重要组成部分。高中生物核心素养是高中阶段的学生通过高中生物课程的学习，初步形成生命科学的核心素养，提炼出生物学科中关注个人发展和社会发展的必备品格及关键能力，主要包括生命观念、理科思维、科学探究和社会责任。

高中生物核心素养如何落地，是本轮课程改革成功的关键。现在，国内核心素养的研究，百家争鸣，百花齐放。本书从实施细节入手，为教师落实学生发展核心素养，提升自身的专业素养，提供了重要、具体的抓手。本书可以帮助教师改变教学行为，尝试新的教学模式，进行新的教育探索，实现教育教学理念的升华。

　　本书的内容以公开发表的学术论文为主，系统地介绍了核心素养课程资源开发的基本理论和高中生物核心素养的实践理论，为相关研究人员提供参考，也为政府有关部门提供参考，为我国推行核心素养理念、提升学生核心素养提供理论支撑，具体的研究模式、途径为新一轮课改提供参考借鉴，具有一定的实用性和指导性。

肖安庆

深圳市盐田高级中学

2018年10月11日

目录
CONTENTS

第四章 核心素养导向的课堂教学

第五章 基于核心素养构建生命观念

第六章 基于核心素养的科学思维培养

第七章　基于核心素养开展科学探究

第八章　基于核心素养的社会责任教育

第九章　基于核心素养的评价

第十章　基于核心素养的试题研究

第十一章　基于核心素养的教师专业发展

附　录

第一章

核心素养概论

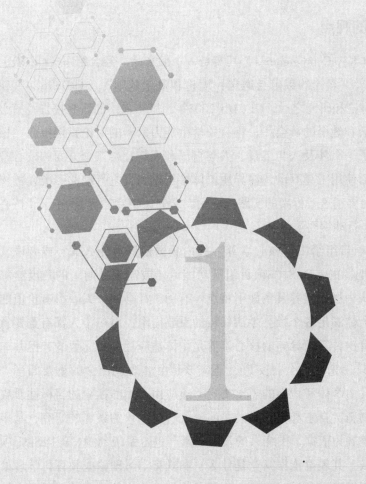

当今世界，国民的核心素养是衡量一个国家竞争力与国际地位的重要因素。20世纪90年代，世人已意识到国民的核心素养的重要性，并逐步成为国际组织和东西方教育理论与实践研究的热点课题。

第一节 何谓核心素养

一、OECD的观点

"核心素养"（Key Competencies）其实是一个舶来品。经合组织（OECD）于1997年12月启动了"素养的界定与遴选：理论和概念基础"（即DeSeCo）项目。在持续多年的讨论和研究之后，OECD于2003年出版了最终的研究报告《核心素养促进成功的生活和健全的社会》，将有关学生能力素养的讨论直接指向"核心素养"，并构建了一个涉及人与工具、人与自己和人与社会三个方面的核心素养框架。其具体包括使用工具互动、在异质群体中工作和自主行动共三类九种核心素养指标条目。为推动这一框架的实践与应用，2005年OECD专门发布了《核心素养的界定与遴选：行动纲要》。

那么，DeSeCo项目组给出"核心素养"的内涵的依据是什么呢？或者说，其理论经脉是如何把握的？DeSeCo项目组从功能论（或需求导向）的角度诠释了核心素养。他们认为核心素养具备如下特点：有助于社会和个人获得有价值的成果产出；有助于个体满足各个社会生活领域的重要需求；对每个人都有重要意义。他们指出，尽管这种需求导向的核心素养是个体适应社会所需要的，但并非全部，核心素养不只用来与社会打交道，还应该是个体改造社会的重要因素。因此，核心素养不仅由个体和社会的需求决定，还应由个体和社会的目标性质决定，而且还应包括创新、自主和自我激励。回顾既有关于人的素养的研究，其多以学习科学的相关进展为依据，围绕人的发展对素养进行系统刻画。但DeSeCo项目组显然没有这样做，其理论依据究竟是什么，和既有学习理论或教育科学理论成就的关系如何，不得而知。DeSeCo项目组只是大体上指出核心素养超越了直接传授的知识和技能，它包含了认知和实践技能的应用、创新能力以及态度、动机和价值观，同时认为反思性，即反思性思考和行动是核心素养的核心。

显然，DeSeCo项目组看到了比基础知识和基本技能更具高级形态的内容，其不仅包含了方法层面的内容（认知和实践技能的应用、创新能力），也包括了态度与价值观层面的内容；同时，他们又提到了反思性，应当说反思作为一种思维能力，具有方法论和认识论的双重性质，反思能力或者说通过反思性实践对学生核心素养的培养至关重要。这些认识都非常重要，但从整体上看，DeSeCo项目组对核心素养的描述又比较散乱，没有形成严谨的指导性学理体系。笔者认为，他们的逻辑可能在于：刻画人的内在品质，即称之为"素养"；而站在功能论角度描述，就可以称之为"核心素养"。当然，DeSeCo项目组并没有对自己的这种潜在逻辑给出明确说明。

二、欧盟的观点

作为与终身学习战略并行的教育变革指导体系，核心素养已成为近十年来欧盟教育发展的支柱性理念。欧盟希望以核心素养取代传统的以"读、写、算"为核心的基本能力，引发并指导各成员国的课程变革。2006年12月，欧洲议会和欧盟理事会通过了关于核心素养的建议案，向各成员国推荐母语、外语、数学与科学技术素养、信息素养、学习能力、公民与社会素养、创业精神以及艺术素养等八大核心素养体系，对于每个核心素养，均从知识、技能和态度三个维度进行了描述。在这一建议案中，核心素养被定义为：在知识社会中每个人发展自我、融入社会及胜任工作所必需的一系列知识、技能和态度的集合。

有学者认为，欧盟核心素养的核心理念是使全体欧盟公民具备终身学习能力，其突出特点在于统一了个人、社会和经济三个方面的目标与追求。相比分科知识，欧盟的核心素养理念具有更强的整合性、跨学科性及可迁移性等特征，但它并没有排斥母语、数学和科学等传统意义上的基本技能，这印证了欧盟核心素养的基本理念是强调跨学科、综合性的能力培养，但这并不意味着就否定传统的基本技能，而是将其作为核心素养的基础。这一核心素养体系的描述，既有较强的站在学习科学、教育科学成就的基础上指向人的内在品质的意图，又具有明显的面向问题解决的功能导向色彩，它在尊重核心素养的整合性、跨学科性及可迁移性的理念上颇为新颖，在一般意义的基础知识、基本技能与核心素养关系的厘清上，也有意无意地下了一番功夫。

总而言之，从积极的方面说，OECD和欧盟的同行们有对教育实践的深刻了解，也有对教育的美好憧憬和较为准确的方向判断；遗憾的是，OECD没有说清楚的，欧盟同样也没有说清楚。两家都缺少应有的科学方法的情怀，都是朴素地在表层上进行演绎，不能说明其核心素养思路的合理性，不能证明其给出的框架之完整性，因此都做得还不够。

三、国内的观点

国内研究者的观点大致受到上述两个具有代表性观点的影响。关于核心素养的认识比较有代表性的是辛涛等人的观点。他们认为，核心素养就其内涵而言，应当以个体在现在及未来社会中应该具备的关键能力、知识技能及态度情感等为重点；就学科属性而言，核心素养并不指向某一学科知识，并不针对具体领域的具体问题，而是强调个体能够积极主动并且具备一定的方法获得知识和技能。从人的成长发展与适应未来社会的角度出发，跨学科跨情境地规定了对每一个人都具有重要意义的素养；就功能指向而言，核心素养的功能超出了职业和学校的范畴，不仅限于满足基本的生活和工作需要，而更有助于使学生发展为更健全的个体，能够更好地适应未来社会的发展变化，能够达到促进社会良好运行的目的。另有一些比较具有代表性的论述，如核心素养是一种跨学科素养，它强调各学科都可以发展的、对学生最有用的东西；核心素养不是只适用于特定情境、特定学科或特定人群的特殊素养，而是适用于一切情境和所有人的普遍素养，这就是"核心"的含义。素养是个体在特定的情境下能成功满足情境的复杂要求与挑战，它是在个体与情境的有效互动中生成的。

整体上看，国内学者关于核心素养认识的方法和风格，与OECD和欧盟如出一辙。核心素养的选取都反映了社会经济与科技信息发展的最新要求，强调创新与创造力、信息素养、国际视野、沟通与交流、团队合作、社会参与及社会贡献、自我规划与管理等素养，都是为了适应新世纪的挑战。

第二节　核心素养的本质

当前，我国基础教育界对核心素养概念的关注与讨论，承载着人们对教育寄予的所有美好期望，其尊重双基、功能论思想（指向问题解决）、跨学科性（综合性）、终身受益等诸多观点都具有合理性。这些素养是在现代民主社会中，为儿童和成人过上有责任感的成功生活所必需的，也是社会应对当前和未来技术变革及全球化挑战所需要的。

一、人的教育

作为一种教育思潮，注重人的教育主要是受西方哲学的影响，经过多年的发展，今天已成为教育理论界普遍接受的一种教育哲学。有学者认为，人的教育就是使人视野开阔，兴趣广泛；使人产生对知识和真理的渴望，并且能够形成一种崭新的思维方式，最终成为一个文明的人、有教养的人、有健全人格的人。当然，就基础教育而言，人的教育需要落实到所有课程上去。简言之，人的教育和课程强调的是对学生思想、人格、态度的培养。需要说明的是，此处所指的"思想"并非简单指思想品德之思想，更指特定课程中所包含的学科核心思想或思维方法。以基础教育中的数学课程为例，如果不把数学课程与人的思维发展、人的理性发展以及人的信仰和态度生成联系起来，数学课程就不可能走向人的课程。

从学习活动的角度看，思维贯穿于学习活动的始终，思维能力是学习能力的核心。思维能力又具体表现在两个层面：一是通用层面，主要表现在抽象概括与逻辑分析能力上，这是接受知识、发现知识或建构知识的基本前提；二是学科层面，主要表现为学科特有的理解问题和分析问题的思维方式，这是学习者能够像学科专家一样深入思考问题时所需要的一种能力。后者正是下文要谈的学科思维。

二、寻找学科思维

自新中国成立以来，中小学教育注重"双基"，渐渐成为公认的一贯传统。但随着时代的发展和知识量的激增，这些基础知识和基本技能不足以构成学生未来发展或终身发展的基础，因为它们可能很快就会老化、过时或得到新的发展，基础所包含的内容自然也会发生变化。这种变化可以概括为两个方面：一方面，对学生的终身发展来说，最重要的就是获取和掌握知识的本领或方法，简称基本方法；另一方面，在当今这个时代，对于学生的未来发展或终身发展来说，重要的还有基本态度与价值观。如此，基础知识、基本技能、基本方法、基本态度与价值观构成了新的"四基"，共同构成了学生终身发展的基础。相对于基础知识和基本技能而言，基本方法和基本态度与价值观被认为是基础中更为重要的部分。在全球性教育变革的呼声中，新课改提出的"知识与技能、过程与方法、情感态度与价值观"的课程目标，也可以看成是超越"双基"思想在新时期的表现形式。

那么，"四基"或新课改的提法，就是理解基础教育课程变革的全部线索吗？它们是如何诠释"更普遍的基础教育价值"的呢？在笔者看来，教育史上著名的"形式教育"（思维训练）和"实质教育"（知识教育）的争论或许可以为我们提供有益的启示。"形式教育"强调思维训练的一个重要原因就是学科思维比学科知识更易于迁移，更具通用性。当然，现代教育要成为充满智慧的活动，必然要求教育者要跳出知识与思维之间非此即彼的选择，那么，建立在实用知识基础之上的思维训练是可以在教育实践中获得统一的。因此，从思维层面上构建学科思维体系的系统性、完整性和丰富性，并通过课程实施将其转化为学生的内在品质，应当成为人们的共识。事实上，中国期刊网上日渐增多的冠之以数学思维、生物思维、物理思维、地理思维、历史思维、语文思维等的探索性文献，体现了这一共识的逐步形成。以数学课程为例，无论当下的数学课程是否如此，但历史上确实出现过成功的范例，那就是欧几里得的《几何原本》。这本著作自其产生已有两千多年，虽然科学技术日新月异，但其鲜明的直观性、严密的逻辑性、丰富的思想性影响着一代又一代人，长期的实践业已证明它是培养青少年逻辑思维能力的范本。

三、认识学科思维

（一）学科思维具有抽象性

为方便起见，我们在"双基"或"四基"对比的基础上进行讨论。从人的素养构成的抽象层级来分，基础知识和基本技能属于较低抽象层次的基础；基本方法（暂时认为其包含的学习方法和问题解决的方法两个部分）属于较高抽象层次的基础；学科思维（含态度）应该处于更高抽象层次上，是世界观和方法论的层次。如此处理，可以看到，人的发展必须经历从低到高三个层次才是完整和丰满的，下面两个层次是学科思维层次形成的基础；反过来，一个获得学科思维的人无疑具备了总揽下面两个层次的能力。针对本书的主题，笔者认为，获得学科思维的人具备了某种重要素养，一种能够总揽"四基"的素养，而不仅仅是具备"四基"的素养。这种诠释思路比较清晰，再结合欧盟关于"整合性、跨学科性及可迁移性"的设想，学科思维在其本身的抽象层面上，不仅是完备的而且是跨学科联通的，这或许是欧盟相关朴素观点的由来。当然，这种跨学科性本身是建立在知识体系的完备及跨学科联通的基础上的，离开知识体系的完备及跨学科性就谈不上学科思维的跨学科性。

（二）学科思维具有长期性

学科思维的获得过程具有长期性，不可能一蹴而就，必须经历长时间系统而复杂的学习活动和心理过程才能获得。学科思维所要求的学习形式与过程，依赖于体验性学习活动、反思性实践，通过体验和抽象概括而内化为学习者的内在品质，既不停留在"双基"层的掌握上，也不止步于问题解决式学习活动的层面上。

（三）学科思维具有社会性

这种社会性并不直接表现在对劳动力、职业素养乃至社会经济发展的奠基，也不完全在于为学生理解和融入社会传递必要的文化认同、社会意识、国家观念等基础知识，而是体现在学习者通过学科学习所养成的对社会或周遭世界的洞察能力上，即从不同角度观察、理解、融入和参与社会实践和变革的思维能力上；获得学科思维的学习者并不是简单地能思维，而且要会思维，善于思维，自由于思维。例如，历史的时空观念、多元联系是理解社会事件和社会关系的基本方法；数学的量化思维、逻辑思维是理解社会发展的重要手段；科学技术类课程所携带的科学思维则是理解现代社会科技元素和科技创新的基础。

第三节　国内外核心素养研究

一、国外相关研究的学术史梳理及研究动态

（一）国际组织的核心素养框架

1997年，国际经合组织开启了核心素养研究计划，指出：学生能力素养培养的关键是核心素养的培养，应该互动地使用工具、自主行动和在社会异质团体中互动，这对后来的PISA测试产生了直接影响；2003年，联合国教科文组织提出核心素养的五大支柱学说，要求把核心素养的培育与终身学习联系起来，即学会求知、学会做事、学会共处、学会发展、学会改变，达到学会生存这一人本主义目的。

（二）地区和国家的核心素养框架

为使公民获得终身学习的能力，2006年年底欧盟向各成员国推荐八大核心素养体系，为个人生活目标提供支持，为个人兴趣、梦想及终身学习的愿望提供动力；美国的21世纪素养框架确立了三项基本技能领域，特点是以核心学科为载体，转向更为深层、复杂、创新与合作的思维方式和工作方式的培养；新加坡

2010年3月公布的21世纪素养框架较具特色，较早提出核心价值观，强调社交和情感技能以及面向全球化世界的关键能力，这一框架更加关注学生的全面教育，把价值观和品格发展教育放在重要位置；始于2012年的芬兰核心素养框架影响较大，极具操作性，它根据欧盟的标准，将核心素养分解至各学科各学段，提出了学科具体的目标、核心内容和评价标准，有助于教师对课程的实施和对教育目标的把握。

从整体上看，国外机构与政府对核心素养的重视程度越来越高，相继建立了自己的学生核心素养模型，建立起以学生核心能力和素养为中心的新课程体系，但学科研究和课程资源的开发明显不足，基于核心素养的学科教学和课程资源开发理论将成为研究的新趋势。

二、国内相关研究的学术史梳理及研究动态

（一）探讨了核心素养体系与课程的关系

国内学者辛涛研究核心素养体系与课程关系较早且具有代表性。他在《我国义务教育阶段学生核心素养模型的构建》（《北京师范大学学报（社会科学版）》2013.1）中指出，核心素养的遴选要遵守素养可教可学、对个体和社会都有积极意义、面向未来且注重本国文化三个原则；在《基于学生核心素养的课程体系建构》（《北京师范大学学报（社会科学版）》2014.1）中阐述，核心素养应体现在具体化的教学目标、质量标准、内容标准和教学建议上。窦桂梅等在《基于学生核心素养发展的"1+X课程"建构与实施》（《课程·教材·教法》2015.1）中，从家国情怀、公共道德、身心健康、社会参与、学会学习、国际视野等构建了小学生核心素养发展的"1+X"课程。

（二）研究了核心素养的概念与内涵

国内学者柳夕浪研究核心素养的概念与内涵较早，他在《从"素质"到"核心素养"》（《教育科学研究》2014.3）中，对素质的结构及其形成过程进行了分析，厘清了素质教育与核心素养体系的关系；施久铭的《核心素养为了培养"全面发展的人"》（《人民教育》2014.10），指出了核心素养的概念，强调跨学科，更重视综合素养。此外，《人民教育》相继发表了成尚荣的《基础性：学生核心素养之核心》和王红等的《走向核心素养》等论文。以上论文从人的全面发展、适应社会角度出发，归纳了核心素养的概念与内涵，探讨了"培养什么样的人"的教育问题。

（三）梳理了核心素养国外和国内的研究成果

张娜的《DeSeCo项目关于核心素养的研究及启示》（《教育科学研究》2013.10）介绍了DeSeCo项目开展的背景、发展脉络，核心素养的主要内容，界定与遴选核心素养的过程等；裴新宁、刘新阳在《全球教育展望》发表的《为21世纪重建教育——欧盟"核心素养"框架的确立》和《教育变革期的政策机遇与挑战——欧盟"核心素养"的实施与评价》中介绍了欧盟的核心素养框架；褚宏启等的《我国学生的核心素养及其培育》介绍了国际组织及美国、新加坡等国家构建的学生核心素养框架。从整体上看，国内学者对核心素养认识的方法和风格，与国际经合组织和欧盟的观点相似，都认为应该注重双基培养、跨学科性、功能指向等。

其实，我国政府对学生核心素养的要求是与时俱进的。2010年7月颁布的《国家中长期教育改革和发展规划纲要（2010—2020年）》第一次提到学生核心素养框架，提出"树立科学的质量观，把促进人的全面发展、适应社会需要作为衡量教育质量的根本标准"，对学生全面发展的总体要求和社会主义核心价值观的有关内容具体化、细化；近期又公布了《中国学生发展核心素养（征求意见稿）》，明确指出学生发展核心素养是指学生应具备的、能够适应终身发展和社会发展需要的必备品格和关键能力，包括9大素养：社会责任、国家认同、国际理解；人文底蕴、科学精神、审美情趣；身心健康、学会学习、实践创新，使得学生核心素养具体化，课程改革明确化。但学科的核心素养较为滞后，相关研究不多，这为本课题的研究提供了机遇与挑战。

第二章

高中生物学核心素养与内涵

第一节　生物核心素养的内涵[①]

　　什么是核心素养？核心素养是指学生借助学校教育所形成的解决问题的素养与能力，是最关键、最必要的共同素养。[②]它是课程改革的原动力，为深化改革指明了新方向。[③]与传统的三维目标不同，核心素养强调知识、能力和态度的有机结合，凸显情感、态度和价值观的重要性，强调人的反思和行动能力。核心素养可用态度的乘积来连接知识与能力，即核心素养=（知识+能力）态度，如果态度是正值，知识与能力将产生积极的效果；如果态度是负值，知识与能力将产生消极的效果。[④]北京师范大学刘恩山教授认为，核心素养是一种跨学科素养，强调学科综合性、发展性、有用性。比如核心素养中的语言素养已经不是语文学科和外语学科的概念，而是一种有效的表达和交流，是一种广义的语言概念。

　　生命科学是研究生命现象和规律的科学，深刻影响到人们对生命事物的认识，在培养全面发展的人的过程中，具有非常重要的地位。情感态度价值观关系到学习兴趣、学习责任，关系到积极的科学态度与精神，更关系到学生追求真善美的人生价值、人与自然和谐发展的价值。因此，探讨以核心素养为目标的情感态度与价值观教育，具有重要的意义。

　　2014年3月印发的《教育部关于全面深化课程改革落实立德树人根本任务的意见》（以下简称"意见"）首次明确提出各学段发展的核心素养，将核心素养的培养置于全面深化课程改革、落实立德树人目标的基础地位，对教育要培养什么人、怎样培养人提出了根本要求。通过充分论证与研制，2016年9月教育部发布了《中国学生发展核心素养》，正式对学生发展核心素养进行了界定，综合表现为9大核心素养：社会责任、国家认同、国际理解；人文底蕴、科学精神、审美情

---

① 肖安庆，颜培辉.高中生物核心素养的内涵与培养策略［J］.中小学教师培训，2017（6）.

② 施久铭.核心素养:为了培养"全面发展的人"［J］.人民教育，2014（10）.

③ 顾明远.核心素养：课程改革的原动力［J］.人民教育，2015（13）.

④ 柳夕浪.从"素质"到"核心素养"——关于"培养什么样的人"的进一步追问［J］.教育科学研究，2014（3）.

趣；身心健康、学会学习、实践创新。核心素养的培养已成为新一轮课程改革的新指向，也为新一轮课程改革提供了新动力。

一、何谓高中生物核心素养

核心素养是指在相关学段和课程学习的过程中，学生应具备的、能够适应终身发展和社会发展需要的必备品格和关键能力，如理解相关基本知识，掌握基本的研究方法与批判性思维品质，具备尊重事实、理科思维的精神，理解科学的本质，关注科学技术与社会的关系，并逐步形成的与个人终身发展和社会发展相关的最基本的知识与技能、方法与意识、情感态度与价值观。它是国家教育目标的具体化，是课程和教育目标制定的根本依据，是教育教学过程中三维目标对学生的综合体现，即核心素养=（知识+能力）态度。[①]但核心素养的指向更明确，更具有终身性、动态性、关键性和情境性。

生物科学素养是公民参加社会生活、经济活动、生产实践和个人决策所需的生物科学知识、探究能力以及相关的情感态度与价值观，是公民科学素养构成中重要的组成部分。高中生物核心素养是高中阶段的学生通过高中生物课程的学习，初步形成生命科学的核心素养，提炼出生物学科中关注个人发展和社会发展的必备品格及关键能力，主要包括生命观念、理科思维、科学探究和社会责任，见表2-1。

表2-1　高中生物核心素养的素养要素

素养要素	具体内容
生命观念	生命观念是指对观察到的生命现象及相互关系或特性进行解释后的抽象，是经过实证后的想法或观点，达到理解或解释较大范围相关事件和现象的目的。主要包括：稳态和结构与功能观、进化与适应观、稳态与平衡观、物质与能量观等，并用生命观念认识生命世界、解释生命现象。
理科思维	理科思维是指建立在证据和逻辑推理之上并对事物或问题进行观察、比较、分析、综合、抽象与概括的思维方式。其主要包括：演绎推理、模型建构、批判性思维、归纳与概括等方法，并运用理科思维探讨说明现象与规律，审视论证有关生物学科出现的各种现象与问题。

① 柳夕浪.从"素质"到"核心素养"——关于"培养什么样的人"的进一步追问［J］.教育科学研究,2014（3）.

续 表

素养要素	具体内容
科学探究	科学探究是针对生命现象，进行观察、提问、方案设计与实施、讨论与交流，并在探究过程中进行团队协作、科学探究的过程，是生物学科的主要理科属性。
社会责任	生物学科的社会责任是指基于生物学的认识，参与个人与社会事务的讨论，做出理性解释和判断，尝试解决生产生活中生物学问题的担当和能力。根据出现的生命现象与问题，参与讨论、理性解释，辨别科学与伪科学，主动宣传生命意识、环保意识和健康意识，结合社区资源开展科学实践。

二、高中生物核心素养的特征

北京师范大学刘恩山教授认为，核心素养是一种跨学科素养，强调学科的综合性、发展性、终身性。这也是高中生物核心素养的重要特征。

（一）综合性

依据《中国学生发展核心素养》，我国学生发展核心素养体系由社会参与、文化基础、自我发展三大领域构成，每个领域各包括两个核心指标（表2-2），每项核心指标都不是单独培养的，具有综合性，应整体设计与实施。高中生物课程的知识内容是学生生物核心素养知识的综合载体，高中生物核心素养也具有综合性。例如，高中生物必修3第6章第2节"保护我们共同的家园"的教学中，全球性生态环境问题主要包括全球气候变化、水资源短缺、臭氧层破坏、酸雨、土地荒漠化、海洋污染、生物多样性等，可以培养学生的相关素养；学习生态系统的直接价值、间接价值和潜在价值时，可以培养学生的人文底蕴，然后引导学生思考保护生物多样性的角度，培养学生的问题解决与创新实践意识。

表2-2　我国学生发展核心素养体系的构成

核心素养领域	核心指标
社会参与	责任担当、实践创新
文化基础	人文底蕴、科学精神
自我发展	学会学习、健康生活

（二）发展性

人们在不同的历史时期，科学文化的发展水平是存在着比较大的差异的。比如20世纪的人们在理解科学思维与社会责任等素养的时候尚处于低级阶段，将科学思维与社会责任等素养等同于理解科学知识的能力。而进入21世纪以后，随着科学技术日新月异的发展，人们对于科学思维与社会责任等素养的理解更加强调的是人们运用科学知识和方法去解决实际问题的科学精神和科学意识。由此我们可以看出，生物课程的学习是动态的，生物核心素养的培养也是动态的、发展的，它需要在特定的情境和需要中生成与发展。例如，高中生物必修2"遗传学"的教学是遵循人类认识基因之路而展开的，犹如一百多年来，生物科学家孜孜以求的探索过程，使学生受到科学方法、科学态度和科学精神等多方面的启迪，有利于学生认识事物发展的规律与现象。在不同的教育阶段，生物核心素养表现出不同的阶段性特征，既需要生物学知识的积累，也需要生物方法与技能的积累与提高，以及生物情感态度与价值观的逐步升华。它是一个长期培养与渗透的过程，是一个循序渐进、逐步升华的发展过程，具有明显的发展性特征。

（三）终身性

核心素养要求为学生的终身需要而发展必备品格和关键能力，高中生物核心素养应紧密结合社会发展和时代要求，体现人的终身发展和社会发展的需要，能够对公民未来的生产生活产生持续性的影响。比如说，培养学生的生命观，关键是要让学生知道生命是什么，生命活动如何进行，生命为什么会这样，了解生物共通概念，加深对自然界的理解，形成进化观、生态观等基本观点。[1]此外，生物核心素养对学生终身发展还应具有实用性，诸如在高中生物教学中还应培养学生的科技信息素养、语言表达与沟通能力。需要强调的是，核心素养中的语言素养已经不是语文学科和外语学科的概念，而是一种有效的表达和交流，是一种广义的语言概念，使公民在未来社会生产与生活中受益。[2]

第二节　基于核心素养的教育价值

中学生物学课程作为科学领域的一门学科课程，让学生形成生物核心素养，是发展生物学核心素养不可或缺的。对生物核心素养内涵和内容体系等问题的研

---

[1] 谭永平.从发展核心素养的视角探讨高中生物必修内容的变革［J］.课程•教材•教法，2016（7）.

[2] 施久铭.核心素养:为了培养"全面发展的人"［J］.人民教育，2014（10）.

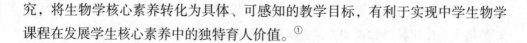

究，将生物学核心素养转化为具体、可感知的教学目标，有利于实现中学生物学课程在发展学生核心素养中的独特育人价值。[①]

一、生物核心素养的教育价值

观念是客观事物在人脑中反映的一种高级形式，是构成科学理论的基础与核心，也是理论指导实践最具体的原则。观念不同于概念。首先，概念作为思维抽象的产物，往往反映的是一类事物本质属性。观念是在众多概念的基础上，通过抽象、推理等思维过程，升华为对事物更全面、更本质、更深刻的认识。观念作为知识的最高形式，其本质是概念充分发展的形式。从这一点来看，观念与国外教育研究中提到的"大概念"具有很大的一致性，都体现了对学科知识、方法等的概括性认识。其次，概念一般回答客观世界"是什么"和"为什么"的问题，是关于客观世界的知识。观念还可以回答人对客观世界"怎么做"的问题，它和人的社会行动有直接联系，具有明确的价值方向。

生物核心素养是生物学概念和规律等在人们头脑中的提炼和升华，是人们对生命的本质和生物学学科本质的整体理解和认识，表现为能够从生物学的视角解释自然现象、认识自然规律、解决实际问题。生物学的研究对象是有机体，与非生命的物质存在方式相比，生命的特殊性在于生命个体和物种在结构与功能、存在与发展及演化方式上的复杂性、组织性、历史性和多样性等。因此，相对于传统的以经典生物学为核心的科学观念，生物核心素养为人类认识自然界提供了一种新的观念体系。

生物核心素养具有持久的理解力，是学生在忘记了具体的学科事实后仍然在头脑中存在的东西，也被称为"可以带回家的信息"，它可以在复杂的真实情境中迁移运用。生物核心素养是可教、可学的，它形成的关键是分析与综合、抽象与概括等理科思维。而且生物核心素养的形成是一个渐进的过程，具有阶段性和终身性。通过中学生物学课程的学习，学生对生物核心素养内涵的理解逐渐丰富，最终养成了从生物学视角看待问题的思维习惯，形成了对生命世界的基本看法和态度。生物核心素养的价值不在于为生命过程中的种种问题提供确切的答案，而是为我们获取答案提供思维的方向，并克服具体的观察和实验的局限性，

[①] 张秀红. 核心素养视域下的生物学观念：内涵、价值、内容体系及教学［J］.课程·教材·教法，2017（9）.

直接透视生命的整体本质。研究和学习生命科学的人只有通过观念的滋养，才能形成对生命科学不同层次、不同领域知识的统一理解。生物核心素养的构建有利于促进学生形成科学的自然观、世界观和价值观。

二、提升生物核心素养的基本思路

我国现行的高中和义务教育阶段生物学课程标准，对生物核心素养的内容体系都没有系统表述。以往的研究少见对生物核心素养进行系统地梳理，也少见对生物核心素养具体内涵的界定。因此，在中学生物学课程中开展基于观念的教学，首要问题就是构建生物核心素养的内容体系。核心素养视域下生物核心素养的提升既要体现核心素养基础和关键的特点，也要彰显学科特色。具体而言，生物核心素养的提升应该主要考虑以下几个方面。

首先，要将中学生物学课程在发展学生核心素养中的价值和基本任务，作为提升生物核心素养的出发点和落脚点。通过中学生物学课程的学习，学生一方面在建构概念的基础上理解生命，从而更好地理解自然界；另一方面又要参与科学探究和技术实践活动，建立对生物学的理解，从而更好地理解科学的本质，养成良好的科学态度和精神。因此，生物核心素养的提升应紧紧围绕学生对生命和生物学的理解这一范畴，既要关注生命观念，也要关注科学本质观。

其次，生物核心素养的提升要基于学科核心概念。生物核心素养并非空中楼阁，而是以核心概念为基石。生物学是一个内容丰富的概念体系，中学生物学课程的核心概念主要包括细胞、新陈代谢、稳态与调节、遗传与变异、进化与适应、生态系统、生物多样性等。学生要理解生命的本质，首先要理解以上核心概念。因此，生物核心素养的提升需要以生物学的核心概念为基础，建立生物学的深层结构。同时，由于科学是一个整体，学科之间存在着相互关联和交叉，必然会存在一些通用概念，如系统、结构与功能等，这些通用概念与生物学概念具有广泛联系，有利于学生更好地理解生命、理解生物学和科学，所以生物核心素养的提升也要关注科学通用概念。

最后，生物核心素养的提升还应从生命科学哲学的视角出发。生命科学哲学是研究生命的本质，生物学的理论、思想和方法等问题的哲学学科。历史上生物哲学家们关于生物学在科学中的地位、生物学的社会责任、生命的本质和价值等问题的讨论，可以为我们理解生命的本质、提升生物核心素养提供参考。

课堂是教学的主阵地，但是课堂并不仅局限于教室，教师也可以带领学生走出去，利用更多手段，开发更多资源。对于核心素养中"生命观念"的培养，教师须结合时代特色，将教学向不同方向延伸。总之，核心素养视域下的生物核心素养立足学生的发展，关注学生对生物学和生命本质的认识，体现了从学科本位到以人为本的转变。建立生物核心素养是学生学以致用的关键，对学生科学思维的形成和内在品质的提高都具有重要意义。

第三节　基于核心素养的培养策略[①]

中学生物教学中核心素养的培养策略需要我们深入分析中学生物教学的实际情况，在此基础上，深入剖析目前我国中学生物教学过程中存在的种种问题，有针对性地加强中学生生物核心素养的培养策略。

一、注重学科逻辑和核心素养培养的融合

生物科学的理科属性包括逻辑思考，通过概念、判断、推理的形式，创造合乎逻辑的理论体系，反映客观事物的本质属性和运动规律。它帮助人们认识和把握思维规律，提高思维效率，培养正确的思维习惯。核心素养的培养，应遵循高中生物的学科逻辑，按照高中生物课程的独特认知过程，符合高中学生的身心发展规律，进行整体规划和系统设计。高中生物学科知识是培养学生核心素养的知识载体，只有融合高中生物学科逻辑思维，才能有效培养生物核心素养。

注重学科逻辑和核心素养培养的融合，应注意以下方面：

（1）情境化。设计合理的问题情境，是培养学科思维和核心素养的关键。高中生物教学中，灌输和死记硬背是不能建立学科逻辑思维的，而应在现实生物学问题的情境中，通过思考解决问题，这是训练学科思维的重要途径。

（2）综合性。培养学科逻辑思维，不可能仅仅通过一两次训练就可以形成，而应在科学实验、探究性活动、概念教学等环节中进行经常性训练。学科逻辑思维的培养，既可以通过练习检测来测评，也可以在教学中给以显性化体现。

（3）系统化。培养学生学科逻辑，既可以训练学生逻辑思维的技能，也可以训练学生学科逻辑思维的具体方法；既可以锻炼学生应用逻辑思维的技能，也可

---

① 肖安庆，颜培辉.高中生物核心素养的内涵与培养策略 [J].中小学教师培训，2017（6）.

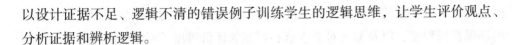

以设计证据不足、逻辑不清的错误例子训练学生的逻辑思维，让学生评价观点、分析证据和辨析逻辑。

二、进一步加强探究式教学

探究性教学能有效地加强学生的主体性地位和自主能力的提高。它包括独立自主探究和合作探究。在学生发展核心素养体系中，自我发展领域由问题解决、创新与自我管理三部分组成。独立自主的探究教学是培养学生自我发展素养的重要方法，它既能帮助学生养成独立研究的良好习惯，又能掌握高中生物问题探究与解决问题的方法，培养学生对高中生物问题的探究意识和精神，对实现学生的自我管理起到重要作用。合作探究教学是在学生分工与合作的基础上，通过学生彼此交流与沟通，实现师生之间、学生之间智慧的碰撞与交流，是培养文化领域中语言沟通素养的重要途径。探究性教学既是高中生物教学的本质，也是体现理科属性的重要途径，在本轮课程改革中做得还不够，在新一轮课程改革的过程中还要进一步加强。

三、创设贴近真实生活的教学情境

情境教学是培养学生核心素养的重要途径，贴近生活的教学情境是培养学生核心素养的重要桥梁。贴近生活的教学情境能够激发学生的学习兴趣，培养学生正确的情感，也能更好地帮助学生理解知识概念，掌握生物技能与方法，提高学生解决问题的能力，从而培养学生生物核心素养的形成。核心素养的形成离不开生活情境和社会实际，生物核心素养的培养需要教师创设贴近真实的教学情境。

四、对核心素养进行外显化评价

本轮课程改革的重点是把知识与技能、过程与方法、情感态度与价值观列入三维课程目标，依据《意见》的改革精神，下一轮课程改革的核心任务是培养学生的核心素养，它具有动态性、情境性、内隐性和终身性，这对核心素养培养的评价，具有一定的困难。因此有必要对核心素养的转化进行可观察的外显化评价。我们可以通过态度问卷调查，进行形成性评价和表现性评价，也可以通过相应的测量工具、制定相关的测量标准，开展可以观察的外显化评价。例如，个人环境保护意识的培养，是学生核心素养社会参与领域中的社会责任、公民道德素养的内容。对学生个人环境保护意识素养的评价，如果仅仅只是通过几道试题，是很难开展客观公正的评价的。对学生环境保护意识素养的评价，我们可以通过问卷调查了解学生的环保意识与态度，通过学生的具体行动和生活行为评价他们的环保意识程度，以及加大对学生核心素养的评价维度，对学生的核心素养进行客观外显化评价。

《意见》已经明确提出下一轮课程改革的核心是对学生进行核心素养的培养。高中生物核心素养关注个人发展和社会发展的必备品格及关键能力，重点培养学生的生命观念、理科思维、科学探究和社会责任。高中生物教师应加强对核心素养的学习与研究，树立核心素养教育理念，注重学科逻辑和核心素养培养的融合，进一步加强探究式教学，创设贴近真实生活的教学情境，对核心素养进行外显化评价，以更好地培养学生生物核心素养，使学生在未来的学习与生活中受益。

第四节　落实学科核心素养应处理好三种关系[①]

本轮课程改革中，核心素养已成为各学科课程教学的灵魂，指导着各学科的教学目标、课堂教学组织、学业质量标准的设计和评价实施。《普通高中生物学课程标准（2017年版）》（以下简称"2017版课程标准"）正式发布，指出高中生物核心素养由生命观念、理科思维、科学探究和社会责任四个要素构成。它们既各自独立，又相互联系，贯穿于生物课程标准的始终。教学中应处理好以下3种关系，才能正确落实学科核心素养的内涵。

一、学科核心素养与学生发展核心素养的关系

2016年正式发布的《中国学生发展核心素养》的内容和框架，如何处理学科核心素养与学生发展核心素养的关系，涉及学科核心素养的落实与课程改革深化的成败，成为中学教育亟待解决的重要问题。

（一）二者是部分与整体的关系

学生发展核心素养与学科核心素养是整体与部分的关系。前者是未来公民具有的最关键、最根本的素养，后者是依据学生发展核心素养而设计的，是前者的重要组成部分，是学生通过学科课程学习形成的关键能力和必备品格。学生发展

---

① 肖安庆，颜培辉，夏献平.落实学科核心素养应处理好三种关系［J］.中学生物学，2018（10）.

核心素养是新一轮课程改革的整体要求，是各个学科核心素养的综合，是知识、能力和态度的综合，二者的关系如图2-1所示。生物科学是一门研究生命现象与规律的科学，具有自己的特殊教育功能，是其他学科无法替代的。因此，生物核心素养是培育学生发展核心素养的基本元素，体现了生物学科对学生成长的意义与价值，具有综合性、整体性。

图2-1　学生发展核心素养与学科核心素养的关系

其实，二者的内涵并没有严格的对应关系。生物核心素养只落实了学生发展核心素养中的科学精神、实践创新、学会学习、健康生活、责任担当5个素养，侧重于科学精神、学会学习和实践创新，见图2-2，并没有承担"人文底蕴"的任务，这是因为生物学科尊重了自己的学科特性，但并不意味着生物课程中就没有该价值，只是不承担主要的、必要的素养任务。

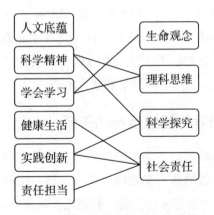

图2-2　学生发展核心素养与学科核心素养的对应关系

（二）二者是具体与抽象的关系

学科核心素养与学生发展核心素养是具体与抽象的关系。学生在小学阶段教育的过程中，逐步形成了适应个人终身发展和社会发展需求的必备品格和关键能力，最终形成学生发展核心素养。学生发展核心素养是在各个阶段学科教育抽象而来，是学生培养的总体目标，并没有与实际学科教学直接联系起来，是起到了桥梁作用。从抽象与具体的角度看，学科核心素养回答了生物学科的本质与育人价值，提炼了学科的具体素养，确定了学科的内容框架和评价标准，是学生发展核心素养的部分要素在高中学科的具体要求，是高中学科育人价值的具体体现。

以学生发展核心素养中的科学精神为例，其包括3个要求，即理科思维、批判质疑和勇于探究。高中生物究竟要培养学生什么样的理科思维，如何帮助学生学会探究，这就需要生物学科核心素养这座桥梁。高中生物核心素养中的理科思维、科学探究这两方面的核心素养旨在让学生形成学科特色的理科思维方式，通过科学探究、社会责任这两方面的核心素养，让学生经历生物探究的过程，掌握科学探究的方法，形成批判质疑的品质。

（三）二者是特性与共性的关系

学科核心素养与学生发展核心素养是特性与共性的关系。学生发展核心素养强调的是跨学科素养，如协作、创造性和批判性思维是共性素养。生物学科素养强调的是基于生物学科特色和学科本质制定，是高中生物学科在培育学生发展核心素养上的特色体现。当然，生物核心素养也关注跨学科素养的培养，关注多学科素养的整合，如STEAM与生物学科的融合，逐步为广大教师所认可，越来越受到一线教师的重视。

总之，学科核心素养关注学科特点和学科教学本质，有利于落实发展学生核心素养，是部分与整体、具体与抽象、特性与共性的关系。在学科教学时，只有认真研究这些关系，在发展学生核心素养的背景下构建学科核心素养的实施细则，前后照应，才能充分发挥学科教学的育人价值。

二、学科核心素养与三维目标的关系

当课程标准正式公布之后，学生的培养从三维目标转变为核心素养，核心素养的研究已经成为教育领域研究炙热的名词。在核心素养"热"的研究下，作为教育工作者，我们必须冷静思考：二者有何变化？有何关系？

（一）核心素养继承了三维目标价值

核心素养是对三维目标价值的继承。三维目标是在针对传统教学过分关注知识与技能的要求下，忽视学生应用方法解决问题的能力培养和正确情感态度价值观的背景下形成的。与三维目标提出的背景一脉相承，核心素养的提出也是为了提高学生科学素养，提高学生的创新精神和实践能力，避免单纯追求分数与升学率，以达到知识与技能、过程与方法、情感态度与价值观相统一的目的。生物学科核心素养是学生通过生物课程的学习，具备今后处理生物领域事务的必备品格和关键能力，在价值取向上与三维目标一脉相承。

从具体内容来看，二者的内涵保持一致。学科核心素养源于三维目标，二者都包括学科观念、学科思维、科学精神与科学探究。生物学科的三维目标中，知识目标"获得生物学基本事实、概念、原理、规律和模型等方面的基础知识"对应生物核心素养中的素养1"生命观念"和素养2"理科思维"，情感态度与价值观目标"提高对科学和探索未知的兴趣；养成科学态度和科学精神，树立创新意识，增强爱国主义情感和社会责任感；认识科学的本质，理解科学、技术、社会的相互关系，以及人与自然的相互关系，逐步形成科学的世界观和价值观"对应素养1"生命观念"、素养3"科学探究"和素养4"社会责任"，能力目标"初步学会生物科学探究的一般方法，具有较强的生物学实验的基本操作技能、搜集和处理信息的能力、获取新知识的能力、批判性思维的能力、分析和解决实际问题的能力，以及交流与合作的能力"对应素养1"生命观念"、素养2"理科思维"和素养3"科学探究"。分析二者的内涵，对应关系如图2-3所示。

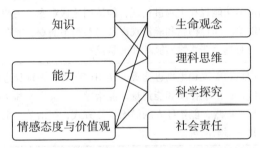

图2-3　生物三维目标与生物核心素养的对应关系

（二）学科核心素养发展超越了三维目标

学科核心素养是对三维目标的进一步提炼和整合，体现在课程内容、评价和性质3个方面。在课程内容上，尽管课程标准阐述了三维目标的内容，但是比较模糊、不易操作，在实际教学中有一定的困难。知识目标"获得生物学的基本事实、概念、原理、规律和模型"究竟要达到什么程度，没有表述。关于能力目标和情感态度与价值观目标的阐述，也比较模糊，很难把握。本轮课程改革的特点是学科核心素养的研制，是对三维目标的肯定和审视，确定了少而精的核心观点，如生命观念中的结构功能观、物质能量观、进化适应观、稳态平衡观，具有较强的操作性和针对性。

在评价方面，三维目标虽然设置了培养目标，但整体上缺乏对表现水平的划分和描述，这给教学评价带来了一些问题。如知识目标"获得生物学的基本事实、概念、原理、规律和模型"也没有划分水平要求，很多老师认为对这些要求都是相同没有差异的，而每个学生的心理发展水平是存在差异的，学生的科学素养不可能是相同的。学科核心素养对表现水平进行了水平划分，具有阶段性和连续性。2017版生物课程标准从思想和观念的角度、情境复杂的程度、应用水平3个方面，将核心素养水平划分为4个层次。其中水平1和水平2比较简单，核心内容仅限于必修课程，水平3和水平4相对较复杂，主要内容包含了必修课程和选择性必修课程，整体遵循了循序渐进的原则。表2-3是对生命观念的水平描述。

表2-3　生命观念素养要素的水平分级与描述

水平分级	生命观念描述
水平1	初步形成结构与功能观、生物进化观，能从分子与细胞水平认识生物体的结构与功能是相适应的，适应性是长期进化的结果；初步形成物质和能量观。
水平2	形成结构与功能观和生物进化观，能分析和解释简单情境中的生命现象；形成物质和能量观，能结合简单情境说明生命活动中物质代谢和能量代谢的维持。
水平3	形成结构与功能观和生物进化观，能运用这些观念分析和解释较为复杂情境中的生命现象。综合物质和能量观以及稳态与平衡观，能在特定的情境中说明生态系统时时刻刻存在着物质循环和能量流动。
水平4	形成结构与功能观和生物进化观，能用这些观念识别身边的虚假宣传和无科学依据的传言；形成物质和能量观，能指导、解决生产和实践中的具体问题；形成稳态与平衡观，能指导人的健康生活方式，指出某一生态系统中的构成要素及影响其平衡的因素。

在性质方面，是对三维目标的发展和超越。教学中，教师虽然能接受三维目标的基本理念，但在教学设计过程中，设计教学目标存在相互割裂、缺乏联系的现象，过分强调知识目标；在确定能力目标和情感态度与价值观目标时，经常与知识目标孤立起来，导致能力、情感态度与价值观被忽视。针对这些问题，学科核心素养的制定得到审视和重新认识，将核心素养要素，如生命观念、理科思维、科学探究和社会责任的要求融合成整体，使三维目标得到全面发展，并使它们得到协调发展、相互渗透。

可见，生物核心素养是对三维目标的继承，更是对三维目标的发展和超越，反映了课程理念的更新与进步，有利于对三维目标的理解和把握。但三维目标并不过时，仍然存在，学科核心素养并不是也不应该替代全部的三维目标。

三、学科核心素养与学业质量标准的关系

2017版课程标准的特色是将核心素养和学业质量标准写入课程标准之中。因为上一轮课程改革中，课程标准没有写入"学业质量标准"，教师在教学评价特别是考试评价时，常常以考试大纲和考试说明为依据，这在一定程度上弱化了生物课程标准的地位。在新一轮的课程改革中，首次在课程标准中写入学业质量标准，是对上一轮课程改革的反思与修正。学业质量是学生在完成本学科课程学习后的学业成就表现，学业质量标准是以本学科核心素养及其表现水平为主要维度。那么核心素养与学业质量标准是何种关系呢？

（一）核心素养是学业质量标准的制定依据

2017年版课程标准依据不同水平学业成就表现的关键特征，将学业质量分为不同水平，描述了不同水平学习结果的具体表现。表2-4是生物学业质量水平1的质量描述。表中每个水平均包含生物核心素养的4个要素，分别划分为4个条目，每个条目分别对应一个素养，如"1-1"对应生命观念。等级越高，学业成就水平也越高，是分水平呈现的可测性结果，直接指导教师的教学评价。因此，核心素养是学业质量标准的制定依据与基础。

表2-4 学业质量标准水平1的描述

水平	学业质量标准的描述
1-1	能初步以结构与功能观、物质与能量观等观念，说出生物体的组成结构和功能之间的关系、光合作用和呼吸作用中的物质与能量转换、遗传与变异的物质基础和规律等；初步运用进化与适应观，说出生物的多样性和统一性；在给定的问题情境中，能以生命观念为指导，分析生命现象，探讨生命活动的规律，设计解决简单问题的方案。
1-2	能认识到生物学概念是基于科学事实，经过归纳与概括、演绎与推理等方法形成的；能理解分子与细胞、遗传与变异等相关概念的内涵；能用上述概念和科学思维方法解释简单情境中的生命现象。
1-3	能针对给定的分子与细胞、遗传与进化等相关的生物学问题，根据实验计划，使用简单的实验器具，按照实验操作步骤进行实验，如实记录实验数据，分析得出结论，写出实验报告并与他人进行必要交流；认同在生物学探究过程中开展合作的必要性。
1-4	形成热爱生命、人与自然和谐共处的基本观念，认同环境保护的必要性和重要性；认同健康的生活方式，远离毒品；能对有关生物学的社会热点议题进行理性判断。

（二）学业质量标准可衡量学生核心素养水平的达成

不管是核心素养还是学业质量标准，显示的水平是表现不是要求，研究的对

象是行为不是答案，二者具有相同的尺度，具有非常相似的对应关系。表2-5为2017年版课程标准中素养2"科学思维"的水平划分和学业质量水平划分，可以看出二者存在明显的对应关系。学业质量标准是学生完成核心素养的程度和水平，是可测的学习结果，核心素养水平是以陈述的方式揭示每个素养要素构成的维度与特征。因此，与核心素养水平相比，学业质量标准更加贴近课程教学，更加具体，更加具有可操作性，是教师教学、编制试题和诊断评价的重要依据，也是衡量学生核心素养水平达成的重要依据。

表2-5 "科学思维"的水平和学业质量水平描述

水平	核心素养水平的划分	学业质量水平的划分
1	能够认识到生物学概念都是基于科学事实经过论证形成的，并能用这些概念解释简单的生命现象。	能认识到生物学概念是基于科学事实，经过归纳与概括、演绎与推理等方法形成的；能理解分子与细胞、遗传与变异等相关概念的内涵；能用上述概念和科学思维方法解释简单情境中的生命现象。
2	能够以特定的生物学事实为基础形成简单的生物学概念，并用文字或图示的方式正确表达，进而用其解释相应的生命现象。	能基于特定的生物学事实，采用归纳与概括、演绎与推理等方法，以文字、图示的形式，说明分子与细胞、遗传与变异等相关概念的内涵；针对生物学的相关问题，能运用科学的思维方法展开探讨；在面对有争议的社会议题时，能利用生物学重要概念或原理，通过逻辑推理阐明个人立场。
3	能够从不同的生命现象中，基于事实和证据，运用归纳的方法概括出生物学规律，并在某一给定情境中，运用生物学规律和原理，对可能的结果或发展趋势做出预测或解释，并能够选择文字、图示或模型等方式进行表达并阐明其内涵。	能基于给定的事实和证据，采用归纳与概括、演绎与推理等方法，以文字、图示或模型的形式，说明分子与细胞、遗传与变异、稳态与调节、生物与环境等相关概念的内涵，举例说明生物工程与技术的原理及其与社会之间的关系；针对生物学相关问题，能运用科学思维方法展开探讨、审视或论证；在面对有争议的社会议题时，能利用生物学重要概念或原理，通过逻辑推理阐明个人立场，做出决策。
4	能够在新的问题情境中，基于事实和证据，采用适当的科学思维方法揭示生物学规律或机制，并选用恰当的方式表达、阐明其内涵。在面对生活中与生物学相关的问题并做出决策时，利用多个相关的生物学大概念或原理，通过逻辑推理阐明个人立场。	能基于事实和证据，采用归纳与概括、演绎与推理、模型与建模等方法，以恰当的形式阐释分子与细胞、遗传与变异、稳态与调节、生物与环境等相关概念的内涵，论述生物工程与技术的原理及其与社会之间的关系；在面对生产、生活中与生物学相关的新问题情境时，能熟练运用科学思维方法展开探讨、审视或论证；在面对有争议的社会议题时，能利用生物学重要概念或原理，通过逻辑推理阐明个人立场，做出决策并解决问题。

新一轮课程改革即将在全国全面推开，如何正确理解和把握核心素养的内涵，是课程改革的关键。只有处理好学科核心素养与学生发展核心素养的关系、学科核心素养与三维目标的关系、学科核心素养与学业质量标准的关系，才能更好地落实学科核心素养的本质和精神。

第五节　课程标准特点分析及实施原则

与2003年版《普通高中生物课程标准（实验）》相比，《普通高中生物学课程标准（2017年版）》最大程度地利用了自2003年以来所获得的教改经验，学习和借鉴了国外优秀的课程改革成果，对十几年的课程改革中出现的一些问题做了回应与完善。2017年版的课程标准有哪些新变化，教师如何适应？这是生物教育工作者亟待研究的问题。

一、《普通高中生物学课程标准（2017年版）》特点分析

与实验版课程标准相比，2017年版课程标准内容体系更丰富，可操作性更强，主要表现在课程目标、课程结构、课程内容和学业质量等方面。

（一）课程目标指向核心素养

从课程目标看，实验版课程标准从知识、能力和情感态度与价值观三维目标的角度提出了6条课程目标，但对学生形成哪些生命观念和科学思维没有明确指出。2017年版生物课程标准针对这些问题，将生命观念、科学思维、科学探究和社会责任融为一体，提出了4个核心素养要素，使生物学科的课程目标内涵具体化，为课堂教学指明了新方向——融合三维目标，培育学生学科核心素养。

（二）优化了高中生物课程结构

从课程结构看，2017年版的生物课程标准依据普通高中课程方案，分层设计了渐进式的高中生物课程结构，如图2-4所示。

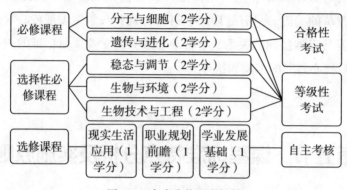

图2-4　高中生物课程结构

高中生物课程采用模块化的设计理念，分为必修课程、选择性必修课程和选修课程，其中必修课程为全体学生必须学习的课程，是高中学生生物学学科核心素养发展的共同基础；选择性必修课程是根据个人需求和升学考试要求选择的课程；选修性课程是根据地方和学校的实际，学生自主选择学习的课程。将实验版课程标准课程结构中的必修3、选修1和选修3调整到选择性必修课程，改变了原有必修内容概念多、难度大以及选修1和选修2形同虚设的局面，有利于学生整体的学习和长远发展，满足时代需求。

2017年版生物课程标准的课程内容具有以下显著特点：

（1）不同类型的课程之间衔接更为合理。必修课程是选择性必修课程学习的基础，选择性必修课程之间并不存在明显的关联，课程修订者采取渐进的方式设计必修课程和选择性必修课程，使得这一课程结构更具有系统性和完整性，满足不同学生的学习需求。

（2）适应了招生考试的要求。新高考背景下，不选择生物学纳入高校招生录取总成绩的学生，只要学习必修课程，参加学业水平合格性考试就行；对于选择生物学纳入高校招生录取总成绩的学生，还要继续学习选择性必修课程，参加学业水平等级性考试。这一内容，确保了课程设计与考试招生制度相一致，满足了招生考试的要求。

（三）课程内容突显"大概念"

从课程内容看，实验版课程标准中内容标准的组织形式为：模块——具体内容标准——活动建议，共6个模块。2017年版课程标准中课程内容的组织形式是：模块——内容要求——教学提示——学业要求，共2个必修模块，3个选择性必修模块和若干个选修模块。主要特点有：

（1）突出"大概念"在必修模块和选择性必修模块中的统领作用，细化了重要概念，表述了次位概念所要掌握的具体内容。

（2）突显情境教学的真实性。在教学提示中，提供大量真实的情境素材，指导教学实践。

（3）研制了学业要求。与实验版课程标准相比，明确要求了对生命观念和科学思维的培养，制定了每一个模块所要达到的核心素养。

（四）制定了学业质量水平标准

与实验版课程标准的基本框架比较，2017年版课程标准最为突出的特点是新增了学业质量水平标准。学业质量水平标准是阶段性评价、学业水平考试命题的重要依据，是学生学业的总体描述。结合重要概念和思维方法，依据核心素养的4个方面，2017年版生物课程标准将学业质量由低到高划分了4级水平，并对不同水平标准进行了具体描述。同时，将学业质量标准同学业水平考试结合起来，指出学业质量水平2是高中毕业生在生物学科应该达到的合格要求，学业质量水平4是学业水平等级性考试的命题依据。课程标准对学业水平考试试题的命制提出了明确的要求，体现了课程、教学和评价一致性的思想。

生物学课程以学生发展为本，以学科课程内容、学业质量标准为依据，聚焦学科核心素养，促进教师的教和学生的学。在评价原则方面，提出评价应遵循立德树人的指导思想，直视学生爱国主义情操和社会责任感的形成，关注大概念，指向学科核心素养的发展，体现了评价导向性、激励性和多样性等原则。在评价方式方面，根据内容和对象的不同，采用多元评价方式，如采用学生自评和互评、小组评和教师评等评价形式，以及学生成长记录、课堂行为观察、作业练习测验、实践与应用检测、阶段性纸笔检测等评价方法。在结果反馈方面，要求教师科学分析和及时反馈评价结果给学生，并对评价结果做出合理的解释，激发学生学习的积极性和主动性，提高评价的实效性。

（五）增强了课程标准的可操作性

2017年版课程标准具有较强的可操作性，指导性显著增强，表现在：

（1）准确界定生物核心素养，有助于教师准确理解生物核心素养的内涵、结构和意义，使生物课程理念的落实有据可依。

（2）增加了教学提示和学业要求栏目。在一些教师的印象中，教学提示栏目出现在教材的教师教学用书中（如人教版教师用书），以帮助教师开展教学活动，显示教材的编写思想。2017年版课程标准的课程内容中增加教学提示这一栏目，继承了教师教学用书的优秀成果，使课程标准可操作性明显增强。学业要求是完成本模块学习后，学生应该能够达到的水平和素养要求，有利于教师制定某一概念的教学目标、选择适合的教学策略和设计有效的教学评价工具。

（3）提出了具体的实施建议。包括教学与评价、学业水平考试与命题、教材编写、地方和学校实施课程等方面的建议，这些建议既有理论阐述，又有生动的实例，特别是教学、评价和命题的案例，对课程标准的实施和生物核心素养目标的落实具有直接的指导价值。

二、实施《普通高中生物学课程标准（2017年版）》的基本原则

（一）转变教育观念

科学素养是我国发展学生核心素养体系的重要内容，生物核心素养是科学核心素养的重要组成部分。2017年版课程标准着眼于学生适应未来社会发展和个人生活的需要，从生命观念、科学思维、科学探究和社会责任等方面发展学生的学科核心素养，充分体现了学科特点和育人价值，用核心素养开展本课程的设计和实施，统领了生物教育教学。因此，落实课程标准理念，教师应该做到：

（1）认真学习生物课程理念，有意识地应用这些理念指导教学。

（2）认真学习、准确理解生物科学，挖掘生物学中促进学生核心素养培育的各种积极因素，用学生容易接受的方式融入教学。

（3）更新课程内容，不随意加大知识的难度和深度，在教学中突显生物事实、生命观念、科学思维、科学探究和社会责任等方面的内容，有效组织生物教学，以真实的情境、精心的教学设计、合作的学习环境启发学生思维，发展学生的关键能力。

（二）强化科学实践

实验版课程标准将探究性学习作为重要的学习内容和教学方式，将探究性学习作为课程的基本理念。自此，探究性教学进入生物教学实践领域。但对课程实施调查研究发现，虽然广大教育工作者认同探究性教学的教学理念，但开展探究性教学的质量普遍不高，形式化现象严重，虽然比较重视探究要素和探究过程的完整，但常常会忽略学生探究性能力的培养。在这种环境下，并没有改变学生被动机械学习的现状。这一现象不仅在我国出现，在欧美国家也普遍存在。为此，美国国家科学教育框架的核心理念把作为探究性的科学转化为作为实践的科学，纠正了形式化探究的假象。其实，科学实践不仅重视理论探究，更重视贴近实践的科学活动，现代教育理论认为，动脑比动手重要，动手要为动脑服务。

（三）落实学业质量

学业质量标准是高中生物教学的评价依据，教学中应重视以核心素养为根本的评价标准，重视学业质量标准的落实。具体来说，在实际教学评价中，应注重学生能力的发展，让评价过程本身成为教学过程的主要部分，真正体现过程性评价的教学理念；在实施评价的过程中，应根据生物核心素养和学业质量标准，科学制定评价目标和指标体系，精心设计评价内容和评价方式，及时把对学生的评价结果反馈给学生，把评价结果当作是改进教与学的机遇，而不是对学生等级优劣的划分；同时，要改变单一评价主体的评价方式，改变只把纸笔检测作为唯一评价的手段，让学生和小组在参与评价过程中，帮助学生对自己的学习状态进行分析和改进，促进学生认知能力的发展，促进学生学习能力的提高。

总之，2017年生物课程标准的修订直指立德树人的根本任务，凝练了生物核心素养，为生物课程的实施指明了方向。教学中只有通过每一位生物教育工作者认真研读课程标准，把握课程标准的实施原则，将课程标准落到实处，才能培育学生的终身素养，彰显生物课程的育人价值。

第三章

基于核心素养的教学设计

第一节　基于核心素养的高中生物教学整体设计①

生物核心素养是学生在解决真实情境中的生物学问题过程中，所表现出来的必备品格和关键能力，主要包括生命观念、理科思维、科学探究和社会责任。生物教学设计是教师根据课标的要求和教学对象的特点，科学设计教学目标、重难点、方法步骤等环节，制订合适的方案和计划。在核心素养背景下，教师可从课程观、教学观和学习观的视角开展教学设计。

一、教学设计的课程观

教学设计的课程观是指从课程的视角，教师根据高中生物课程标准的基本理念、目标要求，思考和开展教学设计。

（一）明确课程性质、目标和理念

《普通高中生物课程标准》已经修订，对高中生物的课程性质、课程目标和基本理念进行了明确阐述，并在2017年下半年正式发布。教师应认真学习高中生物课程的实施建议和学业质量标准，依据课程标准，对课程内容进行统筹安排，领会必修课与选修课的地位与关系，领会各模块之间的地位与关系，从课程的视角进行教学设计。

课程目标是指课程实施的具体目标和意图，是确定课程内容、教学内容和课程方法的基础，是教学目标的实施方向。高中生物课程目标主要包括树立生命观念、形成理科思维习惯、学会科学探究和培养社会责任感等方面，旨在提高学生生物学核心素养，树立社会主义核心价值观，实现"立德树人"的根本任务。课程目标的设计，教师一方面要把握好各章节、各模块、必修课和选修课的教学目标设计，它们具有阶段性；另一方面要从阶段性教学目标统领课时目标，结合教学实际，设计出准确的、清晰的课时目标。可以说，课程目标的落实，是课时目标、章节模块目标、选修与必修模块课程目标层层落实的必然结果。

教学目标是指教学活动实施的方向和预期，是教学活动的出发点和归宿。教

---

① 肖安庆，李贤，吴志强.基于"三观"视野的教学设计研究［J］.生物学教学，2018（6）.

学目标是教学设计的重要环节。教学目标的设计，不能只限于课时片段的设计，而应从教学目标的视角深入思考，整体设计。

为帮助学生构建"细胞具有相似的基本结构，但形态与功能有所差异"这一概念，教师可开展"细胞形态和功能多样，基本结构相似"和"描述原核细胞与真核细胞的根本区别"两部分教学活动，使学生能从结构与功能相适应这一观点，解释细胞由多种多样的分子组成，这些分子是各项生命活动的物质基础（生命观念、理科思维的素养达成），建构并制作细胞模型，形成相互协调的有机整体，完成细胞水平的各项生命活动（生命观念、理科思维和科学探究的素养达成）。

（二）理解生物核心素养的内涵

《普通高中生物课程标准（征求意见稿）》明确指出了生物学科的核心素养，阐述了生物学科的课程目标。教师应根据生物学科的核心素养和课程目标，开展教学设计。表3-1是"细胞呼吸"教学目标的制定。

表3-1　"细胞呼吸"教学目标的制定

目标	素养目标
①	通过实验的设计、观察与分析，能用物质与能量观、结构与功能观，理解有氧呼吸和无氧呼吸的过程与联系。
②	通过对有氧呼吸和无氧呼吸过程的讨论比较、归纳概括、综合分析，阐述细胞呼吸的现象及原理。
③	通过探讨细胞在不同条件下呼吸的实验设计，进行小组合作并进行评价交流。
④	尝试利用细胞呼吸的原理，理性解释生活生产中的生物学问题，并能科学锻炼与生活。

培养核心素养是新形势下高中生物教学的根本目标。教师备课时，习惯于采用三维目标来阐述教学目标和意图。表3-1依据课程内容和学业质量标准，围绕核心素养来制定本节课的教学目标。目标①体现了生命观念的要素；目标②反映了理科思维的要素；目标③指向科学探究的要素，目标④属于社会责任的要素。4个目标彼此独立又互相联系，是学科素养和课程目标的细化与要求。教学设计中，凸显核心素养各个要素，是协调发展学生品格和必备能力的具体表现，是制定教学目标的出发点和实施课堂教学的归宿。

二、教学设计的教学观

提高学生素养，应以教学观为指导，依据一般的教学理论，采取合理的教学策略，开展教学设计。

（一）依据教学理论设计教学流程

教学理论是指在教学本质及规律的基础上，组织教学所遵循的教育教学规律，是对教学本质及教学规律系统性地研究和阐述。教师开展教学设计时，既要从经验出发，更要重视教学理论的应用，设计合理的教学流程。如"基因分离定律"的新授课教学可以按照"创设情境提出问题——分析问题探索遗传规律——讨论遗传规律本质及范围——综合运用遗传规律"的教学流程组织教学。

（二）结合实际采取合理的教学策略

教师应结合实际，选择合理的教学策略，达到培养学生核心素养的要求。教师在进行教学设计时，可以创设熟悉的情境快速导课，采用创新实验的方法突破教学重难点，采用思维导图的策略开展复习课教学，等等。

关于"染色体的变异"一课，正确理解染色体结构变异、染色体组、二倍体、多倍体、单倍体、一倍体这几个概念，是学习染色体变异及其相关内容的重要基础。它们既有区别又有联系，学生极易混淆。以往，教师常常采用讲授法讲解"染色体组"的概念和特征，然后逐一讲解各个概念，不但教师辛苦，而且学生未必理解。为突破本节课内容的重难点，教师采用模型建构的策略，让学生利用彩色卡纸完成二倍体生物染色体模型的制作，并以此为基础，开展多倍体、单倍体等概念的教学，最后小组合作，绘制染色体变异思维导图，诊断教学效果。

三、教学设计的学习观

为提高学生核心素养，教学设计过程中，教师应满足学生终身发展的需求，提高学生的自主学习能力。

（一）依据已有基础指导学习

生物课程承担着既要让学生获得基础生物学知识，又要让学生领悟生物学家在研究过程中所持有的观点以及解决问题的思路和方法的任务；既要促进学生主动参与学习过程，在亲历提出问题、获取信息、寻找证据、检验假设和发现规律等过程中习得生物学知识，又要养成理科思维的习惯，形成积极的科学态度，发展终身学习的能力。因此，教师在进行教学设计时，应根据学生已有的水平和基础，创设学习任务和问题，使学生在任务驱动下有计划、有目的地学习，提升学习能力。

如在"伴性遗传"教学中，为得出伴X染色体隐性遗传规律的特点，教师可设计这样的教学片段：先从填写男女色觉基因型和表现型的表格入手，之后小组合作写出各种婚配方式的遗传图解，最后归纳伴X染色体隐性遗传规律特点。这种循序渐进，逐步构建伴性遗传规律的特点，既能够发展学生的科学探究素养，又能培养学生的理科思维能力，显然比单纯讲解规律的效果要好得多。

（二）依据认知规律引领学习

认知是个体在认识事物过程中所表现出的感知、记忆和思维等活动，遵循从简单到复杂、从具体到概括、从感性认识到理性认知等规律。生物学的研究学科经历了从现象到本质、从定性到定量的发展过程，朝向微观和宏观方向迅速发展，并对社会、经济产生越来越大的影响。依据中学生认知规律和生物学科的特点，教师进行教学设计时，应积极创设问题情境，注重思维方法的培养，优化认知结构，提升学习能力。

教学中，有的章节不好理解，如蛋白质的空间结构、孟德尔遗传规律、兴奋的传导和传递等，如果教师仅仅是简单地讲解概念，很容易使课堂变得枯燥无味，难以发展学生的核心素养。为避免这样的情况发生，教师可先导入学生感兴趣的情境，给学生认知过程一个阶梯，慢慢地螺旋式开展教学。

教学中，教师常常碰到这样的问题：教师提问，很多学生常常不是认真思考，而是马上翻阅教材来寻求答案。在这问题的背后，教师既要关注所提问题的科学性，更应结合学生已有知识和认知基础，创设出合理的问题情境、优质的学习过程。只有学生掌握了学习的方法，教学才能取到事半功倍的效果。

总之，教师在教学设计及实施过程中，应加强核心素养的学习，明确课程性质、目标和理念，理解生物核心素养的内涵；依据教学基本原理设计教学流程，结合实际采取合理的教学策略；根据学生已有的知识和认知规律，创设学习任务和问题，使学生有计划、有目的地学习，提高教学设计的科学性、针对性和实效性，将生物核心素养教育落到实处。

第二节 基于核心素养培养的单元教学设计

课堂教学要从知识技能传授的单向灌输，转向以学科核心素养培养为目标和导向。教师要从学科素养培养的视角分析、把握教学内容，变革学习方式和教学模式，探索教学设计和课堂教学的转型。在课堂教学设计和组织上，教师要基于学科核心素养培养，把教学内容整合为具有一定主题的结构化的教学单元；要密切联系自然、社会生产生活实际和热点问题，创设学习情境，让学生尽可能地在真实的情境中学习；要把学习活动开展作为课堂教学的主线，让学习活动成为课堂的主旋律。建构基于学科核心素养培养的结构化的教学单元，是课堂转型的核心，学习情境创设、学习活动开展是有效地实施单元教学、培养学科核心素养的保证。

一、从学科核心素养培养的视角看待和分析学科教学内容

（一）单元教学

构建基于培养学生学科核心素养的单元教学并不是按照教材的一个主题或一个章节顺序进行的传统课堂教学，而是按照"学科知识的逻辑结构、学生学习的顺序，以相关主题与任务为主线整合、重组教学内容，组成若干个相互衔接的教学阶段，由这些教学阶段，有机组合成基于学科核心素养的结构单元"进行的教学。单元教学是以发展和培养学生学科核心素养为主旨，根据一定的教学目标与某主题的教材内容，按照知识内在的逻辑结构关系、学生的认知水平和认知特点，将教学内容整合为具有一定主题的结构化的教学单元而开展的教学。简言之，单元教学是根据特定结构的教学单元内容，以培养和发展学生学科核心素养为目标的教学。例如，基于知识理解和习得的知识单元设计；基于生活经验的活动单元设计；基于"目标—达成—评价"方式设计的课程单元；基于"主题—探究—表达"方式设计的活动课程单元；基于学科核心素养的教学单元设计等。

（二）单元教学设计

单元教学设计是以单元教学中的教学内容以及承载的核心素养要素为载体，制定相应的教学目标和学习任务，综合利用各种教学方式和教学策略而进行的教学设计。因此，基于发展学生核心素养的单元教学设计是根据一定的主题教学内容，确定教学单元，构建知识体系，从学科核心素养内涵和发展水平出发，寻找合适的认识角度、认识思路以及相应的认识方式，形成学科特定的思维方式和思想方法，以发展和培养学生核心素养为目标而设计的教学活动。

单元教学设计完全不同于传统的课时设计，单元教学设计从整个教学单元出发，根据该单元所承载的核心素养要素，整体设计教学活动。结构化的教学单元从知识结构上分析，可以将一个单元教学分为若干个知识逻辑结构关系中知识相对独立的课时教学。从单元所承载的核心素养要素看，可以根据教学单元内容所

承载的不同核心素养要素的培养目标设计若干个课时教学。每个单元教学由若干个课时教学来完成，不过每个课时之间是相互联系的，所以，单元教学设计应注意"从单元整体来看待、分析和处理，把各阶段、各节的课时教学置于整个单元系统中"。

二、从学科核心素养培养的视角建构学科课程的教学单元

传统的教学设计，基本上是基于学科知识理解和学科技能习得的知识单元设计。这种教学设计以知识、技能的传授为目标，以知识点传输与技能训练来设计组织教学。在平时教学阶段的教学设计，教师依章节顺序孤立地进行知识、技能的教学，考虑的是如何做好每一节课显性教学内容的教学，讲授重点、难点突破的教学策略和方法。教师只在单元课时教学完成后以单元复习课的形式，安排专题或单元知识网络的讲解、灌输，做知识的归纳、梳理，把平时传授的知识点连接成网络，希望借此帮助学生了解知识的结构、掌握系统化的知识。这种教学设计体现的单元结构是基于学科知识的逻辑体系，着眼于教材章、节中知识点的联系、相关技能项目的整体训练，虽然能较好地达成知识、技能的学习和掌握，但是难以完成学科核心素养培养的要求。

即使从帮助学生形成结构化的学科知识的要求看，实际效果也并不理想。教师本身在平时的教学设计中，往往没有对整个单元（专题）的教学内容做整体分析、研究，没有理出各节课、各知识技能点间的内在关联，没有从专题整体来分析把握各节、各知识技能点的教学，不能基于整个专题来剖析各节、各部分内容在整个单元中的地位、教育功能来设计教学，常常"只见树木不见森林"，学生得到的必然只是"点"状、碎片式的知识。想靠单元复习的"知识系统"灌输，让学生记忆"知识网络"，实际上效果并不理想。学生在复习课中接受的知识体系，是教师外加的，不是自己通过平时学习逐渐建构起来的。学生大多难以真正理解单元中各部分内容的内在联系和单元知识的逻辑体系，不仅难以构建结构化的知识系统，也无助于学科观念、学科核心素养的形成。

基于核心素养的教学单元设计"不是单纯知识点传输与技能训练的安排，而是教师基于学科素养，思考怎样描绘基于一定目标与主题而展开探究活动，目的是为了创造优质的教学"。"这种教学单元设计以一定主题的教学内容单元作为教学设计的基本单位，基于学科核心素养来安排和设计课堂教学，形成结构化的教学单元。"

基于学科核心素养培养的教学单元设计，要求变革基于学科知识的理解和

学科技能习得的知识单元设计模式。一要从学科核心素养的培养出发，全面、整体地解读单元（专题）教材，把课程（教材）中一定主题下（可能涉及教材中的一个章、节或若干个章、节）显性和隐性的教育内容融合起来，相互渗透，从科学认知，实验和科学探究，科学与人文教育三个维度把握、处理教学内容。二要在教学设计上改变只从科学知识本位出发，只为学科的基础知识和技能传承的教学设计和组织的教学策略和方法。不能只关注知识技能学习目标的达成，忽视知识间内在关系的揭示，忽视知识形成过程的体验和学习方法的熏陶，忽视情感态度、价值观的教育。三要从学科核心素养培养的主旨出发，按照学科知识的逻辑结构、学生学习的顺序，以相关主题和任务为主线整合、重组教学内容，组成若干个相互衔接的教学阶段，由这些教学阶段，有机组合成基于学科核心素养培养的结构单元。四要在平时的课时教学中，注意从单元整体出发来看待、分析和处理，把各阶段、各节的课时教学置于整个单元系统中，注意揭示并帮助学生体会各部分教学内容的内在关系，使各课时的教学具有很强的关联性、结构性，有利于学生整体理解、把握学习内容，自主建构知识系统。

三、基于核心素养的单元教学设计实践

基于上述对单元教学与单元教学设计的认识，以发展学生学科核心素养为本，进行单元教学设计。首先根据本主题单元内容包含的问题，按照知识的逻辑结构提炼、整合为具有结构化的教学单元，然后以教学单元知识逻辑为主线，分析各知识结构中所承载的核心素养培养要素，再根据课程标准要求制定教学目标、确定学习任务，并制定与之相应的评价目标，最后组织教学活动。下面从教学单元的构建、教学目标的规划、学习任务的确定以及学习活动的设计等方面实践探索发展学生核心素养的单元教学设计。

（一）教学单元的构建

单元教学内容是学科核心素养形成和开展学习活动的载体，构建一个结构化的教学单元，一要注意从教学单元中包含的问题出发，寻找合适的认识角度，将各问题中的具体知识形成一定的逻辑结构关系；二要从研究问题的认识思路和认识方式出发，形成核心概念、探究问题的方法（如观察实验、解释说明、推论预测等）；三要分析教学单元中所承载的核心素养要素，厘清知识结构，认识思想方法与核心素养要素之间的关系。

（二）教学目标的规划与学习任务的确定

构建教学单元的目的就是要弄清楚学什么，但是为什么学和怎样学的问题，

就需要明确的学习目标和学习任务了。因此，基于学科核心素养的单元教学设计，根据构建的教学单元知识结构及其所承载的学科核心素养要素，结合学生已有的认知水平，从学科核心素养内涵及发展水平出发，统筹规划教学目标。在教学目标的指导下，教师根据构建的单元教学内容确定学习任务，学习任务是引导学生学习的框架，是学习活动设计的出发点。

教学目标、学习任务都是从整个单元教学出发进行设计和制定的。当然，教学目标指导下的学习任务是否达到目标要求，需要教学诊断，即应有意识地诊断课堂每一个学习活动中学生核心素养的达成情况，促使"目标、教学、评价"三者有机地融合在一起。教学目标既要指导学习任务的确定，反映评价目标是否达成，同时通过评价目标来反馈学习任务的完成程度，又要体现与教学目标的一致性。

（三）学习活动的设计

教学单元是学科核心素养形成的载体，学习活动是学科核心素养赖以形成的主渠道。根据确定的学习任务和教学目标整体设计学习活动，在单元教学设计中要处理好单元主题中学习任务之间的相互联系，要设计好学习任务中的知识与素养能力目标如何在教学中有序、有层次地落实，在知识的掌握、核心素养与能力的培养上能充分地体现单元教学的完整性，核心素养的培养不是靠某一课时就能完成的。

单元教学需要从整个教学单元的知识逻辑结构和核心素养培养目标出发，整体设计学习活动，所以，单元教学应该具有相对完整性，但单元教学需要由一系列的具有一定独立性但又相互联系的学习任务来完成教学目标，因此，单元教学还具有系列性。

"核心素养"不是直接由教师教出来的，而是在问题情境中借助问题解决的实践培育起来的。所以，单元教学学习活动设计的基本特征之一是基于真实问题情境促进学生核心素养发展的学习活动设计思想。该设计思想就是根据学习任务选择生产生活和自然情境的真实问题为背景，从问题情境中提炼出教学目标要求下的问题，通过问题讨论、实验探究等方式提高问题意识和探究意识，通过运用归纳、概括、推理论证等逻辑思维方法获取物质变化的信息和证据，建立研究学习的一般思维模型。通过学习活动学习的核心知识、基本技能，学生形成基本观念，养成运用学科的思维方式观察、分析新问题的能力，有效提高学生的核心素养。

单元教学设计是促进学生核心素养发展的课堂教学转型的基本方式，从教学策略与教学取向上都需要改变自己的教学行为，从原先的具体性知识的学习向核心观念的建构转变，从知识结论的获得向学科能力与素养的形成转变，形成深度学习的具有思维文化的课堂教学。同时基于核心素养的单元教学设计，强调用结构化的思想组织教学内容，因为教学内容的结构化是促进学生从学科知识向学科素养转化的关键。所以，单元教学学习活动的设计基本特征之二就是不仅要使知识逻辑结构化，还要对问题的认识思路和形成核心观念结构化，建立认知模型。

基于核心素养的单元教学设计是"撬动课堂转型的一个支点"，因为一个主题单元具有自身的逻辑结构，包含了"学科认知、实验和科学探究、科学与人文教育"，具有承载发展学生学科核心素养任务的教学内容。在教学实践中，教师应努力提高基于核心素养的单元教学设计的能力，尽快适应新课程改革下教学的需要。

教学案例 ❶

基于核心素养的高中生物教学设计①
——以《伴性遗传》为例

在全面深化课程改革，落实立德树人的背景下，高中各学科课程建设聚焦于学生核心素养的培养。《普通高中生物课程标准》即将正式发布。在此背景下，深圳市盐田高级中学开展了主题为"基于生物核心素养的课堂教学研究"的研讨活动，笔者执教了"伴性遗传"这一公开课，得到了较好的教学效果。

一、基于生物核心素养的教学内涵

《中国学生发展核心素养》指出，核心素养是学生应具备的、能够适应终身发展和社会发展需要的必备品格和关键能力。生物核心素养是学生在解决真实情境中的生物学问题时所表现出来的必备品格和关键能力，主要包括生命观念、理科思维、科学探究和社会责任。新背景下的高中生物教学通过设定教学目标、组织教学内容、实施教学过程、提高教学结果和设计教学评价，培养学生的关键能力和必备品格，促进学生生物学科核心素养的提升。

二、基于生物核心素养的教学设计

（一）解构核心素养目标

本轮的深化课程改革，基本理念是学科的核心素养，并以其统领高中生物课程标准的研制与修订。因此，教学设计的目标落脚点是提高学生核心素养。与上

① 肖安庆，李贤.基于核心素养的高中生物教学设计［J］.中学生物教学，2017（12）.

轮课程改革提倡的三维目标相比，本轮改革倡导的核心素养更具有可测性、阶段性、层次性和可操作性。

　　高中生物核心素养是高中生通过学习高中生物课程，初步形成生命科学的核心素养，提炼出生物学科中关注个人发展和社会发展的必备品格及关键能力，包括生命观念、理科思维、科学探究和社会责任四个方面的培养目标，见表3-2。

表3-2　高中生物核心素养的培养目标

素养要素	培养目标
生命观念	（1）较好地理解生物学概念，建构生命观念，如结构与功能观、进化与适应观、稳态与平衡观、物质与能量观、多样性和统一性； （2）形成科学的自然观和世界观，指导探究生命活动规律，解决实际问题。
理科思维	（1）尊重事实和证据，崇尚严谨和务实的求知态度，运用科学的思维方法认识事物、解决实际问题； （2）构建归纳与概括、演绎与推理、模型与建模、批判性思维等方法，探讨、阐释生命现象及规律，审视或论证生物学社会议题。
科学探究	（1）针对特定的生物学现象，进行观察、提问、实验设计、方案实施以及结果的交流与讨论； （2）在探究中，乐于并善于团队合作，勇于创新。
社会责任	（1）基于生物学的认识，参与个人与社会事务的讨论，做出理性解释和判断，尝试解决生产生活中的生物学问题； （2）能够以造福人类的态度和价值观，关注涉及生物学的社会议题，参与讨论并做出理性解释，辨别迷信和伪科学； （3）形成生态意识，参与环境保护实践； （4）主动向他人宣传健康生活和关爱生命等相关知识； （5）结合本地资源开展科学实践，尝试解决现实生活中与生物学相关的问题。

　　依据核心素养培养目标，在"伴性遗传"教学中，教学目标定位如图3-1所示。

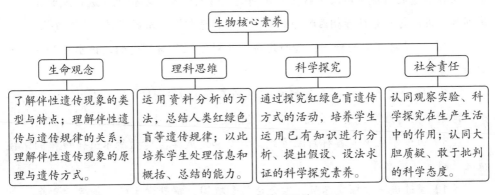

图3-1　基于核心素养的教学目标

（二）创设真实问题情境

素养，是在一定的情境下，人应用已有的知识和能力解决生活和学习中问题的能力。问题境脉是指基于生物学素养的教学要求，教师创设的原始、真实、未知的问题情境，并以此为主线，将教学内容融合于整个教学过程。它的核心内涵在于情境中蕴含的真实问题是学生知识建构的载体，在整个学习过程中都能激发、推动、维持、强化和调整学生的认知活动，情感活动和实践活动等，让学生的思维不断地走向深入，建构有意义的知识体系。

"伴性遗传"这一节以认识红绿色盲特征与职业规避进行导课，以观察遗传现象——分析遗传方式——归纳总结遗传规律——进一步探究作为教学主线，逐个讲解3种伴性遗传现象。表3-3是以红绿色盲为例的问题境脉和素养目标。

表3-3　以红绿色盲为例的问题境脉和素养目标

环节	问题境脉	素养目标
观察遗传现象	1双粉红色的袜子引发的故事。	红绿色盲的概念；渗透敢于批判、大胆质疑的科学态度。
分析遗传方式	红绿色盲患者男女比例大致相同吗？与性别有关吗？	理性思考红绿色盲的遗传方式；培养学生处理信息的能力。
归纳总结遗传规律	人类相关色觉的基因型有哪些？他们的基因是如何传递的？	探究并总结红绿色盲的遗传规律；理解伴X染色体隐性遗传的特点。
进一步探究	小强（男）的母亲患红绿色盲，小强患血友病，为什么医生说他患红绿色盲？	综合运用与巩固。

（三）诊断素养达成情况

在核心素养背景下，课堂教学应利用提问、练习和实验探究开展实时评价，使学生在真实的情境下解决各种生物学问题，诊断学生掌握情况并进行及时指导，达到教学设计与素养目标相匹配的效果。"伴性遗传"一节的教学诊断任务如下：

（1）通过对盲图的检测，诊断发展学生对红绿色盲概念的认识水平和科学探索的态度。

（2）通过对教材中人类红绿色盲症的系谱图（教材34页）及相关问题的分析，诊断学生对红绿色盲遗传方式的掌握情况，发展学生的理科思维水平。

（3）通过学生书写各种婚配方式，诊断和发展学生对孟德尔遗传规律的掌握情况及科学探究水平。

（4）通过进一步探究环节，综合评价和巩固，提升学生的生物核心素养。

三、基于生物核心素养的教学实施

（一）创设情境，导入新课

教师展示红绿色盲检查图，学生亲身体验并回答。然后教师讲述红绿色盲患者的职业规避。指出：我国男性红绿色盲的发病率为7％，女性红绿色盲的发病率为0.5％，男性患者远多于女性患者，学生思考并分析原因。

设计意图：核心素养背景下的教学，其显著特征是问题情境源于原生态的真实生活。本节课以红绿色盲的检测与职业规避为导入，快速抓住学生的兴奋点，让学生知道本节内容在社会生产生活中的价值，培养学生的理科思维能力，认同应用所学知识解决生活中的生物学问题这一社会责任。

（二）伴X染色体隐性遗传

1.1双粉红色的袜子引发的科学

课件展示1双粉红色的袜子，学生辨别颜色，然后提问：红绿色盲是怎样发现的？微课展播道尔顿发现红绿色盲的故事，提问：为什么道尔顿不能辨别红绿色，红绿色盲是一种什么病？从道尔顿发现红绿色盲的过程中你获得什么启示？

设计意图：以故事为情境讲解红绿色盲的概念，有利于建构生命观念。道尔顿不放过身边的小事，对心中的疑惑进行认真的分析和研究，这种认真态度、敢于质疑精神是学习生物的核心素养之一；道尔顿勇于承认自己是色盲患者，并将自己的缺陷公之于众，这种献身科学、尊重科学的精神是科学工作者的重要品质之一。该故事是培养学生敢于批判、认同社会责任的重要素材。

2.系谱图分析，讨论遗传方式

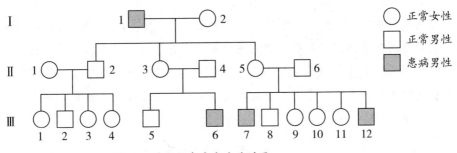

图3-2　某红绿色盲家庭系谱图

展示教材34页中人类红绿色盲症的系谱图和问题串（图3-2）：①红绿色盲基因位于X染色体上，还是位于Y染色体上？②红绿色盲遗传是显性遗传还是隐性遗传？③为什么红绿色盲患者，男性多于女性？（色盲基因X^b只位于X染色体上，如果群体中X^b配子的概率为7％，男性只要有致病基因就患病，概率为7％；女性同时含2个致病基因才患病，概率则为7%×7%=0.49%）④为什么色盲基因只位于X染色体上，X、Y是同源染色体吗？学生思考，小组讨论，课件逐一展示答案。回答第④个问题时，教师展示图3-3，解释X、Y是1对特殊的同源染色体，存在同源区段和非同源区段两部分。

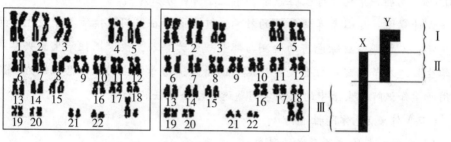

图3-3 男女染色体组成及X、Y染色体结构

设计意图：利用课件展示教材中的系谱图、问题串和答案，给学生直观并有足够思考空间的情境，避免纯粹枯燥的讲解，这在思维和探究中非常有必要。利用世代Ⅱ中不患病、世代Ⅰ、Ⅲ患病的特点，引导学生理解红绿色盲基因位于X染色体上，不位于Y染色体上，为隐性遗传，提升学生理科思维和信息处理能力。问题③利用数据解释男女患病情况，直观展示了男女患病概率的差异，使思维显性化。问题④用课件展示男女染色体组成的差别，特别是X、Y染色体的差别，清晰明了地解释了X、Y染色体是1种特殊的同源染色体，有助于发展学生的理科思维能力。

3.探究6种婚配方式，归纳遗传方式

完成表3-4，推导出男女基因型。学生思考：①X、Y染色体是1对同源染色体，色盲基因及等位基因是否遵循孟德尔定律？②根据表格，男女有几种婚配方式，各种婚配方式中后代的基因型、表现型及比例？6个小组分工合作探究，写出各种婚配方式亲子代的基因型和表现型，将学生的结果投影出来，师生共同评价。教师在讲评过程中，强调色盲基因的传递特点。

表3-4 男女色觉基因型和表现型

	女性			男性	
基因型	1	2	3	4	5
表现型	正常	正常（携带者）	患者	正常	患者

设计意图：问题①结合孟德尔遗传规律的理解，有助于诊断学生对基本遗

规律本质的掌握情况。通过完成表3-4的基因型，过渡到小组合作，探究各组婚配方式，得出遗传规律的特点，培养学生分析问题、归纳总结的能力和良好的合作态度，体现了探究活动的本质特点，提升了学生的科学探究素养。教师在讲评过程中，引导学生思考色盲基因的传递特点，有助于学生理解基因的传递方式，形成正确的生命观念。

4.进一步探究，诊断素养达成情况

课件展示：①假设你是医生，现有一对色觉基因型为X^BX^b和X^BY的情侣前来婚前遗传咨询，从优生学角度，你会给他们什么建议？②利用图3-4讲解血友病。③小强（男）是血友病患者，得知其母亲是红绿色盲患者，医生在小强的病历上又写了红绿色盲，医生为什么这样下结论？

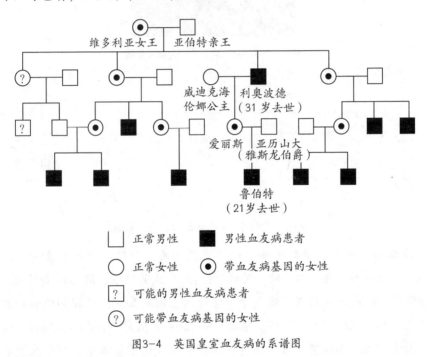

图3-4 英国皇室血友病的系谱图

设计意图：从职业的角度，诊断学生对基因传递的掌握水平。利用学生知道英国王室这一情境，讲解血友病，增添趣味性和知识性。通过问题③，诊断学生对遗传规律和伴X染色体隐性遗传方式的综合运用能力，发展了学生的理科思维素养。

（三）伴X染色体显性遗传

教师播放潘长江主演的电影《举起手来》的相关视频，展示下肢骨骼X光图片，见图3-5，介绍抗维生素D佝偻病。学生填写男女相关的各种基因型和表现型，学生思考：①为什么男性患者少于女性患者？②为什么男性患者的女儿一定患病？③是否出现隔代遗传和交叉遗传现象？在课件展示6种婚配方式的过程中，解答以上问题。学生归纳伴X染色体显性遗传的特点。之后，学生根据图3-6某种伴X染色体遗传病的家系图，思考：①从I-1、II-3分析，致病基因是显性基因还是隐性基因？②请推测II-6的女儿和儿子的患病情况。③根据该病的遗传特点，判断患者中男性和女性的比例。

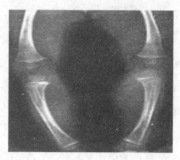

图3-5　佝偻病患者下肢骨骼X光图

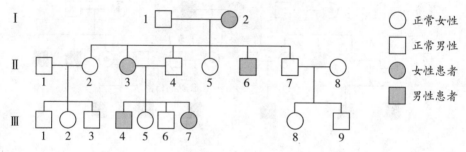

图3-6　某种伴X染色体遗传病的家系图

设计意图：电影《举起手来》是学生熟知的，利用这一电影情境，快速导入。利用展示抗维生素D佝偻病相关的6种婚配方式的过程，解答以上问题，归纳伴X染色体显性遗传的特点，有利于学生运用已有的知识、证据和逻辑对本议题进行思考，形成理科思维的习惯。根据图3-6进一步探究，旨在以生物核心素养为目标，诊断学生对伴X染色体显性遗传规律和方式的掌握水平，使学生能够体验到在原有水平上的发展，收获自信。

（四）伴Y染色体遗传病

展示外耳道多毛症图片。思考：①致病基因位于Y染色体上的遗传方式和特点。②是否遵循孟德尔遗传规律？然后练习检测与评价。

（五）伴性遗传在实践中的应用

展示芦花鸡的图片，思考如何从雏鸡中判断鸡的性别？引导学生分析非芦花雄鸡和芦花雌鸡杂交的遗传图解，见图3-7。最后练习检测与评价。

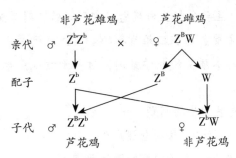

图3-7 非芦花雄鸡和芦花雌鸡杂交性状

设计意图：本环节通过从雏鸡中判断鸡的性别，综合评价并提升学生的生物核心素养。通过引导学生分析非芦花雄鸡和芦花雌鸡杂交的遗传图解，尝试解决生活中的生物学问题，发展学生解决生产生活中生物学问题的能力，提升社会责任这一核心素养。

在"伴性遗传"的教学设计中，基于核心素养的提升，笔者以观察遗传现象——分析遗传方式——归纳总结遗传规律——进一步探究作为教学主线，利用一双粉红色的袜子、英国王室血友病系谱图、电影《举起手来》、外耳道多毛症和芦花鸡的遗传等教学情境，开展问题教学，活跃了学生的思维，提高了学生的参与度，在探究、合作、讲授过程中完成知识目标，培养学生的技能目标，提升学生的情感、态度与价值观目标。同时通过提问、练习和实验探究开展实时评价，诊断学生掌握情况并进行及时指导，使学生尝试利用已有知识解决生物学问题，使得教学设计与素养目标相匹配。

核心素养背景下的教学设计，教师应依据《普通高中生物课程标准》的基本理念、课程目标的要求实施教学，以教学理论为指导，遵循和应用教学的一般规律；根据学生的认知基础和思维水平，预设问题和任务，让学生自发、有效地学习，提升学习能力。教师在教学设计及教学实践过程中，应加强思考，提高教学设计的科学性、针对性和实效性，将生物核心素养目标落实到课堂教学。

教学案例❷

基于核心素养的高中生物教学探讨[①]

生物核心素养是学生在解决真实情境中的生物学问题过程中，所表现出来的

---

① 肖安庆.基于多元智能理论的生物教学设计与实践［J］.中小学教材教学，2015（4）.

必备品格和关键能力，主要包括生命观念、理科思维、科学探究和社会责任4个方面。目前生物学教学主要关注在三维目标的落实，对核心素养的重视明显不足。本文结合《酶的作用与本质》的教学案例，对基于核心素养的教学谈几点认识和建议。

一、创设情境，发展学生的问题意识

展示视频1：某种加酶洗衣粉的电视广告。

展示视频2：加嫩肉粉，肉质口感顺滑的秘密。

问题展示：为什么加酶洗衣粉更能把衣服洗干净？嫩肉粉能使肉变顺滑？同学们能提出哪些课题名称？

设计意图：提出问题是促使学生展开探究性思维的催化剂。我们利用学生熟知的问题境脉，诱发学生提出问题，激发学生的学习兴趣与求知欲，使学生在实验观察、分析综合、抽象概括中提出研究课题，培养学生的主动发展意识和实践意识，发展学生的实验探究和理科思维能力。

二、演示实验，概括基本结论

演示材料：用2支相同的注射器，分别装入10 mL过氧化氢溶液，分别套上1个相同的气球，气球中分别装有3 mL肝脏研磨液溶液和3 mL蒸馏水。

实验演示：同时将注射器中的溶液挤入气球，观察气球体积的变化。

问题展示：哪只气球体积变化大？变化大的气球原理是什么？

实验结论：肝脏研磨液存在某种成分，催化过氧化氢溶液并释放气体，使气球体积变大。引入"比较过氧化氢在不同条件下的分解"实验。

设计意图：教师通过演示实验，培养学生的观察能力，并让学生对实验现象进行分析归纳，概括总结，让学生亲身感受肝脏研磨液催化过氧化氢产生气体的过程，激发学生的兴趣，培养学生的生命观念（物质与能量观）、理科思维2个方面的素养。

三、分组实验，探讨酶的本质

问题讨论：肝脏研磨液中的这种成分是什么？如何证明它具有催化过氧化氢溶液释放气体的作用？受到哪些因素的影响？学生讨论，教师引导这种成分可能为过氧化氢酶。获得结论后，教师展示表3-5，开展小组实验。

小组实验：小组按照表中要求合作实验，展示实验结果。

表3-5　实验记录表

		对照组	实验组			说明变量
		1	2	3	4	
一	H₂O₂浓度	3%	3%	3%	3%	变量
	剂量	2 mL	2 mL	2 mL	2 mL	
二	温度	常温	常温	常温	90℃	变量
	试剂	2滴清水	生土豆研磨液2滴	2滴FeCl₃	生土豆研磨液2滴	
结果	气泡产生速度					变量
结论	① 实验1、2、3组比较，结论是什么？ ② 实验1、2、4组比较，说明了什么？ ③ 90℃的高温会使什么失效？					

问题展示：本实验中，自变量、因变量、无关变量分别是什么？结合本实验，演示实验中加肝脏研磨液的实验原理是什么？

设计意图：通过实验设计，学生在实验中理解自变量、因变量和无关变量及变量的控制。通过解决学习中遇到的生物学问题，有助于学生体验科学研究的方法和科学探究的精神，增强学生主动解决问题的责任意识与实事求是的科学态度，发展学生的科学探究和责任意识素养。

四、研讨教学，探讨酶作用的原理

引导学生思考并交流：上述实验，可知酶的催化作用，那么酶作用的原理是什么？

图片展示：展示加热时过氧化氢分解能量的变化，见图3-8，引入"活化能"这一概念，给学生提供以下四个研讨指向做参考。

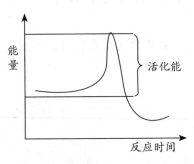

图3-8　过氧化氢分解的曲线

研讨指向1：猜想氯化铁和过氧化氢酶催化过氧化氢分解的曲线。

研讨指向2：加热相当于给了过氧化氢能量，氯化铁和过氧化氢酶催化时没有加热，能量有没有变化？

研讨指向3：氯化铁和过氧化氢酶催化过氧化氢分解的曲线有何不同？如何绘制？

研讨指向4：在细胞内，能通过加热来提高反应速率吗？常温对细胞代谢有何意义？

小组讨论，形成最终结果后，小组代表阐述本组观点，其他小组补充修正。最后教师引导学生归纳：与无机催化剂相比，酶降低反应活化能的作用更显著，催化效率更高；由于酶的作用，细胞代谢才能在温和条件下快速进行。

设计意图："活化能"这一概念比较抽象，教师可借助教材插图和曲线帮助学生理解，建立活化能概念，形成生命观念；利用教材插图，培养学生识图、辨图和析图的能力，培养学生的科学想象力；利用数学建模、类比推理的研究方法，借助于曲线的绘制，通过分析、推理论证等方法，加强学生对酶作用原理的理解，提高学生的合作探究意识，增强学生主动与他人合作的意识；通过分享自己的见解，敢于坚持正确的观点，敢于修正错误，形成良好的理科思维习惯，体验科学探究的过程，获得对自己终身发展有意义的成就感和喜悦感，强化学生核心素养的培养。

五、回顾历史，强化酶本质的认识

图片展示：展示白化病病人和正常人的图片，实例说明酶的重要性。

角色扮演：选出6位学生，其中5位学生分别扮演巴斯德、李比希、毕希纳、萨姆纳、奥特曼5位科学家，1位同学旁白。课前大家排演，上课时，通过角色扮演的形式，将科学家们的发现历程简短地展示在学生面前，让学生了解酶探究的历程。最后，教师对科学家发现之路进行总结，使学生掌握酶的本质大多数是蛋白质，少量是RNA。

问题探讨：引导学生完成酶的发现史资料，见图3-9。探讨从科学家的实验中得到的启示，并给酶下定义。

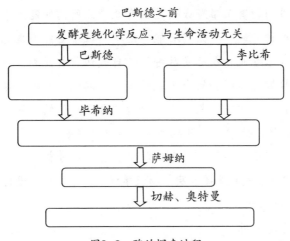

图3-9 酶的探索过程

设计意图：通过角色扮演酶的发现史，让学生感受到酶的发现史也是生物科学的进步史；通过酶的发现与人类发展的联系，体现生物科学的研究价值，提升学生的科学探究态度，认同科学是在不断地探索和争论中前进的，体验生物学研究的基本思想，从而升华到情感态度价值观的培养，增强学生的社会责任感。

《高中生物课程标准》以提高全体学生的科学素养、促进学生的全面发展为主要目标，高中生物课程作为一门自然科学领域的基础课程，在培养学生的生命观念、理科思维、科学探究和社会责任4个方面，使学生养成终身发展所需的必备品格与关键能力，具有重要的作用。教师在教学设计及实施过程中，应加强核心素养的学习，明确课程性质、目标和理念，理解生物核心素养的内涵；依据教学基本原理设计教学流程，结合实际采取合理的教学策略；根据学生已有的知识和认知规律，创设学习任务和问题，使学生有计划、有目的地学习，提高教学设计的科学性、针对性和实效性，将生物核心素养教育落到实处。

教学案例 ❸

基于多元智能理论的生物教学设计与实践

现代生物教学设计是以现代生物教学理念为指导，以激发学生有效学习为目的，通过制定教学目标、选择教学模式和创设教学情境，合理安排生物教学活动与过程。生物教学设计理论较多，其中多元智能理论是一种全新的指导理论。

一、基于多元智能理论的生物教学设计

20世纪中叶，美国哈佛大学著名发展心理学家加德纳教授首次提出智能是个体用以解决自己遇到的真正难题或创造出有效产品所需的能力，每个人身上至少存在相对独立的八种智能。即语言智能、逻辑—数理智能、视觉—空间智能、身体—运动智能、音乐智能、人际交往智能、自我认知智能和自然观察智能。由于每个个体存在优势智能类型和组合方式的差异，因此，每个个体的行为、思维情感表达也存在差异。教学中，教师应充分考虑每个个体的智能差异，利用多元智能理论进行教学设计，使学生的智能结构向多样性发展。

根据多元智能理论，教师可考虑从学生智能结构分析、生物教学目标设计、生物教学方法和学习模式的选择以及生物教学评价四个方面，进行生物教学设计。

（一）学生智能结构分析

1. 学生个体智能分析

《普通高中生物课程标准》的基本理念是面向全体学生，指出根据不同学生的学习需求，促进学生有个性地发展，进行个体差异的教学方式，这正是多元智能理论的思想。由于八种智能以不同方式组合在一起，所以每个个体智能优势及结构存在差异。教师进行教学设计时，首先分析学生个体的知识、能力、情感态度，分析学生个体智能差异，为学生群体智能分析提供参考。

2. 学生群体智能分析

教学活动的对象是全班学生。教师以分析学生个体智能为基础，根据全班学生的知识、能力和情感态度，进行学生群体智能分析。包括：分析这个班级的学生群体智能优势以及分析学生群体智能的发展方向和水平，为选择合适的教学手段和方法提供依据。

（二）生物教学目标设计

教学目标具有导向、激励、评价和反馈功能，是对学科教学活动预期目标的描述。生物教学目标即三维目标，包括知识与技能目标、过程与方法目标和情感态度与价值观目标。内容标准的编排体系是学生学习生物学的基本目标，它以行为目标的方式陈述。采用的格式是：学习主体（即学生，可省略）+学习行为+行为条件+行为水平（后三个要素的顺序可互换）。其中，学习行为是核心，用于陈述学生的行为和陈述所学习的内容。

1. 学习行为分类

按行为的可观察、可测量性，分为：①外显性行为，即可明显观察、可测量的学习行为，如简述、说明、说出、解释、领会、列举、模仿、设计、撰写、判断、运用等；②内部心理行为，指不能明显观察和测量到的学习行为，如了解、理解、掌握等；③表现性行为，指教学实际中学生表现出的行为，如收集、角色扮演、辩论等。

按智能类型，分为：①语言类，如说明、列举、撰写等；②身体—运动类，如扮演、表演、调查等；③空间类，如空间想象、画概念图等；④推理计算类，如测量、判断、推测、计算、设计等；⑤感知类，包括音乐智能、自我认知智能和自然观察智能，如"通过音乐感知……"欣赏、观察等。

2.教学目标陈述方法

并列目标陈述法。教师参照生物课程标准，按照学生的智能差异列举出来，对同一教学目标不同行为进行陈述。陈述过程中，教师将相应的智能类型列举出来，用不同的动作陈述某一教学目标。该方法有利于发挥学生的智能优势，如果教学目标罗列和分解太细，则会导致教学设计太复杂，对教学任务的完成有一定的影响。

顺序目标陈述法。根据学生的智能差异，教师对同一目标用多种适合的智能类型行为进行陈述，对不同的教学目标用不同的动作行为进行陈述。其优势是陈述简洁，缺陷是无法照顾到个体智能差异。

（三）生物教学方法和学习模式的选择

1.多手段创设生物教学情境

个体智能的形成与环境、文化和情境有关，不同的文化和环境决定了个体智能结构与表现的差异。教师在进行教学设计时，应重视对智能教学情境的创设，通过多种手段，激发学生的智能优势。

常用的手段有多媒体和教学实践活动。多媒体包括传统的挂图、标本、模型和现代教学媒体。教学实践活动是指校内和校外进行的野外实习、调查研究、观察测量和参观学习的教学活动，具有真实性、参与性和直观性，是一种有效发挥学生智能优势的重要手段。如观察测量有利于学生自然观察智能的激发，野外观察有利于学生自然观察智能和身体—运动智能的发挥，调查研究则有利于学生逻辑—数理智能、语言智能和自我认知智能的施展。

2.小组合作的学习模式

小组合作学习模式能激发多种智能的发展，提高学习效率，包括差异和相似智能小组合作学习模式两种。前者是把智能组成不同的学生划分到同一学习小组，成员之间通过协调与分工，达到优势互补，共同完成教学任务。后者由智能结构相似的学生组成同一学习小组，通过学生之间的协商与合作来完成教学任务，优点是成员间有归属感，缺点是不利于群体智能的优势互补。

（四）生物教学评价

1. 教学评价情境化

教学评价时，教师不应只关注考试成绩而进行单一的评价，要注重教学评价的情境化。如教师在接手某一班级后，可通过调查问卷、谈话等形式，快速了解学生的智能水平与结构，以多种手段创设教学情境，以成长档案袋的形式记录学生的智能发展和变化，并将这种评价方式与传统评价方式相结合，进行情境化评价。

2. 评价标准多元化

智能是多元的，评估标准也应是多元的。传统的考试评价主要关注数理—逻辑智能和语言智能，忽视了学生个体学习智能的多样性和过程性。基于多元智能理论的生物教学评价，不仅关注知识技能、过程方法、情感态度价值观，而且关注教学评价的过程标准和情感标准，关注学生知识技能的提升和实践活动的过程，以及各种智能的发展。

二、基于多元智能理论的生物教学设计的实践——以《光合作用的过程》为例

（一）设计光合作用课的多元智能工具箱

在参阅了霍华德·加德纳和大卫·拉兹尔的多元智能工具箱之后，学生自行设计了《光合作用的过程》的多元智能工具箱，见表3-6。

表3-6　多元智能工具箱

智能类型	设计
音乐—节奏	音乐《光合作用》。
视觉—空间	多媒体视频、图片观看、叶绿体结构图绘制。
语言—言语	通过听说读写、表达肢体动作、面部表情交流。
逻辑—数理	图表归纳比较、绘制概念图。
身体—运动	卡片游戏。
自然观察	体验大自然；通过日常照料植物，加强这种内在感觉。
人际交流	头脑风暴讨论，将知识运用于实际生活。
自知自省	联系实际，做些对植物保护、生态关注有意义的活动。

利用这个工具箱，教师可以从众多概念、策略、技巧中迅速达到教学"燃烧点"，激发学生的每种智能。

（二）依据工具箱进行教学设计

1. 聚焦生物学习内容与目标

教师首先要明确这一节课的教学目标。进行教学设计时，教师有意识地促

进学生各个智能的运用。例如，学生对光合作用过程进行游戏（身体—动作智能），或是观察周围环境中植物的生理活动（自然观察智能）。本节课重在引导学生习得光合作用的光反应和暗反应阶段的物质变化、能量变化以及区别联系，引导学生分析植物叶绿体结构和其光合作用功能相适应的特点（逻辑—数理智能）。

2. 从多元智能工具箱中思考工具的使用方法

从以往的生物教学中看，教师一直强调学生的语言—言语智能和逻辑—数理智能的培养，故本文着重阐述其他六种智能的使用方法。

身体—运动智能：通过运动、触摸等动作方式加工信息并使知识内化。在讲解完光合作用的过程后，有的学生虽听懂了教师的讲述，但可能没有真正吸收或者不能将知识长久保持。因此，开展卡片游戏，利用身体—运动智能进行学习，合理协调左右脑运作，快速理解和掌握所学知识。

音乐—节奏智能：生物学中有丰富的音乐—节奏智能的素材可供利用。教师可以为学生创设愉悦的音乐气氛，将生物具有的节奏、声音展示出来，为学生提供展示想象力的机会，让学生感受生物学中的美。如上课伊始，教师播放魔幻组合《光合作用》音乐，让学生闭上眼睛，想象自己是一片绿叶，跟随节拍进入情境，进而总结出光合作用的概念、反应原料、条件等，以此来激发学生的学习兴趣。

视觉—空间智能：该智能表现为具有方向感、定位感、一定的形象思维能力、空间想象能力等。在生物教学中，教师经常借助生物标本、模型、图片、多媒体、教材插图等直观辅助手段来教学，激发学生的求知欲望和学习兴趣。如学生通过亲手用色彩笔画出叶绿体结构图，无形之中会提高和发展学生的视觉空间智能。

人际交流智能：传统封闭式教学模式已不适应当今社会，合作学习模式应运而生。小组学习是合作学习的基本方式，并以使学习结果达到最优化为目标。生物学习活动多种多样，大多以小组为单位进行。针对所学过的关于光合作用的概念知识，各小组尝试画出光合作用概念图并向其他小组做展示介绍。

自知自省智能：表现为对自我内在情绪、动机、自尊、自知的认识能力。生物客观存在，通过生物教学可使学生形成正确的人生观、价值观、世界观。比如对叶绿体结构的学习，可使学生建立结构与功能相统一的认识观；通过对光合作用发现史的学习，可使学生感受到科学家勇于质疑、追求真理的科学精神和态度。

自然观察智能：生物学是以动物、植物、微生物为研究对象，广泛联系自然、生产生活的学科，所以，观察和描述是研究生物学最基本的方法，而这种智能与生物学科密切联系。学生要明确观察目的，正确选择观察方法。如通过栽培植物，来观察其正常生理活动并尝试探究哪些因素对植物光合作用会有影响。

3.设计教学过程

创设情境、音乐导入：教师播放《光合作用》音乐，要求学生从这首歌曲里找到关于光合作用的一些信息。再提出问题："光合作用需要阳光，但是吸收的阳光去哪儿了呢，能量发生了怎样的转变？光合作用需要绿叶，那么具体过程又是怎样发生的呢？"继而引出本节课内容——光合作用的过程，指出这是掌握光合作用的重要部分。

可视化教学、心脑并用：教师播放多媒体演示动画，从反应过程、场所、物质变化、能量转变角度边演示边讲解，师生讨论并厘清容易混淆的内容。教师还可提出一些综合性的问题加深理解。例如，当光合作用的光反应被阻断，你认为碳反应会停止吗？反过来，当碳反应被阻断，光反应会发生什么变化？之后，师生联系地球目前面临的重大环境问题，通过分组交流讨论，对学生进行生命价值教育。

巩固新知、寓教于乐：教师总结光合作用的重难点，然后发动学生玩卡片游戏。在卡片上设计绿色植物、光、叶绿体、水、反应酶、ATP、C_3、C_5、ADP、Pi、葡萄糖等，同时再加入迷惑性图案（如细胞核、线粒体、内质网）。全班学生分为若干组，要求利用所学过的知识，抽取一套完成光合作用所需的纸牌进行演示。小组评分以快速、准确为标准，在游戏过程中，老师能对学生进行知识梳理并发现问题。

归纳总结、积极思维：在接近尾声时，教师将学生注意力转移回课堂，写下板书。教师采用头脑风暴方法，鼓励学生说出生活中还有哪些例子可以运用光合作用原理来解释（如利用光合作用原理培育韭黄和蒜黄……）。

4.多元化教学评价

根据多元智能理论，学生的智力表现是多方面的，教师要因材施教。生物课程评价应逐步从单纯的纸笔测试活动转向多元化评价，从总结性评价转向过程性评价。加德纳认为教育的一个直接目的就是"真正理解并会学以致用"，所以分数并不代表一切。教学评价要考虑到学生的发言情况、活动参与性、作业完成情况、课后实践活动、资料收集情况等，从而使评价结果更为真实和全面。

三、基于多元智能理论的生物教学设计的意义

根据多元智能理论，将八种智能的方法适当组合之后运用到生物教学设计之中，有利于最大限度地开发被忽视的其他智能。关注个体与群体每种智能的发展，以突出学生主体地位，激发学生学习兴趣和提高教学效率，从而促进学生的全面发展。

（一）突出学生主体地位

学生智能表现的多样性和复杂性决定了教师要根据学生个性差异因材施教。

教学评价不再以教师为主，要通过多种渠道、多种形式（如学生自评、组内互评、家长评价等）切实考查学生多种智能的培养。教师关注学生的学习过程，学生为自己的学习承担责任，真正实现以学生为中心的多元化和个性化学习。

（二）激发学生学习兴趣

教师利用多元智能理论，设置合理的教学情境，围绕学生多种智能特征挖掘学生的优势智能领域，以促进学生在更高认知水平上进行信息加工和记忆。学习中设定具有挑战性的"最近发展区"，无形中使得各种智能得到全面发展。教师采用多种方式引发积极思维，如丰富多彩的教学媒体、多样化的学习形式，都能够有效激活学生的脑系统，有利于激发学生以极大的热情投入到生物学习活动中去。

（三）提高教学效率

多元智能理论能够为教学中学生注意力提供诸多线索，如将图标或PPT中的重点用不同的颜色标注出来，在上课开始前播放与学习内容相关的歌曲，在讲课过程中变换音调或者使用肢体语言……这些方式能够让学生在知识学习中保持一定的新异性。教师根据不同的学生智能特点和教学内容，采用各种适当的、能够促进学生全面发展的教学手段，使学生能以自己的方式去理解和掌握教材，进而提高教学效率。

第三节 基于STEAM素养培育的项目式学习设计[①]

STEAM起源于美国，是Science、Technology、Engineering、Art和Mathematics五个英文单词首字母的简称，是一种有目的地整合各学科的教学方法，主要是基于解决现实问题或项目式学习，使学生能够运用已有的概念和能力以及科学、技术、工程、艺术和数学的思维，提高他们在21世纪的全球竞争力。STEAM素养是在理工科知识的基础上培养的独立思考、问题设计、分析推理和运算验证的综合能力，是一种培育提出问题、分析问题和解决问题能力的综合素养。

中国教育科学研究院"2018新时代未来教育与项目式学习高级研讨会"在深圳市盐田高级中学举行。该校在中国教育科学研究院STEAM教育研究中心、深圳市盐田区环保局和华大基因研究院的指导与帮助下，尝试将项目式学习引入课

---

① 肖安庆，颜培辉，陈尚宝.试论STEAM项目式教学设计［J］.中学生物教学，2019（1-2）.

堂，开展了STEAM素养培育的新途径，取到了较好的效果。

一、STEAM项目式学习的内涵

（一）何谓STEAM项目式学习

STEAM项目式学习是融合STEAM素养与项目式学习模式的产物，通过为课堂教学提供真实的情境，借鉴科学、技术、工程、艺术和数学的知识与技能，解决现实生产生活和学习中的问题。这种教学模式是注重跨学科、以学生为中心、与现实问题相融合的学习活动，是将多个学科知识和STEAM素养融于现实问题的项目式活动。总之，在解决这些问题的过程中，学生需要深刻地理解核心概念与原则，以项目解决为框架，解决现实问题。

STEAM项目式学习的要素主要有：充足的时间、明确的结果、跨学科。①充足的时间，保证学生有足够的时间熟练掌握一定的知识和技能；②明确的结果，规划学生对自己完成的任务要有明确的方向；③跨学科，使学生在学习中有计划地将5个学科知识融入其中，研究既定的现实问题。

（二）STEAM项目式学习操作流程

2003年，美国著名教育技术理论家和教育心理学家梅里尔在《首要教学原理》中首次提出五星教学模式，概括为"一个中心、四个基本点"。其中，"一个中心"是指整个教学活动以问题为中心，"四个基本点"是指激活旧知、展示新知、应用新知和融会贯通4个环节。在实际操作中，项目式学习往往按照以下流程操作：选定项目、制订计划、活动探究、作品制作、成果交流、活动评价。STEAM项目式活动在五星教学模式和项目式流程的基础上，建构为"选定项目，激活旧知""活动探究，展示新知""作品制作，应用新知""融会贯通，成果交流"4个环节，见图3-10。

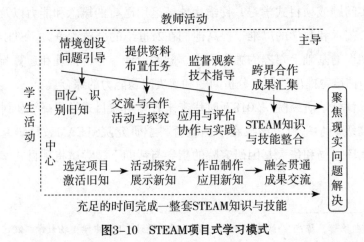

图3-10　STEAM项目式学习模式

1. 选定项目，激活旧知

STEAM项目式学习的核心理念是以科学知识为核心，以多学科知识为载体，依托技术、工程活动，利用艺术角度和数学思维的跨学科教育体系。教师利用视频或图片创设情境，明确地提出问题，引导学生利用已学知识，激发学生的学习兴趣和动机。本环节重点是如何通过教学情境融入已学知识，为后续的工程技术活动作铺垫。

2. 活动探究，展示新知

探究活动是现代教学的核心理念。教师通过视频图片，展示所要学习的知识，呈现所需要完成的挑战与问题。教师引导学生开展小组合作交流，通过已学的知识开展探究性活动。本环节重点是技术方法的选择、仪器的使用、技术的操作、数据的采集与处理。

3. 作品制作，应用新知

制作作品是STEAM项目式学习活动的重要内容。在教师的指导下，小组合作探索现实中的实践活动，利用跨学科知识精心设计作品，师生共同对作品进行评估与评价。这一环节注重将知识转化为技能，注重作品方案的设计、小组优化和制作能力的提升，解决现实中的生物问题。

4. 融会贯通，成果交流

STEAM项目式学习的关键是跨学科融合。教师通过引导学生思考现实中的问题，将多学科知识与技能融入现实问题之中，实现知识的迁移和内化。本环节注重应用数学思维解决工程、科学与技术的问题，实现多学科知识和技能的整合。各小组通过合作，共同完成教学任务，然后进行小组展示，师生共同评价。

这4个环节的载体是跨学科的知识与技能，中心是学生的学习活动，在一定的时间内完成一整套STEAM知识与技能的学习，达到解决现实问题的目的。

二、STEAM项目式学习的设计

（一）设计思路及实施过程

选取人教版高中生物必修3《稳态与环境》中"生态环境的保护"这一内容开展项目化学习。自然生态系统是人类生存的环境基础。目前，自然生态系统都受到了不同程度的破坏，森林、湿地、草原等自然生态系统逐渐退化破坏。为了有效遏制生态环境的破坏，恢复生态系统的功能，维持生态系统的生产，保证人类生存环境的稳定，这需要人们利用生态学的理论和技术，重建某一区域群落的原态，解决大家关心的实际问题。本项目蕴含着生态系统的物质循环、能量流动和信息传递的生态学基本知识及其他学科知识，为学生提供了丰富有趣的实践活动，既利用了书本知识又能动手学技能，解决了现实生活中的问题。

依据STEAM项目式学习模式的"选定项目，激活旧知""活动探究，展示新知""作品制作，应用新知""融会贯通，成果交流"4个环节，本项目设计思路如表3-7所示。

表3-7 "盐田河重金属的治理"项目设计思路

实施过程	内容线索	问题线索	活动线索	用时
选定项目，激活旧知	学习中心：盐田河重金属的污染	盐田河：盐田的母亲河	查阅资料、回忆旧知，理解解释	1 hour
活动探究，展示新知	科学实验：重金属检测	盐田河重金属污染的因素与检测	设计评估重金属污染的检测实验	2 hours
作品制作，应用新知	职业体验：自制重金属净水器	利用现有材料制作重金属净水器	制作净水器，检测净水效果	3 hours
融会贯通，成果交流	工程体验：设计重金属处理厂	设计一个城市污水重金属处理厂	设计重金属处理厂，评估成本	3 hours
	知识技能：跨学科	结果：解决问题	中心：学生活动	时间充足

1. 学习中心：盐田河重金属的污染

创设情境：我校位于盐田河之畔。盐田人民吃着盐田河的水长大，盐田河孕育了盐田人民。由于人口扩增、人为因素干扰太大等原因，现在盐田河重金属的污染难以恢复。如何恢复我们的盐田河原状，达到环保要求？我们以"盐田河重金属的治理"为主题，开展STEAM项目式学习活动。

问题境脉：教师借用无人机社团设备，指导学生拍摄学校周边的盐田河污染情况，通过影视制作展播视频"盐田河：盐田的母亲河"。视频中涉及与水资源治理相关的地理学、社会学、系统学、环境学、生态学和化学知识，激发学生热爱盐田河的热情，回忆生态系统功能的知识。然后教师展示恢复生态系统功能的相关问题，见表3-8。

表3-8 问题预设

问题1	盐田河的重金属污染是什么原因导致？盐田河重金属污染的治理是基于什么原理？
问题2	盐田河生态系统现有的食物链有哪些？如何增加食物链？
问题3	盐田河重金属的污染源有哪些？如何解决这些污染问题以提高生态系统的抵抗力稳定性？
问题4	如何增加盐田河的恢复力稳定性？中学生能做什么有价值的活动？

学生活动：全班分成多个小组，每组5至8人，网上搜索资料，参考其他案例与对策，了解与生态系统恢复的系统学相关知识。

设计意图：因生活中面临的生物学问题"盐田河重金属的治理"确定项目主题，学生亲自拍摄、剪辑并展播视频，激发学生的学习热情；教师通过问题引导学生学习STEAM系列知识与技能，同时点燃学生爱护环境、保护环境的社会责任感，引导学生思考如何处理社会发展与科技进步的关系。

2. 科学实验：重金属检测

问题境脉：盐田河重金属污染的治理，归根到底需要从源头上抓起，有必要开展实地检测。

小组讨论：影响盐田河重金属污染的因素与检测指标。师生共同讨论确定检测方案，见表3-9，并提醒学生在检测中注意安全。

表3-9 重金属检测实施方案

流程		内容
准备	知识准备	杯钟虫虫体呈杯形，可螺旋收缩，具有培养简单、周期短的特点，且附着于固体悬浮颗粒上，游动性低，便于用显微镜观察其伸缩泡。其生命活动受系统中的各种因子影响。利用水质变化对原生动物的影响及危害程度可以直接有效地监测水体的污染程度。
		影响盐田河重金属污染的因素是什么，重金属检测方法、原理与指标是什么，如何检测等。
	器材准备	盐田高级中学池塘的杯钟虫、烧杯、培养液、显微镜、照相机等。
设计	探究检测方案	①观察并记录盐田河水中及两岸生物生存情况。②采集源头北山道、中段华大基因前门和盐田河入海口3处水样做试验组，盐田高级中学的池塘水做对照组，分别检测对杯钟虫伸缩泡舒缩周期的影响。③检测盐田河主要含有哪几种重金属及含量，单独和混合观察这几种重金属对杯钟虫伸缩泡舒缩周期的影响。
检测		①上述4处溶液分别加入杯钟虫培养液预实验，统计计算杯钟虫伸缩泡舒缩周期。②分别检测上述4处盐田河重金属含量。③在实验室配置上述水溶液各一份，另配置一组各种重金属混合液，分别加入杯钟虫培养液进行正式实验，统计计算杯钟虫伸缩泡舒缩周期。
解释		将所得的数据进行对比，小组解释。咨询华大基因的专家，专家进行点评评价
评价	生生互评、教师点评	对实验设计的严谨性、可行性，创新意识，实践能力和知识技能等方面做综合评价。

设计意图：STEAM项目式学习强调实际问题的解决，强调在实验探究中科学知识和技术工程的应用，注重学生利用各种资源分析解释现实问题，将学生置于

现实生活社会实践活动之中，通过小组合作，学生体验科学、技术、工程等跨学科知识在生活问题中的应用。

3. 职业体验：自制重金属净水器

问题境脉：治理盐田河重金属污染的出路在于对污水进行净化。教师引导学生思考：假如你们是污水净化工程师，如何利用现有材料制作污水净水器。

学生小组活动：合作制作重金属净水器，见表3-10。

表3-10　制备重金属净水器的实施过程

流程		内容
准备	知识准备	重金属净水器原理：吸附、过滤、沉淀
	器材准备	饮料瓶、纱布、细沙、活性炭、棉花、烧杯、研钵、玻璃棒、橡胶塞、盐田河水
设计与制作		①根据现有器材，制作重金属净水器；②小组讨论，形成最终结论，如用纱布包裹活性炭或其他物质，制成饮料瓶塞，将盐田河水置于饮料瓶，用活性炭制成的饮料瓶塞塞住饮料瓶；③将饮料瓶倒置，静置过滤
测试		将处理后的水与未处理的水比较，检测其效果，提出改进措施
评价	生生互评、教师点评	对实验设计的严谨性、可行性，创新意识，实践能力和知识技能等方面做综合评价

设计意图：赋予学生污水净化工程师角色，让学生亲自体验污水净化过程，这是STEAM项目式学习的主要活动目标。学生亲自制作重金属净水器，提高学生网上收集信息的能力，增强学生动手能力，将科学知识运用于现实问题，激发学生解决现实问题的能力。

4. 工程体验：设计重金属处理厂

问题境脉：自制简易重金属净水器，能供自己应急使用。如何净化盐田河的重金属，惠及所有盐田人民，是每个公民应有的社会责任。

引导学生思考：如何设计一个城市污水重金属处理厂？学生思考，实施过程见表3-11。教师评价各组的合理性，提出优化建议。

表3-11　城市污水重金属处理厂的实施过程

流程		内容
确定过程问题		①如何选择建厂的位置；②如何建立取水工程、输水工程、净化工程；③估算投资成本；④如何修复生态和保护环境问题
准备	知识准备	查阅文献，参观深圳市其他污水处理厂，了解相关知识

续表

流程	内容	
准备	器材准备	笔、纸、绘图工具、橡皮檫、计算器
设计方案	①厂址选择：综合考虑地形、水源、水厂和供水区域的关系；②重金属净化处理方案：输水线路考虑地形平坦、输水方便问题；输水管材质耐腐蚀、强度高、抗震强；净化装置包括沉淀池、过滤池、曝气池、清水池和输水井等装置；③估算投资成本：化学药品、物理器材、生物监测装置费用；④环境保护：净化工程中尽量减少废气、废水、废渣的排放	
绘图交流	根据设计方案，绘制厂址与流程，小组交流展示成果	
评价	生生互评、教师点评	综合评价工程意识、问题解决意识和合作协作等能力

设计意图：培养全局意识是STEAM项目式学习中的重要工程素养。STEAM项目式学习中，分清工程学的问题与制约因素，综合运用科学、技术、工程学和数学知识，体验用工程学、系统学的思想解决现实问题的过程。

STEAM项目式学习结束后，师生开展成果展示与评估。教师组织学生利用学习过程中收集的照片、数据等材料，做成PPT进行成果汇报。内容包括盐田河重金属的治理情况、重金属检测实验与分析、自制重金属净水器的净化效果和设计重金属处理厂的可行性分析。汇报结束后，生生互评，教师点评。评价方面有问题解决意识、跨学科知识掌握能力、动手实践能力和团队协作等方面。教师在肯定学生取得成功的同时，就出现的问题进行优化，回归"盐田河重金属的治理"主题，增强学生对水资源的保护意识，增强学生的社会责任意识。

（二）案例中的跨学科知识及STEAM素养说明

本案例涉及的学科多，实用性广、融合性强，涉及的知识及STEAM素养如表3-12所示。

表3-12 跨学科知识和STEAM素养体现

项目环节	素养要素	知识技能	素养体现
选定项目，激活旧知	科学素养	系统学、生态学、地理学、化学、信息技术	了解重金属污染的知识；正确处理科学、技术与社会的关系；学会利用信息技术搜索资料
	技术素养		
活动探究，展示新知	技术素养	实验操作技术、信息技术、图像数据的分析与解释	掌握实验设计与操作技术；利用数据图像解释科学现象
	数学素养		

续表

项目环节	素养要素	知识技能	素养体现
作品制作，应用新知	技术素养	实验操作技术、方案设计	知道重金属净水技术；掌握实验设计与优化
	工程素养		
融会贯通，成果交流	工程素养	方案设计、厂址选择、图纸绘制、材料选择、成本预估、数学计算、测量技术	掌握数学计算方法、测量方法和测量工具使用方法；培养工程领域中的全局意识、环境意识、成本意识和合作创新意识
	数学素养		

本项目涉及环境科学、生态学、化学、地理知识，旨在促进学生理解科学、技术与社会之间的联系，通过重金属产生的原因及净化原理的学习，思考生态系统的修复。学生通过项目式学习，了解了技术工具选用的操作与维护等知识，对重金属处理技术及经济现实问题做出价值判断，培养了学生的技术素养，培养了学生的实验操作技术、信息处理技术。通过过程项目的设计，学生开展了重金属检测方案设计、净化系统设计和处理厂设计，初步具备了成本意识、环境意识、全局意识、质量意识，培养了学生的工程素养。通过对重金属处理厂建筑面积的计算和规划、材料费用的计算，学生掌握了一定的数学原理、计算方法、测量方法。通过对重金属的检测，学生掌握了对数据的分析与解释。

以"盐田河重金属的治理"为主题的STEAM项目式学习，融合了多学科知识，通过实验技术手段、数学思想，综合考虑工程领域的诸多意识，解决实际问题。项目构建了"选定项目，激活旧知""活动探究，展示新知""作品制作，应用新知""融会贯通，成果交流"4个环节，在实践中开展STEAM项目式学习。本项目式学习注重知识技能与实践相结合，注重多学科知识的交融，注重现实问题的解决，注重培养学生未来职业规划能力和终身学习的能力，以此来探讨STEAM项目式学习的设计，为高中生物教学STEAM素养的培养途径与方式提供了借鉴。

第四章

核心素养导向的课堂教学

第一节　基于核心素养制定课堂教学目标①

以核心素养为理念的课程教学，体现核心素养培养的教学目标。准确、翔实、具有可操作性的教学目标是教师设计和组织教学的起点与归宿，在整个教学设计中起到统领作用。因此，教学设计中教学目标的制定具有重要作用。

一、课堂教学目标的内涵

课堂教学目标是教学活动的主体，是在具体教学活动中所期望达到的结果，它表述了教学过程中主体和客体共同完成的教学任务，是人们对教学活动结果的一种主观上的愿望与标准。从结构上看，每一课堂教学目标分为若干个子目标，全部课堂教学目标就组成了一个课程的教学目标体系，它具有指导教学评估、教学策略选择，指导学生学习和激励学生学习等功能。

（一）课堂教学目标的特点

1. 课堂教学目标具有重点突出的特点

以布鲁姆为代表的美国心理学家将教学目标分为认知、情感和心理运动。修订后的认知领域分为创造、评价、分析、应用、理解和识记（图4-1）。尽管每堂课都包含多个教学目标，但某一方面的子目标在不同内容上体现的程度是不同的。"细胞中的元素和化合物"注重识记、"光合作用的原理与过程"强调理解和应用、"孟德尔的豌豆杂交实验（二）"对理解和分析要求较高。可见，课堂教学目标具有多元性，并不是不分主次、不分内容。

图4-1　教学目标中的认知领域

---

① 肖安庆,颜培辉.核心素养视角下课堂教学目标的制定［J］.中小学教材教法,2018（10）.

2. 课堂教学目标要有具体的行为动词来描述

教学中应该使用动词来描述课堂教学目标，增强教学目标的可观察性和可测量性。如"基因工程的基本操作程序"的教学目标可以这样书写：①说出目的基因获取的3种方法及适用范围；②阐述基因表达载体构建的要求与意义；③说出转化的含义以及3种导入受体细胞的方法；④说明3种分子杂交的原理和个体水平的检测方法。

（二）核心素养与课堂教学目标的关系

仅仅从课程改革的时间上看，双基是教学目标1.0版，三维目标是2.0版，核心素养是3.0版，核心素养是双基和三维目标的整合与提升。但这种理解不够深刻，甚至是错误的。因为核心素养是学生应具备的最关键的能力和素养，是一个状态量，而教学目标是课堂教学中学生应达到的心理和行为的变化过程，是一个过程量，不能简单地将教学目标"伪装"成核心素养。为此，核心素养与教学目标的关系可以从以下3个视点来理解。

视点1　核心素养不是教学目标

核心素养是课程和教学的基本结构、要求、目标，是对教学本身的主要描述，而教学目标是课堂教学中所要完成的程序性工作，如同建造房子的过程，打地基、建筑框架、砌墙粉刷、安装线路、装饰布局等。如果没有课堂教学目标，核心素养就无从落实。

视点2　二者的特质不同

核心素养在不同阶段、不同层次的学生中，具有明显的差异，对学生生物核心素养的培育具有阶段性、持久性，是一个长期的过程，不仅有助于学生对生物学知识的理解和把握，还要考虑到学生今后学习生物学知识的能力和素质。而课堂教学目标具有具体性和短暂性，在具体的时间内，使用特定的教学方法和策略，共同完成特定的教学任务。因此，课堂教学目标是以核心素养的培育为指导，为提升教学目标的内涵而设计的。

视点3　二者的着重点不同

核心素养重在悟，课堂教学目标重在做。同样的教学目标实施在不同的学生上，达到的效果是不一样的。这不仅仅是教师的"教"就可以改变的，学生的领悟差异也不可忽视。学会用生命观念看、用理科思维想、用生物语言探究和以生物学情感和责任思考是学生将一个个具体而细化的教学目标内化而获得的。

二、课堂教学目标的问题

当前，课堂教学目标的制定过程中还存在不少问题，表现在以下4个方面。

现象1 形式主义盛行

为保证教学设计的完整性，一些教师在制定教学目标时，停留在形式上，过于随意，缺乏系统性和真实性，如在教学过程的设计中根本就没有表现出教学目标的要求。还有不少教师为了应付学校的检查，直接从一些教案上摘抄教学目标，并没有考虑课堂教学的实际，使课堂教学目标成为"摆设"。

现象2 三维目标泛滥

第八轮课程改革倡导知识与技能、方法与过程、情感态度与价值观的三维目标，推行效果明显。在本轮课程改革中，很多教师在制定课堂教学目标时，不论何种课型、何种内容，均以三维目标这样的"三段式"设计教学目标，狭义地理解三维目标，限制了学生核心素养的培养。

现象3 不规范使用行为动词

有的教师制定课堂教学目标，使用动词描述时，没有注意到子目标对应的能力水平，以致张冠李戴现象时有发生。事实上，即使使用布鲁姆教学目标分类法，由于这一分类法具有抽象性，导致有时使用某一动词也难以匹配教学内容。盲目套用、又不变通地使用行为动词，容易使课堂教学目标层次混乱。

现象4 核心素养噱头十足

第九轮课程改革提倡核心素养的培养，部分教师在教学设计时按照核心素养四个方面逐步陈述，但不少教师仅仅是借核心素养之名，简单包装已有教案并未有真知灼见。由原本的"三段式"变成了"四段式"，换汤不换药，这不利于课程改革的实施。

因此，课堂教学目标的制定需要实事求是、准确规范，做到内外兼修，避免为了核心素养而设计教学目标的虚假现象发生。

三、课堂教学目标的设计

（一）课堂教学目标设计的原则

原则1 注重过程性的体现

有的教师在制定教学目标时，习惯使用知道、理解、得到等状态量，忽视了探究、体验和经历等过程量，这不利于学生核心素养的形成。其实，只有像科学家面对生物学问题时那样思考，历经思维的碰撞，体验成功的喜悦，才能获得对终生有意义的思维和素养。

原则2 尊重核心素养的实事求是性

每堂课不分青红皂白，都按照核心素养的四个方面去设计教学目标，这是不太现实的。教师教得辛苦，也影响了学生的学习。在设计教学目标时，教师应该根据教学内容的实际，实事求是，有所侧重，而不以条框式地罗列核心素养的四个方面书写教学目标。

原则3 遵循教学目标的可观察性和可检验性

制定教学目标时，教师应该用清晰准确的语言陈述可观察到的行为，如知识水平、方法过程和情感态度价值观等变化。这些行为的发生，应该可以用眼睛观察、书面检测获得的。

原则4 注重整体性的关联

教师在设计教学目标时，不能仅看一节课，而应结合单元教学目标，将每节课的逻辑体系前后联系起来，设置成整体性的课堂教学目标，思考每节课教学目标的重点、联系和实现途径。

原则5 结合三维教学目标

三维教学目标注重知识技能的获得，有过程有方法，有情感态度价值观，也有责任。我们不能因为培育核心素养而盲目地丢弃三维目标，而应该在三维目标的基础上，提升学生的关键能力和必备素养。

此外，教师在撰写教学目标时，还应注意以下几点：①注意课堂教学目标的数量。一般来说，一堂课40 min，3至5个子教学目标比较合适，太多不容易讲清楚。②教学目标应具有层次性。教学目标是学生通过一堂课的学习活动后应该达到的程度，不同学生的学习能力不同，教师只有充分了解学生基础和能力，才能准确制定本班学生的预期目标。③教学目标应明确具体，具有可操作性和指导性。④在明确指向核心素养培养的同时，教学目标应具有结构性和灵活性，注意设计如评价、创造等高认知水平的学习目标。

（二）基于核心素养的课堂教学目标设计分析——以"伴性遗传"为例

对于"伴性遗传"课堂教学目标的设计，不同时期的风格与要求不同，见表4-1和表4-2。

表4-1　知识与技能视野下教学目标设计

① 知道"伴性遗传"的概念；
② 理解伴X染色体隐性遗传及显性遗传的特点；
③ 掌握遗传系谱的分析方法；
④ 运用知识预测某家庭中后代患病的风险。

表4-2　三维目标视野下课堂教学目标设计

三维目标	目标要求
知识目标	① 了解红绿色盲的遗传现象； ② 理解伴性遗传与遗传基本规律的关系； ③ 理解伴性遗传的原理和遗传规律。
方法与能力目标	① 通过红绿色盲的调查培养学生收集、处理信息的能力； ② 通过探究活动培养学生运用已有知识进行分析、提出假设、设法求证的科学探究能力； ③ 通过对伴性遗传规律的总结培养学生对知识的概括、总结能力。
情感、态度与价值观目标	① 通过红绿色盲家系图谱的分析，对学生进行科学方法的训练，培养学生实事求是、严谨踏实的工作态度； ② 在了解常染色体遗传病及伴性遗传病传递规律的基础上，使学生理解近亲婚配对人口素质产生的危害。

　　从表4-1看，知识与技能视野下，知道、理解、掌握是学生脑部心理活动，教师很难监控到目标是否达成，教学预期很难评估，不利于指导教学评价。从表4-2看，三维教学目标视野下，用行为动词表述了课堂教学的目标，增强了教学的可测性、阶段性、层次性和可操作性，通过学生学习的行为和思想变化，明确告知学生应该学到什么，达到什么效果；教师在教学过程中，抓住了这些关键词，使动词的行为指向更明确，操作性更清楚。但在形成必备品格和关键能力的培养上，三维目标的指向性明显不够。为此，笔者对在《中学生物教学》2017年12期发表的论文《基于核心素养的高中生物教学设计——以"伴性遗传"为例》重新设计，见表4-3。

表4-3　核心素养视野下课堂教学目标清单

素养维度	设计方面	目标要求
生命观念	结构与功能观	结合"基因在染色体上"的知识，领悟伴性遗传中基因和性状之间的关系。
	信息与调控观	通过分析X染色体上基因的显隐性，说出伴性遗传现象的定义、类型与特点；通过系谱图的分析，能阐明伴性遗传与遗传规律的关系，说出伴性遗传现象的原理与遗传方式。
理科思维	批判性思维	从道尔顿发现红绿色盲的故事，渗透敢于批判、大胆质疑的科学态度。
	归纳与概括	结合系谱图，分析伴X染色体显性遗传和隐性遗传以及伴Y染色体遗传，分别归纳各自的遗传规律和特点。
	演绎与推理	结合伴X染色体显性遗传特点，推导6种遗传方式规律。
	模型与建模	通过红绿色盲的特点分析，结合基因和染色体的关系，建构模型。
科学探究	问题	明确提出探究问题：红绿色盲的发病率为什么男性多于女性？
	假设	从道尔顿不能辨别红色和绿色的故事，提出假设：控制眼色的基因位于X染色体上，眼色正常与色盲由显隐性基因控制。
	实验设计	设计6种遗传方式。
	交流与合作	分成6个小组，分工合作探究，写出各种遗传方式，小组内归纳遗传方式，小组间交流，共同评价。
社会责任	态度与责任	认同大胆质疑、敢于批判的科学态度；认同观察实验、科学探究在生产生活中的作用。

该教学设计清单，从形式上看，貌似前面提到的"四段式"，但是是经过精心设计的，每项目标与实际教学前后呼应，可操作性强；从内容上看，凸显核心素养的培养，对目标要求提出了明显的建议；从过程上看，设计灵活，又有变动性，可观测和可检测；从三维目标看，基于三维目标，但又将知识与技能、过程与方法、情感态度与价值观进行了有机地整合。

综上所述，指向核心素养的课堂教学目标就其本质而言，是教师在备课时确定的教学目的，强调的教学行为，是现代教学观的具体体现。由知识技能目标到三维目标，再到核心素养目标，这是一场新的课堂革命。这一革命，从根本上看，是以学生为主体，不仅体现在知识与技能上，而且关注过程方法、情感态度与价值观的整合，尤其要发展以生命观念、理科思维、科学探究和社会责任为指向，促进生物教师在课堂教学中做到心中有素养，在教学中落实，在评价中反馈。

第二节　基于核心素养的情境教学

学科核心素养实际上就是一种把所学的学科知识和技能迁移到真实生活情境的能力和品格。要养成这种素养，意味着学生的学习应该是在一个又一个基于真实生活情境的主题或项目中通过体验、探究、发现来建构自己的知识，发展自己的能力，养成自己的品格。因此，发展核心素养的学习是人和真实生活情境之间持续而有意义的互动，在未来的素养教学中，情境设计能力是每一位教师都必须具备的核心教学专业素养。陶西平老师认为：情境相对于环境是更为具体的对外界的情感体验，是可以直接观察、感受的场景与氛围，是外在与内心交互作用更为现实的条件。也就是说，情境是情感与环境的融合。客观上它是能激发学生学习兴趣的各类场景、事物、事件等；主观上它具有使人产生情感体验方面的作用。

一、情境的分类及特征

根据分布的位置，情境可以分为导入型情境、过程型情境、总结型情境以及习题中的情境。导入型情境位于章首或节首，通过与旧知识的衔接、知识的背景、问题的提出等抓住学生的好奇心，引起学生思考。过程型情境通常位于正文、活动甚至是一些旁栏中，具有承上启下的作用。总结型情境位于节尾或者一章的末尾，可以是对所学内容的总结概括，也可以是为下一章节的内容作铺垫。分布于习题中的情境也是教材情境的一个有机组成部分，它一般来源于现实生活、社会生产、科学技术成果等。

根据来源，情境可以分为生活情境、科学史情境、科学研究成果情境等。著名的美国教育学家杜威最早提出了教育即生活、学校即社会的教育理念。可见，生活是情境创设的重要源泉。高中生物教材中的生活情境包括生活中的自然现象和规律、生物科学与技术应用的场景、与生物学有关的社会事件等。科学史情境则源于历史上对生物学概念、原理、规律等的发现和发展。生物学是一门前沿科学，研究成果丰硕，生物教材一般还会结合知识点，创设基于科学研究新成果的情境。

根据情境的呈现方式，它又可以分为图片展示情境、图表分析情境等。图片展示情境就是在情境创设时会配以相关的图片，这是最常见的一种情境呈现方式。用到的图片可以是实物图、示意图、漫画等，一方面它让教材的表现形式更加生动，增强了情境的带入感；另一方面丰富了教学的素材，有助于学生理解情境。在生物学研究中，我们还经常会用到图表来统计和分析数据。图表分析情境就是以此为依托，它可以是利用图表呈现结果，让学生识图，并通过分析做出推理、判断；也可以是提供数据，让学生整理、作图并给出初步的分析结果；等等。

　　为了增强教学效果，教师不能把生活原原本本地照搬到课堂，而是要根据教学任务和目标，对真实生活情境进行加工。情境源于现实生活，并非拒绝情境的虚构，而是要求这种虚构的情境应该有现实的基础与合理性。好的情境应该具有典型性和普遍性。核心素养所强调的核心性、关键性、必备性，意味着这种能力和品格在生活中是应具有典型性和普遍性的现实问题的。因此，教师应当根据未来社会发展和个人终身发展的需要，从纷繁复杂的社会生活中筛选出与本课程有关的典型情境、普遍情境，让学生在这种情境中发展核心的、关键的、必备的能力和品格。好的情境应该富有启发性和思考性。好的情境应该是富有思想张力的，在这种情境中蕴含着有价值的问题，我们期待学生从多个视角去发现、探究它。借助这种引人深思的情境，学生可以更好更快地领略世界的意义和背后的运行法则，更好更快地掌握分析问题、解决问题的核心能力，奠定终身学习、持续发展的基础。问题及其解决条件是内生于情境的。

二、创设情境对学生发展核心素养的价值

　　杜威指出：学生在思维之前，必须有一情境，有一个大的范围广泛的情境，在这个情境中，思维能够充分地从一点到另一点进行连续的活动。情境能够孕育和发展思维，对学生发展核心素养中理科思维、批判质疑等科学精神的养成具有重要价值。前面提到的生物教材中的图表分析情境就是一类思维含量较高的情境，因为它既有对一些信息的归纳总结，又有对图表的分析理解，并且通常还需要从图表中发现问题并进行推理和判断。

　　情境能发展学生的人文素养。人教版教材中创设了一个北京奥运会会徽印章复制的情境该情境旨在让学生迁移理解DNA的半保留复制。情境图中的会徽展现了中国传统的印章和书法等艺术形式，学生能感受到传统文化的魅力，领悟到这些优良的传统文化值得我们继承和弘扬，无形中他们人文底蕴的核心素养得到了发展。北京奥运会是我国第一次承办奥运会，它有力地证明了国家的实力和影响

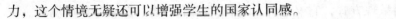

力，这个情境无疑还可以增强学生的国家认同感。

此外，时代性是中国学生发展核心素养的基本原则之一。高中生物教材中创设的反应生物学研究最新进展，突出现代生物技术对人类生活和社会发展积极作用的情境，对于培养符合时代需要的实践创新型人才具有重要作用。创设与生物学有关的热点社会问题，创设学生学以致用、参与讨论的情境，则有利于发展他们理科思维和责任担当的核心素养。

三、如何对情境进行结构化处理

对真实社会生活情境进行结构化处理是指根据具体的教学或评价目标与要求、具体学科的性质，剔除真实生活中无关紧要的甚至会阻碍人们认识情境本质的细枝末节，保留关键性的事实与特征。因此，"情境结构化"就是指对真实的生活情境进行建模。那么，哪些是情境结构化时的"细枝末节"？受过良好学术训练的人都知道，这与任务目标有关，在一个任务中是细枝末节的东西，到了另外一个任务中也许是不可或缺的关键性事实。例如，诺贝尔经济学奖得主斯彭斯在研究受教育程度是否是劳动力市场上反映求职者生产能力水平高低的良好信号时，他假设人们的能力是天生的，后天教育不会改变求职者的能力水平。这个假设当然不符合现实，但就他的研究任务而言，后天教育对提高能力的作用是一个无关紧要的细节，不考虑这一影响，反而使问题得以简化，有助于他更好地分析受教育程度的信号功能；如果把后天教育对提高能力的影响考虑进来，就斯彭斯的研究任务而言，不仅不会增加任何新的洞见，反而增加了不必要的麻烦。又例如，牛顿在寻找决定万有引力大小的基本因素时，他假设世界上是没有摩擦的，这当然完全不符合现实，但正是剔除了世界摩擦性这一特征，反而凸显出了万有引力大小与物体质量、物体之间距离的根本性关系。所以，在这里世界的摩擦性是无关紧要的细枝末节。但如果将万有引力理论用于工程实践，那么摩擦力就不仅不是什么细枝末节，反而是不可或缺的关键因素。因此，情境结构化处理时不在于相关前提假设是否符合现实，而在于其是否符合任务目标的要求

基于以上分析，优秀教师在教学和评价时，要善于根据任务目标的不同有效地识别情境中的细枝末节和关键事实，从而恰当地进行结构化处理。高质量地完成这种工作需要教师受过严格的专业训练，具有敏锐的洞察力和丰富的建模经验。所以，正如学生的核心素养一样，教师的教学专业核心素养也是教育、实践与反思的结果，是教师终身发展的结果。

生物学科核心素养为生命观念、理科思维、科学探究、社会责任四个方面，

这与常见的学科内容表达有很大的区分。它不是指向外在、客观的知识，有别于也超越了作为独立知识体系构成的学术分支的学科逻辑。学生对它的习得，不是"拥有"，而是"具有"，就像我们只能说"拥有"一把椅子，而不可以说"具有"一把椅子。学科核心素养，具有显著的内在性和主观性，是具体的、整体的和个体的。

对于学科核心素养，很难说我们已经准备好了。最新的高考大纲，开篇部分标举核心素养，但到了增删调整的具体内容，还是一仍旧贯地罗列学科知识。这也难怪，标准化纸笔测试的方式并不能把捉学科核心素养。更要紧的是，现行教与学的方式，总体上看不利于学科核心素养的发展。甚至可以说，学科核心素养对于应试教育来说，只能是额外的成本支出，需要压缩和剔除。

心理学家、学习科学家David Jonassen（戴维·乔纳森）指出[1]："教学设计理论研究普遍认为，学习结果不同，教学方法就不同。"这一由果循因的判断，给我们极大的警示：怎么教、怎么学，何等重要！就像怀德海所揭露的，在"纪律良好"的课堂，"采用一种教材"，以"灌输"的教学方法，教出"死板的知识"。这样的教与学，就在我们身边，无论如何也培养不了学科核心素养。人类的知识生产都是情境性的。知识的客观化、外在化，是人类保存、传承知识的基本策略。学习就是要让知识重回情境进入发生状态。传统知识观把知识看成是自给自足的实体，可由教育者"打包"直接传递给学习者。如果是这样，知识要我何用？我要知识又何用？习得的只是惰性的知识，我只是"储蓄罐"式"拥有"，并不因此"具有"作为心智和生命有机构成的学科核心素养。我们必须颠覆现行的教学方法和学习方式，促进教学真正进入真实的复杂情境中，如怀德海所说："教育只有一个主题，那就是五彩缤纷的生活。"

情境理论的哲学基础是建构主义，强调知识是人在情境中与各种要素不断互动建构的过程和结果。行动、探究、合作、反思、自主等，成为学习的关键词。学习者在情境中，同时又参与构造情境。每个人的心智倾向不一样，对情境中诸要素的选择偏好和互动方式也会不同。学习者对情境的构造，就是知识建构的一部分。知识不是100分OK那样一次性习得，而是在不同情境中不断生长的，从而具有了配置新知识、新问题、新任务的迁移能力和变易能力。情境学习，是学习者全面发展的教育机会。科学探究、团队合作、社会参与、自我认知等，俱在

---

① 杨九诠.学科核心素养与复杂情境［N］.中国教育报，2016-11-30.

其中。为什么说是"复杂"情境？主要不是说大事要事急事，而是说学习者必须"真正进入真实情境"。假的或不充分的情境，只是一道"真人秀"式的"应用题"，是传统学习的一种"变式"，没有甚至不允许学习者与情境中不确定性因素开展互动。这样的情境，只是另有所获的暂时凭借，情境化进入后，必须去情境化出来，以便进入一页页个体"不在场"的作业簿和考试卷。而真实情境，亦即复杂情境，参与建构学习者的知识，是他们知识的信念之源、学习的信心和兴趣之源。

面对学科核心素养，基于课程功能与价值的以社会为中心、以学生为中心和以学科为中心的主题教学探索；基于学科内容整合的"单学科—主题""多学科—主题"和"跨学科—主题"的主题教学探索，等等，给我们"仿佛若有光"的期待。我们愿意将主题教学视为情境教学。但如果按照"真正进入真实情境"的复杂情境的要求，也许其路漫漫。学科核心素养与复杂情境的挑战，何止是教学环节，包括政府的"管"、学校的"办"、教师的"教"、学生的"学"、专业机构的"评"和社区社会的"议"各个方面。借用怀德海的话说："这是教育的金科玉律，也是一条很难遵守的规律。"

四、基于核心素养创设情境的建议

（一）利用文本情境，培养理性思考习惯

教材的文本信息是非常重要的教学资源，教材中关于概念的表述，所设置的实验或活动，相关的图形、图表等，目的都是为了帮助学生理解概念的内涵。教师在教学中要指导学生精读教材，特别是与概念密切相关的部分，尤其是一些学生容易忽略但对学生概念理解至关重要的细节。教师要引导学生正确阅读理解文本材料，并学习使用规范科学的生物学语言来表述生物学问题。教材中课后练习往往是教学重难点问题的体现，教师要指导学生读懂其中隐含的生物学原理与概念。小资料等课外知识栏目往往紧扣教材主线，是对学科知识的拓展与补充，教师要善于利用它来深化学生对所学知识的巩固与理解。

例如，学生阅读资料分析"关于酶本质的探索"，思考问题并回答：巴斯德的研究结论是什么？李比希的观点和巴斯德的有什么不同？毕希纳的实验可以得出什么结论？你能给酶下一个大概的定义吗？利用教材中科学发现史进行情境创设，学生不仅可以通过资料体验酶本质的探索历程，感受到科学结论均建立于不懈的探索与研究中，得到科学精神的渗透；同时，学生在对问题的思考中，了解酶的特性与作用。学生在学习酶在细胞代谢中起的作用时，解读教材插图"酶降

低化学反应活化能的图解",理解酶的催化作用与高效性。充分利用图解的直观性,把抽象的知识具体化。通过文本阅读,教师引导学生理性思考,领悟逻辑思维方法,学习科学家论证生命现象及规律的思路与方法。

(二)重视实证情境,培养科学探究能力

教材中丰富的探究与实验等活动,可以让学生亲身体验实证与逻辑推理过程,是非常重要的教学资源。对于生物学科而言,实验是最真实的情境,而观察是引发学生思考的重要途径。教材中的实验为学生提供了丰富的感性知识,教师要引导学生学习观察的方法与步骤,帮助学生明确观察的目的和重点,拟定观察计划,做到全面细致的观察,从而使学生获得最直接的感性认知,并努力激发学生思维,提出质疑,大胆提出合理推测,尝试了解观察现象与导致原因之间的关系。

例如,在酶的教学中,教材中设置了实验"比较过氧化氢在不同条件下的分解",目的是让学生观察到酶的催化作用及其高效。这是通过实验创设的真实情境,在实验前引导学生讨论实验设计方案,联系化学知识,设置改变过氧化氢分解速率的条件,并对设计实验的科学性进行探讨。分析探究实验所要遵循的基本原则,可以设置问题串:本实验中应该如何合理设置对照实验?要观察过氧化氢的分解,每支试管中首先要加入什么?如何利用教师提供的实验用品,使设置的反应条件得以实现?通过什么现象判断过氧化氢分解的速率?在讨论的过程中,教师可以强调一些实验需要关注的细节问题:为什么要选用新鲜的肝脏?将肝脏制成研磨液有什么意义?滴入$FeCl_3$溶液和肝脏研磨液时,可否共用一个吸管?等等。在这一过程中,学生可以学习到科学研究的一般方法,而对酶的认识也将进一步深入,理解细胞内每时每刻都在进行着成千上万种化学反应,这些化学反应需要在常温、常压下高效率地进行,酶对于细胞内化学反应的顺利进行至关重要。此外,学生还将收获情感体验,在科学发展进程中,人们对科学的认识常常建立于科学实验。

在实验教学中,强调学习过程的开放性,也要重视教师的主导作用。探究过程是学生个体知识建构的过程,生物学实验可以提供学生独立地、主动地参与探究活动的机会。也可在这一过程中还原科学研究,体验研究的历程,学习科学研究的方法,培养学生具备一定的科学探究与合作能力及科学实证思想,体验论证生命现象及规律的过程。

(三)创设生活情境,培养解决问题能力

在学科教学中渗透STSE〔科学(Science)、技术(Technology)、社会

（Society）、环境（Environment）的英文首字母缩写］思想是科学教育研究的一个热点，生物学是一门与STSE有着紧密联系的自然科学。在教学中，教师创设与生物学相关的实际问题，让学生利用所学知识尝试解释生产、生活中的现象，解决生活中的疑难问题，不仅可以培养学生的分析、综合能力，而且可以提高学生的科学素养，增加其社会责任感。

例如，在酶的教学中，教师可以指导学生课后查阅相关资料，了解酶在生产与生活实践中的应用，让学生列举出酶在生活实践中的应用实例，从而认识生物科学与生产、生活的关系，巩固学生对酶的本质与特性的理解。

情境认知理论指导下的生物学课堂，遵循学生的认知心理规律，将概念的学习变得具体生动，使知识的习得过程经过同化与顺应逐步完善，提高了教学效率。同时，让教学不仅仅局限于获得知识，而是在对知识的学习基础上，充分培养学生的科学思维能力，达成能力的提升与知识建构的共同发展，真正实现自然科学学科的教育目的。

在这一过程中，沉淀于学习之外的生物学科实证与思辨思想，对科学问题的探究能力，以及在学习过程中对学科知识与社会生产、生活关系的认识与思考，均是生物学科素养的有机组成部分，综合地体现了生物学科的育人价值。

第三节　基于核心素养的生活化教学

中学教育要落实社会主义核心价值观与"立德树人"的精神，就要培养学生的核心素养。对于高中生物学教学来说，要想实现教学价值的回归，就必须基于学生发展核心素养，去实施生活化的高中生物学教学。

一、生活化的生物学教学

正在编制的《普通高中生物学课程标准》建议在选修二中开设"现实生活应用"，其模块内容有"健康生活""急救措施""传染病与防控""社会热点中的生物学问题""动物福利""外来生物入侵与防控"和"地方特色动植物研究"。这些内容上的调整和安排，正是针对高中生物学教学的现状而提出，能更好地实现高中生物学教学价值的回归，而生活化的高中生物学教学，则是实现核心素养培养的必由之路之一。

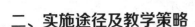

二、实施途径及教学策略

（一）在教学目标的制定中明晰生活化的要求和核心素养的培养目标

教学目标是教学各环节的核心，基于目标处理教学材料、进行教学设计、实施教学过程并开展教学评价。避免对教学目标的轻视，更不能出现教学目标的缺失。现行课程是从知识与技能、过程与方法和情感态度与价值观三个维度来确立教学目标的，教师制定单元教学目标和课时教学目标时，要依据课程标准、教材内容、评价要求和学情等进行综合考虑，进一步明晰核心素养的培养目标和生活化的要求。

例如，在《应用模型建构进行"血糖调节"的教学设计》一文中：①知识与技能目标确定为描述血糖平衡的调节，分析胰岛素与胰高血糖素在调节血糖平衡中的作用及相互关系，描述糖尿病的病因及常见症状；②过程与方法目标为创设探究情境，培养观察、分析和判断的思维能力，以及设计和完成实验的能力，培养运用所学知识，解释和说明生活中实际问题的能力；③情感态度与价值观目标为养成良好的生活习惯，增强保健意识，培养交流合作的意识。该文三维目标的制定，对核心素养的培养和生活化的要求就非常具体而明确。

（二）在教学内容的精选中注重生活化情境材料的选择和核心素养培养

现行高中生物学课程注重使学生在现实生活的背景中学习生物学，倡导学生在解决实际问题的过程中深入理解生物学的核心概念，并能运用生物学的原理和方法参与公众事务的讨论或做出相关的个人决策；同时，教材在讲授有关知识时，能紧密联系学生日常生活和社会、科学发展的实际加以拓展和剖析，激发兴趣和形成能力。在教学内容的精选中，教师要注重核心概念，要多应用生活化情境材料。现行高中生物学教材中生活化情境材料相关内容举例如下。

日常生活方面：如果酒和果醋的制作、腐乳的制作、探讨加酶洗衣粉的洗涤效果及影响光合作用和呼吸作用的外界因素等。

医疗保健方面：如肿瘤医院相关检验报告单中甲胎蛋白（AFP）、癌胚抗原（CEA）的数据分析；通过常规体检时血液生化6项检查，了解肝功能、肾功能、血糖和血脂等情况；分析相关的保健知识，纠正不良的饮食习惯和生活习惯；遗传病及遗传咨询；HIV病毒、SARS病毒、流感病毒、H7N9病毒、埃博拉病毒和寨卡病毒等相关内容。

环境保护方面：如基因污染、生物入侵、秸秆的处理、沼气工程、生态农业和雾霾等。

经济活动方面：如菊花的组织培养、月季的花药培养、植物芳香油的提取、胡萝卜素的提取、酵母细胞的固定化和各种育种方式等。

生物技术方面：如转基因作物、航天育种、克隆技术、干细胞培养、试管婴儿和人工器官的培养等。

高中生物学新修订的课程内容是发展学生生物学核心素养的重要载体，教师要基于学生在"生命观念""理科思维""科学探究"和"社会责任"等方面应有的表现，去选取必修和选修的教学内容。

（三）在教学方法的选择中创设生活化和有利于促进核心素养培养的教学情境

教学方法的选择应与教学目标、教学内容相统一，应有利于促进核心素养培养和创设生活化的教学情境。

例如，在高中"绿叶中色素的提取和分离"的实验教学中，教师用验证性实验的方法开设实验，为学生准备好实验材料，学生若按照教材中实验操作步骤进行验证性实验，学生的学习会停留在对实验内容简单重复、识记的浅层次之上。教师若改用探究性实验的方法开设实验，效果就大不一样了。如在学生预习的基础上，教师先通过课件展示提取绿叶中色素的原理、要求和步骤，提出以下四个问题，引导学生逐步探究：①"除菠菜外，还可以用其他材料进行实验吗？选材的标准是什么？"让学生选择不同的实验材料进行实验，观察4种色素分离情况。②"教材用无毒性的无水乙醇作为色素的提取液，可否用其他液体作为提取液？如何设计对照实验？"让学生选择无水乙醇、丙酮和清水3种不同提取液，完成实验并观察现象。③"针对滤纸条的制作，还可以做哪些设计？圆形滤纸能用于此实验吗？"让学生将滤纸剪去两角、不剪去两角、用圆形滤纸的不同处理方法，开展实验。④"针对教材中的滤液细线不能触及层析液，你对此还有何新的设计？"让学生在层析时，完成滤液细线是否触及层析液的对照实验。在充分探究的基础上，引导学生深入思考：若实验采用紫皮洋葱管状叶、紫皮洋葱鳞茎外表皮、紫皮洋葱根尖作为实验材料提取色素，结果又如何？若用紫皮洋葱鳞茎外表皮提取的色素是什么成分？若用紫皮洋葱鳞茎外表皮提取色素所用提取液有何变化？上述探究性实验的开展，一方面对教师处理教材的能力、实验能力及应用探究性实验教学方法的要求有所提高；另一方面对学生动手、动眼和动脑的要求也相应地提高了，突出了对学生理科思维、科学探究等生物核心素养的培养，紧密联系学生生活实际，值得教师在今后教学中借鉴。

（四）在教学评价的实施中体现生活化和核心素养培养的教学目标要求

具体评价过程中要紧扣教学目标，充分体现高中生物学核心素养培养的4方面要求，紧密联系现实生活、生物科学的发展等内容，努力创设问题情境，注重评价过程中问题设计的结构性、层次性和灵活性等要求。要增强试题的教育功能，通过教学评价，教师可以评定学生的学业成绩，更重要的作用在于了解学生对生物学核心概念的理解和掌握程度，对生物学各个概念是否能够融会贯通，检测教学上存在的不足与缺陷，为改进和有效实施教学设计、增强课堂教学效果，以及全面提升教育教学质量提供依据。

第四节　基于核心素养的深度教学[①]

基于核心素养的课堂教学要求深度教学，只有深度教学才能落实核心素养。探讨核心素养背景下的课堂深度教学，是值得每一位生物工作者关注的话题。

一、核心素养背景下深度教学的内涵

核心素养是关于教育目标的新思考新角度，具有时代性、综合性、基础性和主体性，注重知识、技能和态度的综合，同时，更强调态度的重要性，可用"C=（S+K）A"表示，即核心素养是知识与技能的和与态度的乘积，而不是三者简单的相加，如图4-2所示。

图4-2　核心素养的结构

---

① 颜培辉，肖安庆.基于核心素养的深度教学［J］.中小学教师培训，2019（7）.

　　高中生物的核心素养已经确定为生命观念、理科思维、科学探究和社会责任。如何在生物教学中提升学生的学科素养？答案很明确，聚焦核心素养的深度教学。关于深度教学的探讨，我国学者百家争鸣，百花齐放。李松林教授认为，深度教学是触及教学本质的教学。郭元祥教授认为，深度教学是超越表层的符号教学，由符号教学走向逻辑教学和意义教学的统一。滕俊认为，深度教学具有深入理解和深入思考的特征，是由传统记忆向逻辑理解和内涵认知转变的教学。郭子其教授认为，深度教学是将学科核心概念与思维方法融合，进行深入且开放性地思考，培育学生精神信仰的教学。罗祖兵教授则强调，深度教学是深度参与教学过程、深刻掌握学习内容的教学。

　　可见，核心素养与深度教学有着必然的联系，落实学生核心素养的培育需要深度教学。核心素养视角下的深度教学是学习、教学和评价融合的整体，即学生学习的参与度、教师教学的适切度、评价的延伸度，见图4-3。从学习、教学和评价3方面设计教学内容，将核心素养的培育融入生物教学各个环节之中，促进学生关键能力的全面发展。

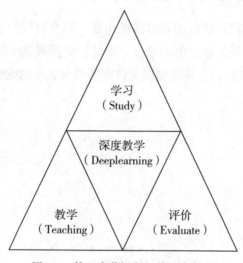

图4-3　核心素养视角下的深度教学

二、深度教学的三个维度

（一）学生的参与度

　　学生的参与度，是指教育质量评价实践中，设计相应的调查量表对学生的学习和生活体验方面进行测量，研究学生参加教学活动的指标。学生参与到教学活动，需要理念和行动；既是过程，也是结果。以学生为中心的现代课堂，成为深度教学的第一描述维度。那么，学生如何参与课堂，才能符合深度教学的指标？崔允漷教授从学生的准备、倾听、互动、自主和达成5个视角，研制了学生参与课堂教学活动的参与度指标，见表4-4。

表4-4　学生学习中参与情况知情表

视角	观察点举例
准备	课前要准备什么？哪些同学做了准备？如何知道学生做了准备？应培养学生哪些准备习惯？任务完成的正确率怎样？
倾听	教师上课时学生倾听情况如何？维持多长时间？学生倾听其他同学发言的情况如何？是否能复述同学的发言？倾听时，有没有做笔记的行为？
互动	哪些学生有互动合作的行为？参与提问和回答的人数、过程、对象、时间怎样？参与小组讨论或全班讨论的人数、过程、对象、时间怎样？有没有互动合作的习惯？
自主	自主学习有多少时间？参与互动的人数、情况如何？自主学习的形式、情况怎样？学优生和学困生有什么表现？
达成	学生知道所上课的学习目标吗？课堂上从观察、练习、表情、演示等细节显示目标完成的情况如何？课后检测有没有完成目标？有什么问题？

简而言之，学生的参与度需要从深度、广度和效度三方面进行衡量。①学生参与的深度，需要从学生参与时间和内容进行描述。如课前学生有没有计划预习新课，课中是否积极倾听老师的讲解和同学的发言，有没有积极应对教师的课堂行为？课后有没有开展总结、归纳与反思，预习中的问题是否在课内得到了讲解等。②学生参与的广度，是指课堂教学中学生参与面的问题，如教学中，参与提问与回答问题的人数、时间、过程和结果的情况，有哪些自主学习形式，像探究、记笔记、练习和思考等参与状况。③学生参与的效度，是指学生的学习效率，如学生通过自己的学习行为是否取得有意义的进步。

总之，教师以学生参与的深度、广度和效度考察教学行为，以学生为中心设计教学内容，是培养学生核心素养的前提。

（二）教学的适切度

教学的适切度，是指教师在教学实践中，切实关注教学实情，从整体上和操作层面上设计出合适的教学目标，对教材二次开发，巧妙地运用教学策略，促进教学的动态生成。

1. 学情的调研

教学实践中对学生的学情分析，是教师教学普遍存在的薄弱环节。一些教师忽视了学生的基础差异，个性差异，不管学生要不要，教师用自己的方法，强制要求每一个学生接受。现代课堂教学评价的重要方式是以学论教，即把学生作为课堂教学评价的主体，用学生在课堂教学中的行为表现、态度及结果作为评价的主要内容，以此来衡量教学的效果。

学情的调研，有两种实现途径。一是用练习测评学生的学情。通过练习测评，分析选项，探知学生的学习障碍点、误区和薄弱点，为后续教学有的放矢，合理地设置教学目标做准备。二是通过问题单了解学情。课前预习时，学生提出疑问，教师收集问题，筛选有价值的问题，尽可能准确地把握学生不理解的知识点，预设教学情境，以此确定本节课的重难点和疑点，直接指向问题。

通过摸清学生"学"的问题，来辅助教师"教"的实施和评价。因此，学情是教学的起点。通过习题测评和问题单两种手段，结合核心素养的目标，教师精准定位，为课堂教学做好准备。

2. 目标的制定

课堂教学目标的制定，既是教学的出发点，也是教学的归宿和灵魂，是教与学的方向。教师备课时，应研究课程标准、学情、教材和生物考试大纲，从整体性、层次性两方面设计课堂教学目标。

首先，制定教学目标要有整体性。课堂教学目标的制定，应根据生物课程标准的建议，整体把握具体教学内容，制定具有可操作性的教学目标。从课程层面看，列出模块的生命观念、学科思维，分析模块之间的关系；从模块层面看，分析模块内容，画出本模块的核心概念和学科观点；从单元层面看，写出本单元的重要概念，区分事实和概念，设计单元的核心问题；从课堂层面看，围绕一节课的核心概念，组织课堂教学，努力构建每个单元的重要概念。教师根据生物课程标准，关注核心素养的具体要求，从模块的层面理顺模块之间的关系，从单元的层面理解模块内和模块间单元内容的联系，从单元、模块、课程三方面，设计出合理的教学目标。

其次，制定教学目标要有层次性。教师应根据教学内容的课型、学生的差异性和认知基础，具体关注相关细节，从问题清单出发，个别指导，设计目标要有层次性。如新授课应以讲解具体的知识点为主，复习课则关注生物课程标准之下的各模块之间的联系，至于单元小结课，则是新授课和复习课的纽带桥梁，介于二者之间。

3. 教材的二次开发

教材包括教科书和教师教学用书等。教材是教学中最基本的教学材料。

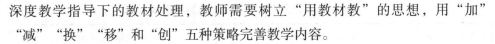

深度教学指导下的教材处理，教师需要树立"用教材教"的思想，用"加""减""换""移"和"创"五种策略完善教学内容。

所谓的"加"，是立足教材的不足，在某些环节补加一些教学内容，如学生疑难处、重难点和教材留白处；"减"，是删除教材中的重复知识、课标不要求掌握的知识、教材的繁冗处等；"换"，是指更换不合理不合适的内容；"移"，是指迁移知识，包括学科内和学科外的迁移；"创"，是指打破教材内容的顺序，创立新的教学框架。

4.策略的运用

深度教学要求教师能够根据课堂的实际，及时调整教学计划，适当处理突发事件，在预设的基础上动态生成教学。这种动态生成式课堂，需要教师合理地应用教学策略，考验着教师的教学智慧。

崔允漷教授以"问答"的形式，提出"发问——候答——叫答——理答"教学策略。①发问策略，根据教学目标设计问题，综合考虑班级认知水平，通过清晰的问题、精练的措辞，对全体学生提问。②候答策略，是指根据问题的具体情境和难易程度，教师发问后，不是马上给出答案，而是等候5秒钟左右，学生能够深度思考，精心组织语言。③叫答策略，根据学生思考情况，请学生回答问题。叫答过程中，应该让每一位学生都有回答的机会。④理答策略，根据不同学生的回答采取不同的反应，对于快速精准的回答，给予肯定并重复其答案，对于考虑不周的回答，给予分析和鼓励等。崔允漷教授认为："教学就是对话，没有对话就无从教学"。教师如果能够巧妙运用对话技巧，教学的"深度"自然驾驭于深层的对话之中。

（三）评价的延伸度

学业评价是以学科核心素养的4个方面为目标，运用合适有效的评价工具，系统地收集学生学科认知水平的信息和证据，对学生的知识和能力进行价值判断的过程。学业评价是一项系统工程，既有利于教师的教学，又有利于学生的学习。教师只有科学有效地开展学业评价，才能真正推动教学改革，促进教学的深度进行，将学业评价发挥到极致。美国教育心理学家斯蒂金斯通过观察成功的学生和失败的学生的表现，总结了评价对学生情绪上的影响，见表4-5。

表4-5　评价对学生情绪上的影响表现

	对成功的学生	对失败的学生
学生的想法、感受	一切很好、我做得很好；像往常一样成功；我要更成功；大家关注我做得好的事情；我知道下一步做什么；反馈能帮助我；成功被公开的感觉真好。乐观；激励、采取积极的活动。	受到伤害，这里不安全；我还是做不了；我被搞糊涂了，我不喜欢这里；为什么总是关注我做不了的事；我不会去尝试做什么了；反馈就是批评；失败被公开的感觉很糟糕。无助；恐惧、放弃。
行动的后果、后续行为	自我强化；积极地自我实现预言；承担责任；可管理的压力；感到成功是一种奖励；好奇、投入；不断适应；容易恢复；获得了未来成功的基础。寻求挑战；寻求兴奋的新观点；勇于尝试；追求创新；遇到挑战就坚持；冒险、有弹性。	挫折；消极地应付预言；拒接责任；压力太大；没有成功感，没有奖励；厌倦、挫折、恐惧；缺乏适应能力；容易被击垮；没有为将来打下基础。寻找易做的事情；躲避新观点、方法；对所做的事情很迷茫；躲避创新；遇到挑战就放弃；退缩、逃避。
评价反馈的结果	持续成功。	持续失败。

由表4-5可知，教师对学生的评价将会产生明显不同的影响。这主要是由于评价存在主观性，以及观察时间、观察角度的局限，教师评价存在一定的偏差。如何拓展评价的延伸度，使其客观反映学生的学业水平？教师可以在主体、形式和价值层面进行深度挖掘。

首先，增加评价主体。传统的学业评价，仅仅是教师的专属权限。核心素养背景下，应敢于突破教师评价的唯一性，增加评价主体，如引入学生、家长和教育主管部门等评价主体，多方评价。如学生相互评价，能突出学生学习的主体性，调动学生的积极性，又能贴近生活，形成学生评价共同体，延伸评价的深度；家长评价，能发挥家庭的监管作用，形成家校评价共同体，形成学生成长的合力；教育主管部门的评价则延伸评价的维度，多维客观评价结果。

其次，丰富评价形式。单一的评价制约着学生的健康成长。教师应更新自己的教育理念，以开放的活动丰富评价形式，利用社区综合实践资源，采用STEAM教学模式，打破学科界限，多形式推进核心素养在教学中的落实。

最后，开发多元智能。霍德华·加德纳多元智能理论指出，每个人都有一种或几种能力组合，不存在单纯的某种智力和达到目标的唯一方法。因此，教师在制定评价标准时，应让每个学生发现自己的优点，使其在科学评价标准下也能丰富多彩。

　　总之，只有客观与灵活、激励与发展的学业评价，增加评价主体、丰富评价形式、注重多元智能，才能切实有效地提升学生的核心素养。

　　发展学生的核心素养，是全面深化课程改革、立德树人的现实要求与根本任务。郭元祥教授指出："实施深度教学是课堂教学改革的根本基础和方向"，教师应在学生参与度、教学适切度和评价延伸度三个维度精心设计教学，从学生参与的深度、广度和效度提升学生的参与情况，从调研学情、目标制定、教材的二次开发和策略运用，强化教学的适切度，从评价主体、形式和价值层面拓展评价延伸度，用学科核心素养观察世界，用学科思维思考现实世界，用学科语言描绘世界，切实培养未来适应终身发展和社会发展需求的必备品格和关键能力。

第五章

基于核心素养构建生命观念

第一节　生命观念的内涵①

一、生命观念的内涵

生命观念是指学习者通过学习生命现象及特性相关知识后，用自己的观点抽象地解释相关现象和事件的品格与能力。其包括系统观、进化观和生态观三方面，用以回答生命是什么（What）、怎么样（How）和为什么（Why），见表5-1。

表5-1　生命观念内容要点

观念群	生命观念	内容要点
系统观	结构与功能观	生命系统存在"细胞—组织—器官—系统—个体—种群—群落—生态系统"等层次；生物结构与相关的功能相适应。
	物质与能量观	物质是生命的载体，生命活动伴随着物质和能量的变化；物质变化往往伴随着能量的供应、流动和散失。
	稳态与平衡观	生命系统是开放的，但保持着相对稳定的状态。
	信息与调控观	生命系统的正常运转需要信息的正常传递；稳态的维持需要调控，调控依赖于信息的传递。
	生殖与发育观	细胞能进行分裂和分化，个体能进行发育和生殖，种群能进行繁衍。
进化观	统一性与多样性	生命具有统一性和多样性，生物多样性蕴含于统一性之中。
	遗传与变异观	生命存在遗传性和变异性等特点。
	进化与适应观	生命具有适应性，适应性是进化的结果。
生态观	群体与共存观	个体生命不是孤立的，依赖于群体而共存。
	生物与环境观	生物离不开环境，环境和生物是一个统一的整体。

其中，系统观是建立生命观念的基础，是从生物体的组成、结构和功能反映出来的观点和思想，主要回答生命是什么、怎么运转等问题；进化观是从历史的角度建立生命观念，主要回答生命从哪里来、如何发展等问题；生态观是从空间的角度理解生命，主要回答生物之间、生物与环境之间有什么关系和规律。它们

---

① 肖安庆.基于生命观念的理解与测评研究［J］.中学生物学，2018（7）.

各包括多个观点，彼此之间相互融合不可分割。

二、生命观念的教育价值

生命是什么？不同人的回答是不同的。信徒认为生命是上帝创造的"作品"，文学家认为生命是情感的载体，化学家认为生命是一系列反应，分子生物学家认为生命的基石是一系列基因和蛋白质。薛定谔认为，生命体是处于一个开放状态下，不断地从环境中汲取"负熵"（负熵是物质系统有序化、组织化、复杂化状态的一种量度）。各方观点，见仁见智。

生命的本质是什么？一般从生命的特征进行描述，生命具有共同的物质基础和结构基础、新陈代谢、应激性、遗传变异和适应性等特征，其中新陈代谢是生命最基本的特征。也有学者从哲学角度将生命总结为：具有不断自我更新能力的、主要由核酸和蛋白质组成的多分子系统，具有自我调节、自我复制和对内、外环境选择性反应的属性。

研究生命观念有何意义？生命科学是一门研究生命现象和规律的实验科学。生命科学的任务就是探索各种各样的生命奥秘。生命是每个人的起点，也是终点；认识和探索生命世界将伴随着人类社会的存在和终灭。在这个探索认识过程中，具备正确的生命观念，显得尤为特殊和重要。因此，理解生命的本质，树立正确的生命观念是中学生物课程的重要教学价值，利用生命观念去解决今后生产生活中面临的生物学问题是每位学习者必备的品格和基本技能。

第二节　物质与能量观

一、生命观念是生物学科核心素养的关键组分

核心素养培养是落实"立德树人"根本任务的落脚点。培养学生生物学核心素养是中学生物学课程的价值追求，也是新的教育改革背景下中学生物学课程预期的教学目标。生物学核心素养包含4个方面，生命观念、理科思维、科学探究和社会责任。4个方面的素养不是彼此孤立的，而是具有内在逻辑关系的统一整体。"生命观念"是指对观察到的生命现象及相互关系或特性进行解释后的抽象，是经过实证后的想法或观点。生命观念是生物学核心素养的基础和支柱；生命观念

的终极价值是形成一定的社会责任，促进社会的进步和发展；生命观念的形成依赖于观察、实验、探究等活动，依赖于对大量生物学现象和事实的比较与归纳、分析与推理，对概念、原理、规律的抽象与概括等理科思维活动；理科思维和科学探究互为倚重，理科思维是科学探究的重要内涵，科学探究是理科思维的实证过程。彼此之间的关系如图5-1所示。

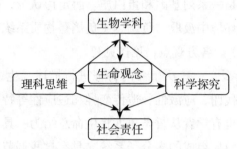

图5-1　生物学核心素养间的关系

与其他学科相比，生命观念是生物学科最基本的素养体现，也是生物学科对培养学生核心素养方面的突出贡献，具有不可替代性。生命观念还能够促进学生形成科学的自然观和世界观，指导学生探究生命规律，解决实际问题。

二、通过物质与能量代谢实现自我更新是生命的本质特征

生命系统是开放系统，需要不断地与环境进行物质与能量交换，实现自我更新。新陈代谢（简称代谢）是生物与外界进行物质交换与能量交换的全过程。细胞是代谢的基本单位，每一个细胞都要从环境中汲取物质与能量，在内部进行各种各样的化学反应。细胞内的化学反应主要包括物质的合成（又称合成代谢）和物质的分解（又称分解代谢）。合成代谢是吸能反应，分解代谢是放能反应。代谢是生物最基本的特征，是生命存在的前提。代谢一旦停止，生命就随之停止，结果便是生命体的分解。因此，是否具备代谢系统是判断生物与非生物的根本依据，是否进行代谢活动是判断是否有生命现象的根本依据。

（一）细胞通过分解代谢获取生命所必需的能量

正常情况下，为了维持、更新和修复生命系统的结构和功能，细胞或生物体每时每刻都在进行着能量的消耗。例如，细胞中物质的跨膜运输，细胞调控物质的产生及运转，细胞的增殖、生长、分化等生命活动时刻需要能量；生物体的运动、自我修复、繁殖、对外界的应激反应等生命活动时刻需要能量。此外，不同层次生命系统的结构是高度有序的，在每一个层次上都能看到精美的次序，如大

分子蛋白质和核酸，动、植物细胞结构，生物体器官系统的组成等。生命结构的有序性是生命活动表现出复杂有序的规律性的前提和基础。细胞需要持续的能量供给，才能保持生物体的有序性。

细胞所需要的一切能量，从根本上来自于食物分子中的化学键能，因此食物分子充当了细胞的生命燃料。植物细胞通过光合作用制造自己的生命燃料，动物细胞通过食用别的生物获取生命燃料。植物细胞和动物细胞中的生命燃料主要通过细胞呼吸（氧化）产生能量。动、植物细胞中不同食物分子的氧化过程是很相似的，它们都是先转化为某种中间产物，然后进入糖酵解或柠檬酸循环，经过一系列的循环反应产生大量ATP满足生命需求。随着各种燃料分子的系列氧化反应，细胞就从储存在燃料分子中的化学键中获得了能量。这些能量以"高能"化学键的形式储存在活化的ATP载体分子中，被各种生命活动随时提取。

（二）细胞通过合成代谢构建、更新和修复生命机体

代谢作用是生命的核心，它有两个重要方面。除了从食物中收集能量的分解代谢外，还包括各种生物合成途径，建造细胞的各种成分。细胞和生物体原有的结构物质（结构蛋白、脂质、多糖等）和功能物质（酶、抗体、激素、信息分子等）不断地被分解，生长、繁殖等生理活动需要新的原料构建系统结构，因此，细胞需要不断地合成新的生物分子以更新生命系统的组成成分，补充完善生命活细胞、组织、器官、生物体。

（三）细胞依赖物质与能量代谢完成遗传信息的储存、传递和表达，控制生命，延续生命

自然界历史长河中的世代更新是通过生物的遗传变异和进化实现的。首先，生物的遗传信息储存在自己的核酸分子序列中。要保证每一个细胞能够有效地储存物种的全部遗传信息，作为遗传信息载体的核酸分子要通过大量复制进行分配，这个过程是基于有机小分子作为原料及ATP供应能量的合成代谢反应。其次，遗传信息的世代传递主要通过细胞分裂完成。细胞分裂也是建立在细胞结构原料的构建、功能调控物质的合成及食物燃料分子氧化供能等复杂而有序的代谢基础之上。最后，后代细胞获得的遗传信息通过转录和翻译，形成生命舞台的真正演员——蛋白质，使生命得以显现。转录和翻译也都是在生命能量推动下，以及信息指导下，以有机小分子为原料，合成生命大分子的代谢过程。可见，生命的延续是建立在生命大分子的合成和细胞燃料氧化分解代谢基础之上的。

（四）细胞的物质与能量代谢依赖生物膜系统

生物膜系统是指细胞内的一切膜结构，包括细胞膜、细胞器膜和核膜等。细

胞内的一切代谢活动都离不开生物膜系统。

细胞是开放的生命系统，细胞膜在控制细胞内相对稳定的内部环境，控制细胞与外部环境的物质交换、能量转换及信息传递等方面具有决定性作用。细胞摄取养分和排除废物一般都要通过膜转运蛋白。膜转运蛋白主要包括两类，一类是转运有机小分子（如糖类、氨基酸、核苷酸等）的载体蛋白，另一类是转运水分子、水溶性分子及离子的通道蛋白。这些膜转运蛋白都具有高度的选择性，保证细胞代谢过程中按照特定的需求进行物质转运。

细胞质是细胞进行代谢和生理活动的主要场所。生物膜系统将细胞质划分为许多特定的区室，使各种代谢活动在时间和空间上互不干扰，有条不紊地进行，大大提高了细胞代谢的效率。一些膜性细胞器在结构和功能上又具有一定的连续性，形成了广阔的内膜系统（主要包括内质网、高尔基复合体、溶酶体等），为细胞内物质的合成、运输、分选和定位提供了站点和交通枢纽。内质网是物资供应站，分泌蛋白、膜蛋白、内膜系统中的可溶性蛋白，均是在糙面内质网上合成的。内质网还负责对合成的物质进行修饰，如糖基化、酰基化、肽链间二硫键的形成及氨基酸的羟化等。高尔基复合体在细胞分泌活动中充当着交通枢纽的作用，许多重要大分子的运输和分泌都要通过高尔基复合体。高尔基复合体将内质网合成的蛋白质和脂质进一步加工、浓缩、运输，形成各种分泌颗粒，运送到细胞外。高尔基复合体还能够根据修饰后的溶酶体蛋白、分泌蛋白、膜蛋白等所带有的分选信号，将不同命运的蛋白质分选开来，以膜泡的形式运输到靶部位，行使各自的代谢功能，当然所有这些生命活动都需要能量的推动。

学生基于物质与能量的视角看待繁杂的生命现象、事实及生命活动，能够认识生命的本质和规律，有利于物质与能量生命观念的形成和内化。

三、中学生物学教材中"物质与能量"的知识结构

中学生物学教学内容框架下"物质与能量"的主要观点表现为：生命是建立在特定的物质基础之上的，蛋白质与核酸是重要的生命物质；能量是维持和更新生命的动力，生物通过食物分子的氧化获取生命的能量；细胞通过合成代谢和分解代谢实现生命物质的更新与能量的转化；生物膜系统为细胞代谢提供了场所和必要条件。在微观上，物质是能量的载体，物质的合成与分解总是伴随着能量的吸收或释放而进行；在宏观上，生态系统中的物质循环是能量流动的载体，物质循环总是伴随能量流动而展开。

生命观念不等同于生物学重要概念，具有跨概念性和上位性，是众多概念的

归纳、总结和提炼。生物学观念的形成绝非一节课之功，也绝非靠贴标签强行灌输。生物学课程的教育价值具有多维性，在教学实践中教师要根据教学内容的特点侧重其突出价值，不可面面俱到、平均用力。生命观念的形成也要依托教学内容，如中学生物学教学内容框架承载了丰富的物质与能量视角下的生物学现象、事实及概念，但它们并没有按照物质或能量主题排列，而是分布在不同的阶段和章节。为了促进物质与能量观的形成、内化与发展，教师不应孤立地、按部就班地教教材，而要在分析教材的基础上对相关内容有整体的把握，形成物质与能量视角下的知识结构，突显前、后知识的纵向联系和横向联系，为落实观念形成的教学设计和教学实施提供思考框架，在教学实践中要基于观念改进教学，促进生命观念形成和应用。新课教学可以典型教学内容为载体，凸显生命观念。例如，光合作用过程是由光能启动的、以物质化为载体的复杂能量转换过程，对"物质与能量"生命观念的形成具有其他内容不可替代的地位和作用。在复习课中可以观念形成为逻辑主线，梳理并整合教学内容。例如，以"生命系统的物质与能量"为主题，可将生态系统、光合作用、呼吸作用等内容进行有机整合，构建不同层次生命系统中概念的联系，促进相应观念的形成。测评环节中，教师应注重在任务情境中训练学生思考问题的视角，促进生命观念的内化和发展。

四、"物质与能量观"对生态文明建设的启示

形成生命观念的价值在于提供解决个人和社会问题的视角和方法策略，即指向社会责任。物质与能量代谢是生命的本质特征，物质循环和能量流动是生态系统维持和运转的链条。人类社会是地球生态系统的重要组成部分，生物圈的物质与能量平衡是人类社会存在和发展的前提和基础。

自然生态系统具有自我调节的能力。但对生物圈这个特殊的生态系统而言，人类社会有着不可低估的影响。世界自然基金会提出的《地球生命力报告2010》指出："即使按照联合国对人口增长、资源消耗和气候变化最乐观的预测，到2030年，人类将需要2个地球以吸收排放的CO_2及满足对自然资源的需要。"

针对社会和经济发展所造成的环境污染和生态破坏，生态文明建设成为当前各界讨论的热点之一。例如，关于构建生态城市的模式和观念有多种解释，暂且不去评判是非，但是基于物质与能量对生命和生态系统的意义，针对个人和社会生活实践中存在的客观现象和突出问题，生物学教师有责任帮助学生形成基本认识：首先，用于人类生活的物质进口与出口要与自然生态系统相协调，一个区域产生的物质要在内部消化，否则物质积压的持续效应将导致生态系统物质循环

链的崩溃，从而导致生态系统整体的崩溃。其次，能源的使用要具备可持续性，不能在无周密计划的情况下随意开采和无节制地利用各种化石燃料。人类短短几百年的经济发展就几乎将地球储备了几十亿年的化石燃料耗尽，这样的速度必然是地球生态所无法承受的，而迅速消耗矿物资源所伴随的生物圈的物质变化也将进一步引起整个地球的动荡。因此，要维持人类社会的稳定与发展，从物质循环的角度看，物品的使用应当充分体现重复利用的原则，尽量减少以自然资源为原料的一次性物品的使用，减轻生物圈物质的过度消耗；从经济发展对能量的需求增加和亟须解决的环境问题来看，要充分利用能源，减少能源浪费，优化能源结构。面对巨大的人口压力，节约能源减少浪费是能源利用的一个重要问题。从政府层面，各种城市规模的建设应与其自然环境相匹配，否则必然加大资源与能源的浪费。从每个公民的生活行为层面看，节水节电、垃圾分类、绿色出行，并积极地引导他人，就是在为生物圈的平衡、为人类社会的可持续发展做贡献。地球是人类共同且唯一的家园，保护环境、保护生态平衡是每一个公民的责任和义务。

第三节　结构与功能观

结构与功能观是生命观念之一，树立结构与功能观是让学生发现生命现象，学习探究生命活动的规律，进而理解生命的本质。梳理现行高中生物必修教材中渗透的结构与功能观，将会给高中生物教材修订工作以启发。

一、什么是结构与功能观

（一）结构与功能观是基本的生命观念之一

在生命世界里，结构与功能是一个不可分割的整体。在探究某一功能时，会先分析其结构基础；对结构有了了解后，寻找相应功能。关于结构与功能关系的探索一直是生物学研究的基础工作，结构与功能观反映的是人们对生命现象或生命活动中二者关系的认识倾向。从核酸、蛋白质等生物大分子物质到细胞，从生物体的组织、器官、系统，到种群、群落和生态系统，涉及整个生命系统，可以说，结构与功能观是基本的生命观念之一。结构与功能观的形成应该伴随着学生整个生物学学习过程，树立正确的结构与功能观不仅有助于他们深化对生命总的认识，还可以提高他们的生物科学素养，指导其自主学习。

（二）结构与功能观体现为结构与功能的辩证统一

结构与功能的辩证关系在系统论中已经得到了深刻的阐述，在生物学领域，它主要表现为两个方面。一方面，结构是功能的基础，即有什么样的结构，相应地就会有什么样的功能。例如，DNA的双螺旋结构使得DNA能够通过碱基互补配对原则实现精确复制；线粒体的内膜折叠成嵴使表面积大大增加，从而能够附着更多的与有氧呼吸有关的酶；群落中植物的分层现象提高了植物利用阳光等环境资源的能力。另一方面，功能的实现依赖于特定的结构。例如，乳糖操纵子模型中通过阻遏蛋白构象的变化来实现基因表达的调控。

（三）结构与功能观通过多学科交叉渗透

美国《K－12科学教育框架：实践、跨学科概念和核心概念》提出了一系列跨学科的通用概念，其中就包括结构与功能。结构与功能观从来就不是孤立存在的生命观念，生物学科与其他学科相互渗透、交叉整合，对学生建立这一观念是大有帮助的。细胞膜的磷脂双分子层结构是一个很好的帮助学生形成结构功能观的模型，正因为细胞膜具有这一结构，才能有选择性地控制物质的进出。在教学过程中，如果教师直接给出这一结构模型，学生不一定能接受。当我们借鉴化学中的水油分子的排布模型来推导出细胞膜的结构模型时，学生就能很好掌握了。类似的例子还有不少。例如，我们可以结合物理学和化学的相关知识来了解DNA双螺旋结构模型，进而理解这一结构对于DNA分子能够成为生物体主要遗传物质的重要作用等。

二、高中生物必修教材中的结构与功能观

（一）渗透结构与功能观的知识内容

高中生物必修教材根据3个模块的知识内容从不同层次渗透着结构与功能观。必修1模块先提出"细胞是生物体结构和功能的基本单位"，然后从组成细胞的分子、细胞膜、细胞器以及整个细胞的角度来阐述结构与功能相适应。例如，不同种类的氨基酸通过千变万化的排列顺序组成了结构多样的蛋白质分子，并具有不同的生理功能；各种细胞器的结构特点使它们具有各自特定的功能；细胞生物膜系统的组成成分和结构很相似，所以在结构和功能上紧密联系；细胞核能够控制细胞的代谢和遗传与细胞核的结构分不开，等等。

随着分子生物学的飞速发展，人类已经很好地解析了遗传物质的分子结构，因此必修2模块从微观的分子层面来渗透结构与功能观，涉及的知识内容主要是DNA分子和基因的结构与功能。例如，DNA分子中碱基序列的多样性使得DNA分

子多样化，因而DNA分子能够储存大量的遗传信息；70%的囊性纤维病患者是由于编码CFTR蛋白的基因缺失了3个碱基，影响了CFTR蛋白的结构，使CFTR转运氯离子的功能异常，最终导致肺功能严重受损等。

必修3模块则是从个体、种群和群落以及生态系统的层面说明了结构与功能的关系。具体的例子有：在讲解人体的内环境与稳态时，总结机体的三大调节系统是相互联系、相互协调的，共同维持机体内环境的稳态；在介绍种群和群落时，提到群落具有一定的空间结构，包括垂直结构和水平结构，群落的垂直结构显著提高了群落利用阳光等环境资源的能力；而在讲授生态系统及其稳定性时，则明确指出生态系统中各组成成分之间紧密联系，使生态系统成为一个统一的整体，并具有一定的结构和功能。

（二）渗透结构与功能观的方式

高中生物必修教材中渗透结构与功能观的方式是多样化的，下面举几个例子。

（1）在给出的概念中直接体现结构与功能观。例如，必修1第3章的引言中提到"系统不是其组分的简单堆砌，而是通过组分间结构和功能的密切联系，形成的统一整体"。

（2）通过"模型建构"活动帮助学生理解结构与功能观。例如，必修2第3章第2节"模型建构——制作DNA双螺旋结构模型"，学生通过制作模型能够更深刻地理解DNA的双螺旋结构与它能够储存大量遗传信息功能的重要关系。

（3）引导学生运用结构与功能观分析问题。例如，必修1第4章第2节的"问题探讨"栏目，需要学生根据结构与功能相适应的观点，分析用哪种材料做细胞膜更适于体现细胞膜的功能。

（4）通过一些课外阅读素材让学生了解结构与功能观在现实生活中的应用。例如，必修3第4章第3节的"科学、技术、社会——立体农业"就是运用群落的空间结构原理，达到光照、土地等资源的充分利用。

对于建构结构与功能观相关的知识内容，教材中的表述方式也不尽相同。例如，先介绍"生命活动的主要承担者——蛋白质"的结构，然后再介绍其功能；而在介绍"系统的控制中心——细胞核"时，则是首先让学生借助资料创设的情境来了解细胞核的功能，然后再具体讲述细胞核的结构；在呈现各种细胞器的不同结构和功能的分工时，教材更是采用了形象的图文并茂的形式。灵活多变的表述形式，让教材更加生动，可读性更强，但无论哪种表述形式，都有其内在严密的思维逻辑性。

三、结构与功能观的建构策略

（一）以概念为基础，使结构和功能观逐步提炼

概念和观念都是人们思维活动的成果和结晶，体现了对事物的抽象和概括，两者关系密切。在概念中，核心概念通常处于中心位置，以具体的知识为基础，与一般概念广泛联系。费德恩等人认为，学生在忘记其非本质信息或周边其他信息之后，仍然能够应用起来的概念性知识就是核心概念。观念较概念则更为上位，是对知识更加综合化的整合，并且随着知识的不断积累，最终会内化为学生的能力。教材可以以基本概念为支撑，围绕核心概念来渗透观念。现行教材在概念的建构方面很突出重要概念，有通过科学史的介绍促进学生理解概念，有让学生补充完善概念图来帮助他们梳理整合概念等。但是对于结构与功能观的提炼似乎没有显性化呈现。以必修1第3章"细胞的基本结构"为例，教材在介绍了"生物膜的组成成分和结构很相似，在结构和功能上紧密联系""细胞核能够控制细胞的代谢和遗传是与细胞核的结构分不开的"等内容后，其实就可以用核心概念"细胞不是其组分的简单堆砌，而是通过组分间结构和功能的密切联系，形成的统一整体"来更加紧密地串联这些知识，然后在此基础上帮助学生进一步提炼出结构与功能观。将这一逐步提炼的过程以画概念图的形式更加显性化地呈现给学生，未尝不是一个可以尝试的方法（图5-2），这样对学生完整和深层次地理解概念，加强对观念的认识应该有一定的推动作用。此外，在提炼观念的过程中，教师还可以多关注一些跨学科的通用概念，让学生在学科之间的相通和交融中理解科学的本质，促进其终身发展。

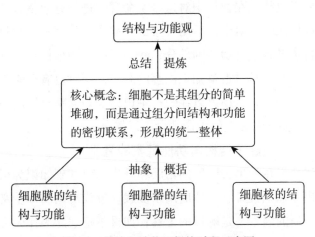

图5-2　结构和功能观提炼过程示意图

（二）图文结合，让结构与功能观生动体现

通过图片呈现事实性知识，对学生概括事物、建立结构与功能观具有重要作用。必修1第3章第2节在讲述细胞器之间的分工时，就先以图片呈现细胞器的结构，然后再用文字描述它的功能，这样学生很容易明白线粒体是细胞进行有氧呼吸的主要场所，内膜折叠成嵴，增大了表面积，能够附着更多的与有氧呼吸有关的酶；叶绿体是绿色植物进行光合作用的场所，里面有很多的基粒和类囊体，极大地扩展了受光面积等。以图片呈现结构，为学生创设了一个学习结构的情境，利于学生高效地获得知识。而且图片本身还是对结构的简化，像蛋白质、DNA等一些学生理解起来较为抽象的结构，一旦通过图片呈现，就十分直观，学生能够很快掌握它们结构与功能相适应的特点。随着绘图技术的发展，教材中有的平面结构图可以替换为更加生动形象的3D立体图，以增加学生的阅读兴趣；我们甚至可以借助先进的科学技术手段，将静态图转化为能够在电子设备中打开的动态图，增加图片的交互性。

（三）纵横联系，将结构与功能观与其他生命观念整合

生命观念除了结构与功能观，还有物质与能量观、稳态与平衡观、进化与适应观等，它们都是从大量生物学知识和实践活动中提炼出来的，具有一定的共通性。例如，ATP具有特定的结构才使它成为能驱动细胞生命活动的直接能源物质；生态系统具有营养结构——食物链和食物网，它们不仅是生态系统物质循环的渠道，也是能量流动的渠道。这些内容含有结构与功能观以及物质与能量观。前面提到的机体的调节系统主要有神经系统、内分泌系统和免疫系统，三大系统相互协调，共同维持机体内环境的稳态，这其中既蕴含着结构与功能观，又有稳态与平衡观。如果教师能在教材中对这些生命观念进行有效整合，相互补充，相互促进，就可以加深学生对生命活动现象或规律本质的理解。教材中的"本章小结"通常是教材中最具整合功能的部分，我们可以利用该栏目合理整合该章中渗透的生命观念，这不仅是对本章知识内容的升华，同时也有助于学生建立完整的生命观念体系。此外，教材还可以在旁栏中设计"观念整合"的小栏目，与正文中的知识内容相联系，对相应的生命观念进行整合。

（四）知行合一，赋予结构与功能观实践意义

观念是具体知识在学生头脑里的拓展和升华，以基础知识为根基，如果没有观念的引领作用，知识很难有效地应用于实践。近代美国实用主义哲学家杜威认为："观念是判断的因素，是解释的工具；如果不把观念当作研究事实、解决问题的工具，那么，就不是真正的观念"。可见，只有当学生把建立的对结构与功

能观的认识用于解释生物学现象和解决现实生活中的问题，并在应用过程中不断完善、修正和发展时，才能最终形成科学的、有价值的结构与功能观。教材对学生运用结构与功能观的引导，可以在"问题探讨""思考与讨论"等栏目中或者节后"练习"、章的"自我检测"中设置问题情境，驱动学生思维，让他们运用结构与功能观分析和解决问题；也可以在正文或课外阅读材料中提供一些应用结构与功能观的素材，让学生体会建立结构与功能观在日常生活和社会实践中的价值。

基于观念建构开展的高中生物教材修订工作是贯彻落实学生核心素养的重要方面，对于教师的教和学生的学有着深远的意义。在教材中建构任何一个生命观念都应该是一个循序渐进、有实践意义的过程，它离不开概念和具体知识的支撑，否则就可能建造了一个空中楼阁，引人向往，却又虚无缥缈。

第四节　进化与适应观

进化观是生命观念的核心，生物的多样性、生存和灭绝等都是进化的结果，正如迈尔所言："如果不考虑进化的话，生物学中任何问题都无法获得圆满的解决。"进化观的主要内容包括以下几个方面：生物不是神造的，地球上的生物体可以溯源至一个共同的祖先，所有的生物之间都有亲缘关系，生物进化是由同一个祖先发展成为现在地球上各式各样生物的过程。进化观解释了生物界统一性和多样性的矛盾，统一性源于他们的共同祖先，多样性则是物种对环境的适应和种族谱系分化的结果。

现代生物进化论的核心观点是自然选择学说。物种的遗传与变异会产生具有一系列性状的个体，自然选择可能导致某些遗传性状在群体中占优势，让某些能更好地适应某种环境的性状保留下来。只有群体中出现的性状差异影响了生存和繁殖，自然选择才会发生。不过，自然选择并不一定导致机体长期沿着一个固定的方向发展。

适应是进化的结果。一般来说，适应包含两方面的含义：一是生命系统各层次的结构都适应于一定功能的实现；二是生物的结构及其相关的功能或行为习性适应于该生物在一定环境条件下的生存和延续。因此，进化可以表现为分子的进化、物种的进化、生态系统的进化，也表现为生物对环境的适应。

进化观具有对生命现象"终极原因"的解释力，为人们认识生命世界奠定了基础。进化观的形成有助于学生理解生命系统的多样性和统一性、量变和质变的辩证关系，有助于学生从历史的视角看待生命，并运用历史的方法解决问题，进而建立历史唯物主义的世界观。进化观具有浓厚的人文色彩，它的意义远远超出了生物学的范畴，对学生合理认识个人的发展、社会的进步、人类的未来等都具有重要意义。进化与适应观是生物学科核心素养——生命观念中的一个关键能力。进化是生物学中最重要的概念之一，进化思想为人们理解生命的历史、各种生物之间的关系，以及生命依赖于物理环境提供了统一的准则，生物进化的概念将大部分生物学知识构建成一个整体的框架。

学生进化与适应观尚待形成，学生可通过生物学课程的学习，理解地球上多种多样的生物是经过长期进化形成的，生物能适应所生存的环境也是生物长期进化的结果和以自然选择学说为核心的生物进化理论，解释了生物进化的原因，并能够用上述观点做出解释、判断。教师结合生物学教学案例，通过知识建构、理性思辨、活动促进和问题解决等策略，帮助学生形成进化适应观。

一、知识建构，凝练进化与适应观

学生进化与适应观的形成，必须要在课堂上建构合适、有效形成观念的重要概念，以及能形成这些重要概念的具体知识体系。纵观教材中进化与适应观的知识内容，涉及课标中十多个重要概念，而每一个重要概念，又需要许多生物学事实性知识作为基础。

二、理性思辨，形成进化与适应观

学生进化与适应观的形成，不是有关生物进化、适应方面知识简单的堆积，而是要不断地体验和感悟生物学知识所蕴含的科学思想。教师可通过精心设计问题串，引导学生比较、分析、讨论和反思，进而形成进化与适应观。

三、活动促进，强化进化与适应观

有了生物与环境、生物多样性等重要生物概念和基础知识的铺垫，学生已经或多或少地形成了生物进化的思想。在教学"生命的延续和进化"一节时，因教材内容的理论性过强，教师应因时、因地制宜，设法开展活动，让学生追寻科学家的思维轨迹，理解生物的进化。具体活动如下：

活动1：绘制生物进化树。生物学家根据各种生物进化证据所提供的信息，绘制了生物进化树。生物进化树不仅能简明地表示出生物进化的主要历程，显示各类生物之间的亲缘关系，而且还揭示了生物进化的趋势。在教材配套的实验手册中，有进化树的剪图、贴图活动。如果没有现成的，教师也可在网上搜索后打印出来，让学生动手剪图、贴图，真切地感受到生物进化的路径和进化的地位。

活动2：走近地层化石。化石的形成过程距离今天太遥远，教师在教学中一定要巧设活动，吸引学生参与其中，产生思维碰撞：①观察化石实物，让学生弄清楚什么是化石？化石是如何形成的？为什么化石证据是生物进化最直接的证据？②观察不同地质年代生物的化石，如马的前肢化石，设问：为什么不同地质年代，马的化石会有变化呢？是什么原因导致这一变化？③观察中间类型始祖鸟、种子蕨化石，设问：始祖鸟化石既具有爬行动物的特征，又具有鸟的特征，说明什么问题呢？上述活动后，经小组讨论、交流后，教师进行归纳整理。

学生通过参与以上的活动，或疑或思，或动或辩，认同生物是进化的，了解生物进化的路径并理解生物进化的原因。

四、问题解决，内化进化与适应观

学生掌握了生物进化方面的知识后，并不等于已经形成了进化与适应观，能力的形成离不开实际运用。在真实的生活、生产实践中，学生能否评价相关言行的科学性，能否解决真实情境中的具体问题，是衡量学生进化与适应观形成与否的重要标志。

例如，去年科学家在美国发现了首例对所有已知抗生素均有抵抗力的超级细菌，随后包括我国在内的许多国家都有病例报道。去年年底，全国规定二级以上公立医院全面停止门诊患者静脉输注抗菌药物。那超级细菌的抗药性是如何产生的呢？这和频繁输注抗菌药物有关吗？又如，教师在讲到生物学分类知识时，适时展示我国"蛟龙号"深海载人潜水器在马里亚纳海沟7.062 km海底拍摄的海底生物图片，让学生鉴别属于哪一类生物。提出问题：科学家将这些生物样品带回研究时，发现全都死了，为什么呢？海底生物是如何适应深海环境的，这种适应性又是如何形成的？通过对鲜活的生活案例进行讨论、分析，并做出科学判断，能提高学生进化与适应观能力。教师经常性将生物学知识和现实生活有机结合，将最新的科研成果展示于课堂，让学生接触真实的问题情境，从而学会用所学知识解决实际问题，不仅激活了生物学课堂教学，还使学生在讨论交流、解决问题过程中逐步形成了科学的生命观念。

第五节　稳态与平衡观

关于稳态这一概念的由来，19世纪中叶，法国生理学家伯尔纳（C.Bernard）首先提出内环境和内环境恒定性的概念，1926年美国生理学家坎农（W.B.Cannon）正式提出稳态（Homeostasis）概念，他认为稳态并不意味着稳定不变，而是指一种可变的相对稳定的状态，这种状态是靠完善的调节机制抵抗外界环境的变化来维持的。稳态是在《普通高中生物课程标准（实验）》三大模块之"稳态与环境"中明确提出的，是在生物学教学内容的基础上进一步加深和拓展而来。生物学所涉及的与稳态和平衡相关的内容主要是人体各个系统相互联系、相互协调，构成统一的整体以完成各项生命活动；生态系统的自我稳定和相对平衡状态的维持，其内容主要包括"绿色植物对维持生物圈中的碳—氧平衡和水循环发挥着重要作用"和"生物多样性对维护生态平衡具有重要作用"。因此，生物学稳态与平衡观的内涵包括：①每种生物都离不开其生活环境，同时又能适应、影响和改变环境；②生态系统具有自我调节维持相对稳定状态的能力；③生物多样性对维护生态平衡具有重要作用；④绿色植物有助于维持生物圈中的碳—氧平衡并在生物圈水循环中具有重要的作用；⑤人体各系统相互联系、相互协调，人体各系统在神经系统和内分泌系统的调节下完成各项生命活动，形成统一整体。

依据人们对事物的认知特点，学生若要形成"稳态与平衡观"，需要经历与之相关的"重要概念认知""概念整合、组建概念体系、形成观念""反思概念及概念体系"三个阶段，教师在组织教学时，可以促使学生在教学活动中建构稳态和平衡观。

一、精心设计教学活动促进学生认知稳态与平衡相关重要概念

形成"稳态与平衡观"所要掌握的重要概念要落实到日常生物学教学中的每一堂课中，学生要想在课堂上深刻认识相关概念需要教师在课前做好充足的准备。

（一）深度研读课标和教学内容，明确重要概念

教师要对学生的发展水平进行全面而深入的分析和掌握，对课堂教学内容进行研讨，从知识与能力的关系、知识与生活经验的关系以及知识与情感态度价值观的关系等方面入手，建构课堂教学价值观、合理组织教学结构、巧妙安排教学

程序。

（二）基于学情精心设计学习任务

教师在进行教学设计时，要在充分掌握学生基本情况和课堂教学内容的基础上精心设计相应的学习任务，使学生在领取任务时便充满兴趣并满含完成任务的渴望。在教学实践中，教师最常采用的是问题驱动学习和成果驱动学习两种方法。

合理设置问题情境，设计问题引导和驱动学生探究和思考相关概念，可以促进学生理解和掌握相关概念。例如，如何用坐标图表示草原生态系统中草与鼠的数量变化关系，以使学生通过绘制坐标图直观感受生态系统中不同生物数量变化的关系维持在一个动态平衡的状态中。在教授"生态系统的自我调节能力"时，教师为学生提供一段时间内草原生态系统中草、兔和狐的相对数量，请学生尝试用坐标曲线表示草、兔和狐之间的关系，同时出示讨论问题，对学生进行分层点拨：自然条件下，草、兔和狐的数量变化有什么规律？生态系统为什么能自主维持稳定和平衡？

除了问题驱动外，教师还可以设计实践性质的学习任务，让学生在课后能够运用课上所学习的知识概念解决实际问题或完成相应的动手操作实践，在解决问题的过程中，更加深入地理解所学习的概念，如课外小调查、编制概念图、制作模型、完成实验操作、撰写实验报告等。以"制作生态瓶"教学活动设计为例：教师出示池塘生态系统图片，提问学生有何发现，然后逐步引导学生说出池塘里的非生物成分，生物中哪些是水生植物，它们的生存需要哪些条件，这些水生植物为动物提供了哪些帮助等。随后小组讨论设计生态瓶的制作方案，并组际交流设计方案。

学习任务完成后，教师要组织学生进行课堂反思和总结。教师在给出本节课重要概念的基础上，引导学生将课堂教学活动全过程与概念相连接，从而使概念内化为具有实际意义和内涵的结果，使学生更加有力地掌握本堂课的重要概念。

二、逐步帮助学生建构和巩固稳态与平衡观

（一）整合概念创建体系，帮助学生建构稳态与平衡观念

虽然重要概念是建构稳态与平衡观念的基础，但是掌握一个个独立概念并不能建构稳态与平衡观念，需要教师引导学生将"碎片化"的重要概念联结形成概念网络，并与自己的知识体系相连接，整合进入学生个人的知识体系，从而初步形成稳态与平衡观念。生物学"稳态与平衡"观念的形成可以从人体的稳态与平衡和生态系统的自我稳定这两个概念主线入手。

人体是一个整体，处在稳态与平衡状态中。人体的各个系统是在神经系统和内分泌系统的调节下，完成各项生命活动，形成统一的整体。具体展开，呼吸系统为人体提供氧气、排出二氧化碳，运动系统完成各项动作和运动，循环系统运输营养物质和代谢废物，消化系统消化食物提供营养物质，免疫系统抵御外界病原体的入侵、维持人体的稳定，泌尿系统排出代谢废物。生态系统是一个整体，处在稳态与平衡状态中。生态系统是一定区域内所有生物及其生存环境所构成的统一整体，各种生物与其生活环境相互依赖、相互影响，生物圈是地球上最大的生态系统，绿色植物对生物圈中的水循环和碳—氧平衡的维持都起着非常重要的作用。

通过设计制作概念图来从整体上认识人体和生态系统的稳态和平衡，在此过程中，学生充分调动在平时课堂中所形成的概念，建立概念之间的网络联系，从而形成一个大的知识网络体系，进而进一步建立稳态和平衡观念。

此外还可以组织一些实践活动来丰富教学，从更多的角度来认识和体验稳态和平衡，如在植树节时组织开展植树活动，在爱鸟周组织开展关爱鸟儿的活动等。

（二）深度反思自我建构，巩固稳态与平衡观

学生在初步形成稳态与平衡观的基础上要进一步巩固和加深对"稳态和平衡"的认识，此时教师要引导学生自我反思、自我建构，即从重要概念到概念体系，从概念体系到观念的建立，如此反复，便可触类旁通，内化升华，巩固观念。教师可以引导学生从两个方面入手：首先是稳态与平衡具有哪些事例支撑。教师可以以专题的形式来展开，如生命系统各层级均有稳态和平衡，即细胞、器官、系统、个体、群体、生态系统以及整个生物圈等不同层级，每个层级都有各自的稳态和平衡。例如，"草履虫"是一个细胞，可以完成呼吸、取食、消化、排泄、繁殖等不同的生命活动；人体八大系统在神经系统和内分泌系统的协调下构成统一的整体，完成各项生命活动；生态系统中的生物成分和非生物成分相互联系、密不可分，生物圈中的碳和氧、水等都是在循环往复的状态下形成一种稳态和平衡。生物与环境相互影响、相互依赖，可以从人与自然的角度来探讨，进而引发学生建立人与自然和谐统一的稳态平衡观。上述这些都是稳态和平衡的具体表现。其次是教师通过设计相关试题和实践活动让学生在应用中加深认识。例如，课上展示有关生态系统碳—氧平衡的概念图，提问：我们每天都要吸收氧气，放出二氧化碳，为什么大气中的氧气和二氧化碳的浓度维持不变呢？请大家结合图示思考。同时结合"温室效应"这一环境问题，展示原因：人类大量燃烧化石燃料释放大量二氧化碳，打破了碳—氧平衡，使得气候变暖，为此我们要开发新能源，并组织植树活动。学生在应用观念解决问题的过程中巩固稳态与平衡观的建立。

第六章

基于核心素养的科学思维培养

第一节　科学思维的内涵

法国哲学家帕斯卡说："人是有思想的芦苇"。亚里士多德说："人是有理性的动物"。人和动物都有感知能力，都能从经验中学习，人的理性表现在能解释，能预测。美国《国家科学教育标准》指出："科学的基本特点是以怀疑作审视的出发点，以实证为判别尺度，以逻辑作论辩的武器"。

一、科学思维与理科思维的关系

科学思维的核心是理科思维，是人类理性精神在思维中的体现。科学思维=理科思维+直觉。灵感、顿悟等直觉是与生俱来的，灵感和顿悟是可遇而不可求的，教育教学中训练和提升科学思维，主要是指理科思维（注：根据赵占良先生2018年8月24日在深圳做的讲座"关于核心素养如何落地的思考"整理）。

二、科学思维的定义和素养

科学思维是指尊重事实和证据，崇尚严谨和务实的求知态度，运用科学的思维方法认识事物、解决实际问题的思维习惯和能力。学生应该在学习过程中逐步发展科学思维，如能够基于生物学事实和证据运用归纳与概括、演绎与推理、模型与建模、批判性思维、创造性思维等方法，探讨、阐释生命现象及规律，审视或论证生物学社会议题。逻辑思维的基本形式有：概念、判断、推理、论证。逻辑思维的基本方法有：归纳和演绎、分析和综合、类比等。科学思维素养水平和学业质量水平见表6-1。

表6-1　科学思维素养水平和学业质量水平

水平	科学思维素养水平	科学思维质量水平
水平一	能够认识到生物学概念都是基于科学事实经过论证形成的，并能用这些概念解释简单的生命现象。	能认识到生物学概念是基于科学事实，经过归纳与概括、演绎与推理等方法形成的；能理解分子与细胞、遗传与变异等相关概念的内涵；能用上述概念和科学思维方法解释简单情境中的生命现象。

续　表

水平	科学思维素养水平	科学思维质量水平
水平二	能够以特定的生物学事实为基础形成简单的生物学概念，并用文字或图示的方式正确表达，进而用其解释相应的生命现象。	能基于特定的生物学事实，采用归纳与概括、演绎与推理等方法，以文字、图示的形式，说明分子与细胞、遗传与变异等相关概念的内涵；针对生物学相关问题，能运用科学思维方法展开探讨；在面对有争议的社会议题时，能利用生物学重要概念或原理，通过逻辑推理阐明个人立场。
水平三	能够从不同的生命现象中，基于事实和证据，运用归纳的方法概括出生物学规律，并在某一给定情境中，运用生物学规律和原理，对可能的结果或发展趋势做出预测或解释，并能够选择文字、图示或模型等方式进行表达并阐明其内涵。	能基于给定的事实和证据，采用归纳与概括、演绎与推理等方法，以文字、图示或模型的形式，说明分子与细胞、遗传与变异、稳态与调节、生物与环境等相关概念的内涵，举例说明生物工程与技术的原理及其与社会之间的关系；针对生物学相关问题，能运用科学思维方法展开探讨、审视或论证；在面对有争议的3社会议题时，能利用生物学重要概念或原理，通过逻辑推理阐明个人立场，做出决策。
水平四	能够在新的问题情境中，基于事实和证据，采用适当的科学思维方法揭示生物学规律或机制，并选用恰当的方式表达、阐明其内涵。在面对生活中与生物学相关的问题并做出决策时，利用多个相关的生物学大概念或原理，通过逻辑推理阐明个人立场。	能基于事实和证据，采用归纳与概括、演绎与推理、模型与建模等方法，以恰当的形式阐释分子与细胞、遗传与变异、稳态与调节、生物与环境等相关概念的内涵，论述生物工程与技术的原理及其与社会之间的关系；在面对生产、生活中与生物学相关的新问题情境时，能熟练运用科学思维方法展开探讨、审视或论证；在面对有争议的社会议题时，能利用生物学重要概念或原理，通过逻辑推理阐明个人立场，做出决策并解决问题。

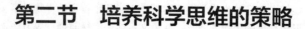

第二节 培养科学思维的策略

一、鼓励学生思考，培养问题意识

问题的提出既是思维的起点，又是思维的动力。让学生在已有知识基础上提出新的问题、从新的角度审视旧的问题，教师要在教学过程中精心创设新的情境。因此，教师在教学中要让学生主动提问、主动探究，将学习的内容与他们的经验、需要、兴趣建立联系。

如"可溶性还原糖鉴定"实验中，教师可提出问题，为什么选择苹果汁或梨汁？西瓜汁行不行？接着，教师抓住契机鼓励学生寻找答案。

心理学认为"疑"最容易引起定向探究反射，有了这种反射，思维也就应运而生。教师要抓住学生的好奇心，充分发挥生物学与实际联系紧密的特点，适时地提出一些让学生感兴趣的问题，以诱导学生积极思维。如在学习"光合作用和呼吸作用"时，结合实际，教师可提出问题：为什么新疆的哈密瓜特别甜？如何提高温室栽培蔬菜的产量？在学习减数分裂时，教师可提出"为什么配子中染色体数目减半"等问题，让学生带着疑问去听课，激发并维持学生积极思考的意识。

二、注重认知过程教学，培养科学思维方法

科学的思维方法体现在对科学知识的认知过程中，教师只有把认知过程充分合理地展示出来，才能让学生自觉或不自觉地学到科学的思维方法。因此，教师在生物教学中首先应注重过程式教学，再现科学家的思维过程。如讲述遗传的基本规律时，教师可以遵循"选材→试验观察→分析现象→提出假说→验证假说→得出结论"这一研究过程教学，让学生从科学家的思维过程中体会到生物学科学的思维方法。

其次，在教学过程中，教师要展示自己的思维过程。模仿是创新的开始，学生模仿的对象首先是教师。教师展示自己的思维过程，无疑可以使学生在潜移默化中形成自己的思维方法。如讲解遗传系谱图习题时，教师可以引导学生先判断显、隐性性状，再判断控制性状的基因的位置，最终确定有关个体的基因型及出现的概率。这样可帮助学生总结出一般的解题思路，变无序思维为有序思维。

三、培养学生养成良好的科学态度，建立灵活的创新思维

良好的科学态度是创新思维的基础，科学来不得半点虚假，在寻求客观事物的规律中，需要严密和实事求是的科学态度，需要及时分析试验过程中出现的种种现象，哪怕是一个偶然的发现，否则就会与新成果擦肩而过。如摩尔根在果蝇杂交实验中偶然发现一只白眼雄果蝇。但是，摩尔根没有因其偶然性而放过此发现，而是设计了回交实验，从而成为第一个提出基因定位于染色体的人，并进一步发现了遗传的连锁互换规律。

创新思维是创新素质的核心。在教学中，教师必须有意识地培养学生的逆向思维能力和发散思维能力。在生物学教学中，教师可通过适当的点拨和有关情境的创设，有意识地让学生利用逆向思维去思考问题，发展学生的逆向思维。逆向思维是有意识地从常规思维的反方向去思考问题，在一定程度上需要有一定的勇气，在这方面许多科学家做出了榜样，如有名的伽利略比萨斜塔实验，哥白尼的日心说等。同样，在学习中，学生也应有这样的勇气。如高中生物课本中关于叶绿体色素的提取过程中，需加入碳酸钙、二氧化硅、无水酒精，教师可以引导学生思考：如果在这一过程中不加碳酸钙、二氧化硅、无水酒精，会出现什么结果呢？学生大胆实践，最后自己得出结论。教师在此基础上进行总结，得出科学的结论。这种学生通过自己的实践所得到的知识会更清晰，记忆得会更牢固。

发散思维是多方向、全面展开的辐射型思维方式，是创新思维最可贵的思维方式。这种思维方式克服了常规思维的单一性。如在学习"生态系统的成分"时，教师引导学生思考："假如缺少其中某一种成分，将会出现什么结果？"学生在讨论分析后，掌握生态系统的组成成分及其作用可谓是水到渠成。

没有求异，就无所谓创新。在平时的教学中，教师还应鼓励学生大胆质疑，不迷信书本和教师，鼓励他们有自己独到的见解。对学生的思维成果，即使是荒诞的，教师也不要随便否定，而应是想方设法找出其中的合理因素加以肯定和鼓励。所谓发散思维就是思考者根据已有知识、经验，从不同的角度，沿不同的方向，进行各种不同层次的思考，多触角、全方位地寻求与探索新的方法和结论的开放式思维。在课堂教学中，教师应有意识地让学生跳出已有条条框框，打破思维定式，进行知识的迁移重组，不要把学生的思维凝固在所谓的标准答案、知识系统上。如学完一对等位基因的遗传规律——"基因的分离规律"后，教师引导学生思考："两对或多对等位基因又将如何遗传？"通过学习"色盲的遗传"，教师总结了X染色体上隐性遗传病的特点后，要求学生讨论分析：在X染色体上，

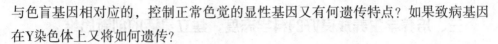

与色盲基因相对应的，控制正常色觉的显性基因又有何遗传特点？如果致病基因在Y染色体上又将如何遗传？

在一定程度上，教师能否提出或启发引导学生提出具有探索性、开放性、应用性、挑战性的问题，是培养学生发散思维的关键。

四、鼓励反思，提升创新思维品质

教学的价值不仅仅是为了让学生在学习的过程中获取知识与技能，更重要的是让学生在学习的过程中对自己的思维过程进行反思，不断提升自己的创新水平，让学生理解反思在自己成长道路上的价值，为实现自我创造条件。

关于创新思维培养，教师还应注意：①客观合理地看待学生的创新思维。学生在学习中的创新研究不能与科学家的那种专业化的创新研究相提并论，它的着重点并不是学生有没有创新，而是有没有形成创新思维与创新意识，进而培养学生的创新能力，即强调的是过程而不是结果。②客观合理地要求学生的创新思维。创新思维不是针对所有的生物知识，对一些简单的、一目了然无创新必要且也无创新可能的生物知识教学，教师不能随意地贴上创新的标签，否则将背离创新思维的本质意义。

五、做好探究实验，培养科学素质

生物学是一门实验科学，实验是生物科学基本的研究方法。"探究性实验"以实验探究为核心，充分调动学生的各种感官和思维，有助于培养其学习兴趣，激发其学习的主动性和积极性，让学生在"实验探索"中提高能力；有助于学生形成客观、实事求是的科学态度，认识科学实验的基本方法；有助于提高学生的各种能力，尤其是实验能力、观察能力和思维能力；有助于培养学生的科学精神、创新精神与创造能力。新教材中有许多探究性实验，教师扎扎实实实施"探究性实验"教学是培养学生科学素质的有效途径和方法。

在进行生物探究性实验时，教师需要特别注意以下问题：①积极创造实验条件。尽量想办法，做好教材中的实验；可将一些演示实验改为学生实验；可根据情况适当增加课本没有的实验；可将一些验证性实验改为探究性实验；对一些经典而又难以进行的实验，利用录像、投影、多媒体等手段进行模拟。②充分发挥学生的主体作用及教师的主导作用。教师要积极引导学生参与实验的全过程，实验的准备、实验的设计、实验的观察、实验的分析、实验的改进都要融入学生的智慧，让学生有充分的动脑、动手、动口、动眼的机会。

总之，在高中生物课堂中进行科学思维的培养是生物教育发展的必然趋势，是学生终身发展的需求，是国家生物技术发展的需求。学生生物学习能力的提高并不是靠已有知识的拼凑，而是依靠发展良好的科学思维能力。科学思维是一种能力，需要在日常的生物学习中进行长期的训练。在生物课堂中，进行科学思维培养将对教师提出更高的要求。教师要把握学习活动中每一处有助于培养学生创新思维的教育契机，运用灵活多变的教学方法，创设情境，全方位地捕捉学生创新思维的火花，激活创新思维的欲望，培养学生的创造性思维，满足学生终身发展的需求。

第三节　批判性思维

提高学生的科学素养是生物新课程标准的重要理念，而科学思维是科学素养的重要内涵。掌握了科学思维将使学生学会学习，终身受益。科学思维包括形式逻辑思维、辩证逻辑思维、批判性思维和发散性思维，其中批判性思维是对自己或别人的观点进行反思、提出质疑、弄清情况和做出分析的过程。在科学教育中，教师培养学生的批判性思维尤为重要。有了这种思维品质，学生就会对生物学问题进行科学性分析和评价，做出理性决定；有了这种思维品质，学生就会破旧立新，使思维的批判性成为教学中培养学生创造性思维的前提。

一、对教材知识不盲从，学会发现问题，引发学生的批判性思维

要创造，就要求人们善于发现问题，善于从普遍认为是真理、定律、不可更改的事实中，找出不合理的因素，善于用批判的眼光去看待遇到的一切事物。

教材是学生学习的主要素材，教材在学生心目中具有权威性，因而容易使学生产生轻信和盲从的心理。由于种种原因，教材内容也会存在某些错误和疏漏，如不训练学生的批判思维，则会使学生将某些谬误当成真理，因此，在生物学教学中，教师要善于引导学生在具备了一定知识储备后，经常对教材中的知识再认识，发现教材中的某些问题。

例如，在学习完"减数分裂和有性生殖细胞的生成"的知识后，教师可让学生对教材中"不同细胞的细胞周期持续时间"一表（表6-2）进行反思，发现问题。

表6-2　不同细胞的细胞周期持续时间t／h

细胞	分裂间期	分裂期
小鼠十二指肠	13.5	1.8
蛙单倍体细胞	35.3	1.6
仓鼠卵细胞	11.6	0.8
蚕豆根尖细胞	15.3	2

某些学生发现"仓鼠卵细胞进行有丝分裂"有问题：正常情况下，经减数分裂形成的有性生殖细胞会停止分裂，仓鼠的卵细胞会有分裂间期和分裂期吗？这一问题引发了学生的批判性思维，经讨论分析提出修改意见，将仓鼠的卵细胞改为受精卵更为准确。

二、发现教材实验的不足，学会否定，培养学生的批判性思维

实验是中学生物学教材中的重要内容，学生往往习惯于遵照教材中的实验方法、实验步骤照方抓药、机械操作，这不利于学生批判性思维的训练和创新精神的培养。因此，在实验教学中，教师要善于引导学生对"实验原理是否科学""实验材料的选择是否得当""实验方法步骤设计得是否合理"等实验问题进行理性思考，并通过实践检验，发现问题，探究改进。

例如，高二必修教材实习2——"动物激素饲喂小动物的实验"。通过观察甲状腺素对蝌蚪发育的影响，验证动物激素对动物生命活动的调节作用。在实践过程中，学生发现该实验有以下缺憾：①实验材料——蝌蚪奇缺。蝌蚪死亡率高，大量蝌蚪未及变态身先死，实验被迫终止。②蝌蚪变态缓慢，课上不能看到实验效果。③不利于有益动物的保护。训练学生的批判性思维，找到试验的不足，也就找到了革新的目标，鼓励学生重新设计完整实验：①更新实验材料，用金鱼取代蝌蚪。②更新实验药品，用胰岛素取代甲状腺激素。③更新实验方法，用注射法取代喂养法。取两条大小相似的金鱼放入一个玻璃缸内，一条做对照，另一条做实验。根据实验金鱼的大小向其鳃部注射适量的胰岛素溶液，由于鱼的血糖浓度急剧降低影响了神经系统的调节功能，金鱼游动失去平衡，15min左右便昏厥，显示了动物激素对动物生命活动的影响效果显著、立竿见影，当堂就能看到实验结果。那么是否是由于胰岛素使血糖浓度降低而导致鱼的昏厥呢？验证方法是：再向鳃部注射适量的葡萄糖溶液，发现昏厥金鱼很快恢复常态。

通过批判性思维发现实验的不足到重新设计实验，既培养了学生的批判性思

维，也培养了学生的创新精神和实践能力。

三、评价、改进学生实验设计方案，发展学生的批判性思维

实验是科学探究的重要手段，也是《考试说明》要求的重要能力。教师在教学中要多创设情境，让学生独立设计实验并写出设计方案，在组内和班内进行评价、修改和完善，发展学生的批判性思维。

例如，针对某一学生设计的根的向水性实验：将萌发种子植入装有沙土的花盆中，花盆右侧插入盛有清水的裂隙试管，左侧插入无水的裂隙试管做对照。观察植物根的生长方向，验证根的向水性。通过小组讨论，大家发现实验中使用裂隙试管，渗水速度难控制，在花盆中难以观察根的生长方向。通过批判，学生提出改进建议为：以玻璃槽替代普通花盆，以分液漏斗替代有裂隙的试管等。通过这种合作学习，相互启迪，集思广益，取长补短，完善创新，学生的批判性思维得以充分发展。

四、分析高考试题，学会扬弃，完善学生的批判性思维

批判性不仅包括发现错误、查找弱点等否定性定义，而且包括关注优点和长处等肯定性含义，因为它关注的焦点是做出明智的决断。在高三复习阶段，教师利用近年的高考试题训练学生的批判性思维，不仅要使学生熟悉高考试题的题型，发现命题的巧妙，找到解题思路和方法；同时还要引导学生用审视的目光评价高考试题，发现某些不足，在扬弃的过程中，完善学生的批判性思维。

例如：2002年全国理综试卷"通过两组实验验证植物体内的水往高处流的动力从何而来？"一题，学生在评价时既肯定了实验设计的巧妙，也发现了图6-1实验装置的严重疏漏，装置中枝条插入玻璃管处缺少密封结构，会导致玻璃管的液面同样受到大气压强，这样按照流体静力学原理，玻璃管中的水银液面不但不能上升，反而会下降，无法达到预期结果。学生不但分析出了问题所在，还提出了改进方法，即在枝条插入玻璃管处用胶皮圈密封（见图6-1）。这样，通过训练不仅培养了学生的批判性思维，而且可以使学生逐渐养成思维严密的科学品质及严谨求实的科学态度。

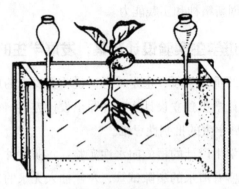

图6-1　实验装置图

五、对科学家经典实验敢于大胆质疑，鼓励怀疑精神，强化学生的批判性思维

怀疑是批判性思维的出发点，有了怀疑才会产生问题，才有可能创新。教学中要引导学生会疑、善疑和能释疑。鼓励学生对现有的知识不满足，对已有的结论不轻信，就是对科学家的经典实验也要敢于大胆质疑。

例如：学生在学习"生长素的发现"时，发现从达尔文到郭葛等几代科学家的经典实验中，都提到"胚芽鞘尖端"这一概念，但何为胚芽鞘尖端？从胚芽鞘的何处算起才是尖端？科学家都没阐明，这使得这个概念十分含混。科学应当严密和精确，为了探明这个概念，学生设计实验主动探究：用碳素笔在玉米胚芽鞘外从顶端向下部画竖直的黑线，然后放暗处继续培养，预期黑线将从某处断裂。几天后发现胚芽鞘外的黑线果然从某处断裂，断裂处以上部位仍为黑色实线，表明没有伸长；断裂处以下部位变为虚线，表明其已明显伸长。根据尖端不伸长，伸长的是尖端以下部位这个原理，学生可以确定断裂以上部位就是胚芽鞘的尖端，并联系数学、物理学等知识通过"光影放大法"将尖端的长度准确地测量了出来，得出玉米胚芽鞘尖端长度为2mm。多次重复实验，均为这一数据，精确度可达0.1mm。这一探索发现是对科学家经典实验的补充与完善，是学生批判性思维的发展，更是学生创新能力的体现。

六、对学习行为进行自我反思，反馈调控，优化批判性思维

自我调节与监控是批判性思维的核心和重要基础，它直接影响着批判性思维的形成和发展。由于自我调节与监控是一种内隐的心理过程，所以常常需要学生对一些外显的学习行为进行自我反思，从而达到反馈调控的目的。其中最佳的则

是教师引导学生对自己作业和试卷不忙于对照正确答案进行修正，而是鼓励学生积极主动地自我反思、严格检查，甚至挑剔自己的思维过程和结论。反思自己所得结论依据了哪些条件；由这些条件是否必然能得出该结论；在得出结论的过程中运用了哪些生物学概念、原理和定律；对这些概念、原理和定律理解得是否正确；运用是否得当；解题的思路是怎样形成的；这种思路是否科学有效；问题在哪；怎样矫正；是否还有更好的思路；

久而久之，学生养成自我反思的习惯，在思维过程中严格估计思维材料和精细检查思维过程，使思维活动更具主动性、分析性、策略性和独立性，减少盲目性、狭隘性，思维的结果更具正确性，从而优化学生思维的批判性。

总之，批判性思维是一个人科学素质的重要组成部分，教师在教学中可以从多层面、多角度培养学生的批判性思维，并使创新成为批判性思维的落脚点。

第四节　模型与建构①

模型是人们为了特定的目的，对某一事物进行实物化、形象化、抽象化或简单化描述，是与真实物体、某一事物对应的具有解释力的试探体系或结构。《普通高中生物课程标准》明确指出：了解建立模型等科学方法及其在科学研究中的应用，培养学生的建模思维和建模能力。培养学生模型建构的能力，能够促进学生理解核心概念的形态、特征和本质，提高学生的核心素养能力，是科学研究中重要的认识手段和思维方式。

一、理论基础

显然，模型建构的理论基础为建构主义理论。以皮亚杰和布鲁纳为代表的认知主义学习观认为，客观的知识结构通过个体与之交换作用而内化为认知结构。美国教育学家戴尔在《视听教学法》中提出"经验之塔"理论，对经验的获得进行了描述，将经验分为做的经验、观察的经验和抽象的经验共十个层次，见图6-2。

---

① 肖安庆.论基于模型建构的概念教学策略［J］.中学生物学，2016（9）.

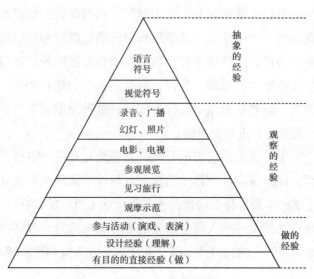

图6-2 戴尔的"经验之塔"理论

"经验之塔"理论的层次中，设计经验是通过标本模型等间接材料获得的经验，标本模型是通过人为设计仿造的应用于教学的事物。戴尔指出，"经验之塔"的底层经验是最具体的，越往上越抽象；学科教学不能终止于具体经验，要向抽象和普遍发展，形成概念，才能上升为抽象经验。目前，中学生物教学普遍存在的问题是：学生死记硬背一些概念，具体概念缺乏有效地转化为抽象的经验。这些问题的解决应从做的经验开始，通过模型建构，将概念和定理转化为抽象的经验。

二、基于模型建构的概念类型

1. 微观的概念

某些微观概念的原型因微小难以构建概念。建构模型时，教师应去除它们非本质的部分，以直观、放大、简化的形式构建模型，使微观的概念清晰化、直观化。如细胞的微观结构、基因结构的构建。

2. 宏观的概念

某些宏观概念的原型虽较大，但学生很容易整体把握。建构模型时，教师应整体呈现各部分结构，让学生发现问题，归纳本质，如生态系统结构的构建。

3. 抽象、动态的规律

处理抽象动态的规律，教师经常采用讲授的方式。由于缺乏体验，学生理解这类概念比较困难。建构这类模型时，教师可以变讲授为体验，化抽象为具体，化动态为游戏，让学生在拼摆的环节中构建概念。如光合作用与呼吸作用的过程、有丝分裂与减数分裂的过程、兴奋的传导与传递、生态系统物质循环利用与能量流动的过程等概念的构建。

4. 周期长的生命规律

某些生命规律周期长、生命规律复杂，如果仅仅通过课件展示，学生不容易理解。建构这类模型时，教师可让学生在模拟概念过程中理解生命规律，如现代生物进化和基因分离定律模拟实验的建构。

三、基于模型建构的概念教学策略

1. 理想模型法

通过建立模型来揭示原型的形态、特征和本质的方法称为理想模型法。理想模型法是生物学中经常使用的一种研究方法。它的特点是强调研究对象的主要特征，忽略次要特征，通过学生观察、想象、类比、操作等环节，来揭示宏观、微观概念的本质。其流程为：初制模型→交流展示归纳总结→精制理想模型→使用理想模型。

【案例1】制作生物膜模型

（1）初制模型。课前布置家庭作业，小组合作制作生物膜模型。

（2）交流展示归纳总结。课堂上，各小组分别展示自己的生物膜模型。有的小组用乒乓球做磷脂分子的亲水头，用两根电线丝从中穿孔作为疏水尾；有的小组用布料作材质；有的小组用橡皮泥作材质……课堂讨论，讨论制作理想的模型。

（3）精制理想模型。组织学生用解剖针在乒乓球上打孔，将小段电线对折后插入孔内，构成磷脂分子，邻近的乒乓球用电线连接好，构成磷脂分子层。用白色泡沫当作蛋白质，在白色泡沫周围围上两层乒乓球，构成生物膜的理想模型。

（4）使用理想模型。扳动相邻的两块泡沫，模拟蛋白质和磷脂分子的运动。

该实践活动，学生从生物膜的微观结构入手，通过观察、想象、制作等环节层层深入，有利于学生理解生物膜的概念本质。

2. 类比联想法

类比联想法是指运用已有的知识、经验，把类似陌生事物进行比较，创造性地突破教学难点的教学策略。其过程可分解为：

（1）类比，在新旧问题间找出相似的地方；

（2）联想，类比产生的信息引起的对已有知识的回忆。通过类比联想思维，找出某种相似事物中的同种性质，在类比中联想，从而升华思维，既模仿又有创新。

【案例2】关于激素特异性类比的教学片断

教师拿出自己的手机，拨打自己的另一个手机号码，提问："我的手机信号如何发射？"

学生答："四周。"

教师问："为什么仅仅是另一个手机会响？"

学生答："只有这个手机能接收这种信号。"

教师说："激素的分泌也是如同手机信号流向四周，但只有相关受体才能识别这一激素。"

该片断中，教师以手机信号类比激素传递的信息，接收这一信号的手机类比成特异性受体，通过类比联想教学法，形象地使学生掌握了激素特异性这一概念。

3. 具象分析法

具象分析法是将概念的原型构建模型进行放大或缩小，来探索概念的本质。

【案例3】探索环境因素对光合作用的影响

将一株绿色植物放在一个密闭的锥形瓶中。在瓶口放一个测定瓶中CO_2浓度的传感器，传感器的另一端与计算机连接，以检测一段时间内瓶中CO_2浓度的变化。根据实验所测数据绘制CO_2浓度与光合作用之间关系的曲线图。

具象分析法建构模型，是将概念原型通过放大或缩小的形式再现在学生们面前，学生通过直观观察实验结果，便于理解环境因素对光合作用的影响，更好地认识概念的本质。

4. 抽象分析法

抽象分析法是将难以理解的概念转化成数学模型或概念进行分析，帮助学生理解概念的方法。

【案例4】DNA复制的相关计算教学片段

亲代细胞DNA分子用N^{15}标记，放在含N^{14}的培养液中复制1次，子代DNA分子的数量为2，复制2次，子代DNA分子的数量为4，由此推导复制n次，子代DNA分子的数量为2^n，继续推导含N^{15}的DNA分子占子代总DNA分子的比值为$2/2^n$，子代的脱氧核苷酸链条数为2^{n+1}，含N^{15}的脱氧核苷酸链条数为2，占总数的$2/2^{n+1}$，含N^{14}的脱氧核苷酸链条数占总数的$(2^{n+1}-2)/2^{n+1}$。

学生通过数学模型，抽象分析了DNA复制的相关概念，轻松地把握生物想象的状态变化，达到"拨开云雾见青天"的效果。

5. 比较分析法

比较分析法是把相似的概念加以比较，以达到认识事物的本质和规律并做出正确的评价。高中生物教学中，教师可以引导学生对相似概念利用比较分析法，揭示它们之间的差异和共性，提高学生分析问题、解决问题的能力。如引导学生列表比较自由扩散、协助扩散和主动运输三种跨膜运输方式，找出三者间的区别与联系，帮助学生准确掌握概念的本质。

6. 等效替代法

等效替代法是在某种相同的特性和关系下，将某一概念转化为等效且易于研究的方法。掌握等效替代法及应用，体会等效思想的内涵，有助于提高学生的生物学素养，初步形成科学的世界观和方法论，为终身的学习、研究和发展奠定基础。

【案例5】"染色体组—单倍体—多倍体"教学片段

教师伸出一只手，说："我的手指就长短而言有何特点？"

学生说："三长两短。"

教师说："我的手指就是一个染色体组，黑板上有几个染色体组？"说完在黑板上重重按压一下，留下清晰的痕迹。

学生说："一个染色体组。"

教师说："由这样的配子发育形成的个体为单倍体。那么以下由几个染色体组？"在黑板上又按压一下。

学生说："两个染色体组。"

教师说："由受精卵发育而来的个体为二倍体"。教师依次讲解三倍体、四倍体、多倍体的概念。

在该案例教学中，教师通过用自己的手指类比成染色体组，将抽象的问题具体化，巧借模型构建概念体系，采用等效替代法，达到了揭示本质、把握内涵的目的。

"我听见了，就忘记了；我看见了，就领会了；我做过了，就理解了。"建构模型首先应该遵循主动建构的原则，这不仅有益于概念的形成，而且能激发学生主动建构模型的积极性。同时，建构模型还得遵循简化性原则，在便于理解的前提下，通过观察、联想、类比、归纳、分析等思维活动，促进概念的构建和思维的培养。

第五节　类比与推理[①]

类比推理是指针对两个事物具有相似的特征，由事物A的一些已知特征推出事物B也具有某一特征的推理，可以用表6-3表示。

表6-3　表示类比的图表

事物	具有的特征
事物A	a、b、c、d特征
事物B	a、b、c特征
结论：事物B也应具有d特征	

类比推理是人们所熟知几种逻辑推理中最富有创造性的推理方法。科学史上很多重大发现、发明，往往发端于类比推理，它被誉为科学活动中的"伟大的引路人"，它推动了假说的产生。高中生物新课标非常推崇类比推理思维，这种思维也是高中生物教材的一个亮点。利用类比推理，从特殊到特殊，可将复杂问题简单化，陌生问题熟悉化，抽象问题形象化，达到举一反三、触类旁通的效果。在高中生物教学中，教师利用类比思想，还可以帮助学生理解和消化类似的生物知识，促进学生解题思维的发散，培养学生的创新精神和解题能力。以下结合自己的教学实践，谈谈类比思想在高中生物教学中的运用。

一、运用类比思想，迅速突破重难点

高中生物学有大量的概念，一些概念较为深奥，较难理解。在学习这些新概念时，教师如果应用类比推理，与某些原有知识联系，有利于学生快速理解该概念，突破教学重点、难点。如在学习种群特征时，个体具有出生死亡、迁入迁出、性别和年龄的特征，教师可将种群与个体类比，种群应具有出生率死亡率、迁入率迁出率、性别比例和年龄组成的特征，使新授概念与固有知识联系起来，快速展开教学。

---

① 肖安庆,李通风.例谈类比推理在高中生物教学中的应用［J］.教学与管理,2013（2）.

又如，在学习激素调节的过程中，我们可以利用激素调节与手机工作原理的类似特征进行类比，以降低神经递质与特异性受体的理解难度。手机的工作原理是：一个手机，一个号码，一种信号，只要拨打这个手机的号码，这个号码的信号就会向四周发射，无论手机在哪里，唯独这个手机能够接收到信号；激素调节也是如此，特定的激素，由特定的内分泌腺分泌，具有特定的信号，内分泌腺分泌这一激素后，激素会进入全身各处血液，唯独特定的靶细胞能够接收、识别信号。这一类比，能够增加学生的听课兴趣，帮助学生更深刻理解所学知识，应用更自如。

二、运用类比思想，将相似的知识网络化、条理化

生物学中的概念，多而琐碎，教师如果能帮助学生串联起来，将相似的知识网络化、条理化，可使学生迅速掌握，进行有效教学。

在学习染色体变异时，染色体组、二倍体、多倍体和单倍体是本节课的教学难点，也是重点，学生单纯靠记忆，容易混淆各概念，难以掌握知识点间的差异，难以理解各概念的要点。教学时，教师可以利用相关概念与手形类似特征，进行类比。教师先向学生展示自己的一只手，指出手指三长两短，各不相同。类比指出：此时一个染色体组具有五个成员，然后高高地伸出自己的双手，双手相对，类比细胞的两个染色体组，并提出问题：为什么此时为两个染色体组？学生思考，教师引导学生只数大拇指的数目，或者用所有十个手指数除以一个手的手指数。在讲解多倍体时，教师可以用一只湿手在黑板上连续按压三下，留下三个手印，类比此时有三个染色体组，最后教师指出判断二倍体、多倍体的前提是由一个受精卵发育形成的个体。如果个体是由生殖细胞发育形成的个体，无论细胞中染色体的数目为多少，全为单倍体。这样，本节课的各概念按着"染色体组—二倍体—三倍体—多倍体—单倍体"思路串联起来，使知识网络化、条理化。

又如，光合作用过程中，ATP、［H］、C_5化合物和C_3化合物变化情况，光合作用强度、呼吸作用强度和净光合作用强度三者的关系是学生学习中的一个难点，不易掌握。在复习中，教师可以先在黑板上画出一个水箱、一个进水管、一个出水管，并提问，水箱中水量由什么决定？（学生答：由进水量与出水量的差值决定）然后教师类比建立模型：ATP的积累量（水箱中的水）等于光反应下合成ATP的量（进水量）与暗反应消耗ATP的量（出水量）的差值，当光照强度降低，合成ATP的量减小，短时间内消耗ATP的量不变，所以ATP积累量降低；当CO_2浓度降低时，暗反应消耗ATP的量减少，短时间内合成ATP的量不变，所以

ATP积累量增加。通过以上类比后，再推广到［H］、C_5化合物和C_3化合物变化情况，以及光合作用强度、呼吸作用强度和净光合作用强度三者的关系，将ATP、［H］、C_5化合物和C_3化合物变化情况，光合作用强度、呼吸作用强度和净光合作用强度等类似知识点"打包"，使学生更好地理解和应用光合作用和呼吸作用的知识。

三、运用类比推理，培养学生解决问题的能力

德国著名哲学家康德说过："每当理智缺乏可靠论证的思路时，类比思想这个方法往往能指引我们前进。"类比推理虽然不具有逻辑的必然性，却是科学探索的重要源头。在教学中，如果遇到一个棘手的问题时，教师可以借助学生生活中熟悉的事物进行类比，培养他们解决问题的能力。

例如，在计算Aa自交代数与子代基因型AA、Aa、aa之间的关系时，很多同学总是算错，碰到类似的试题时，还会害怕。教师可以将Aa自交，类比成分割一块长方形木块，第一次分成1/4（AA）、1/2（Aa）、1/4（aa）三部分，见图6-3，第二次在中间的1/2部分分成1/4（AA）、1/2（Aa）、1/4（aa），按照此思路可直观地理解子n代基因型为Aa的概率为$(1/2)^n$，基因型为AA和aa的概率均为$1/2 - 1/2^{n+1}$，达到降低学生对纯数理知识理解难的目的。

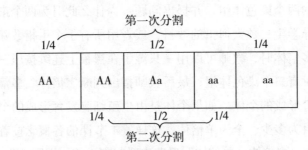

图6-3　Aa自交代数与子代基因型AA、Aa、aa之间的关系

运用类比推理，培养学生的解题能力，前提是试题与类比的事物必须具有某些相同的属性，然后从这种相似的属性出发，通过类比思想，找到形数的统一，避免烦琐的数学推理，起到不细讲自明的效果。尤其是在讲某些难题时，如果按照传统方法讲，学生也听不懂，或者不能深刻理解。教师要联系学生熟悉的一些事物，以结构形式的类比为突破口，进行讲解，培养学生类比推理的能力。

四、运用类比推理，培养学生的创造性思维

应用类比推理，大胆猜测问题答案，才能得出结论，这是人们生活生产中常运用的一种思维方式，也是新课程理念力推的创造性思维模式，近年来高考也将注重这方面的考查。

例1（2012年新课标卷第32题第3小问）某草原上生活着鹿、兔、狼和狐等生物，雄鹿有角、雌鹿无角，通常情况下这种鹿的雌雄个体分群活动（生殖季节除外）。有人提出"鹿角效应"假说解释这种同性聚群现象，即一群形态相同的食草动物能迷惑捕食者，降低被捕食的风险。回答下列问题：

为探究"鹿角效应"假说是否成立，某同学用狗（能将抛入流水池中的漂浮物叼回来）、项圈和棍棒做了如下3组实验，甲组同时向流水池中抛出2个相同的项圈，乙组同时抛出两个相同的棍棒，丙组则同时抛出一个项圈和一个棍棒，记录每次抛出后狗叼回第一个漂浮物的时间。若丙组平均时间——（填"大于""等于"或"小于"）其他两组，则实验结果支持该假说。测试时要求甲、乙、丙3组抛出项圈或棍棒的距离——（填"相同"或"不同"），本实验中项圈或棍棒相当于该草原上的"雌鹿"或"雄鹿"。

该题考查生态学部分的基础知识，考查学生对种群、群落基本概念的理解，又引入了模拟实验进行类比，对实验分析能力和知识的理解层次有更深的要求。第（3）小问中，以"鹿角效应"为探究点，考查学生的分析探究能力。"鹿角效应"即一群形态相同的食草动物能迷惑捕食者，降低被捕食的风险，在狗叼项圈和木棍活动中进行类比："狗"相当于"捕食者"，"项圈"或"木棍"相当于"雌鹿"或"雄鹿"。当狗单独叼2个木棍或2个项圈时，类比成捕食者捕食雄鹿或雌鹿；当狗同时叼一个项圈和一个木棍时，类比成捕食者同时捕食雄鹿和雌鹿。只有当狗同时叼一个项圈和一个木棍所用时间比单独叼2个木棍或2个项圈所用时间短时，才能说明捕食者捕食两种鹿要比单独捕食一种鹿容易得多。通过如此类比，大胆猜想，化解了学生认为的捕食两种鹿更难的定向思维。显然，类比推理，大胆推测是获取新知的重要源泉，它可以培养学生的创造性思维。

在高中生物教学中运用类比推理，可以帮助学生沟通新概念与固有知识的联系，使学生掌握教学的重难点，将相似的知识网络化、条理化，提高学生发现问题、分析问题和解决问题的能力，提高学生的实践能力和创新精神，在高中生物学教学中具有重要作用。

第六节　归纳与推理

归纳推理法是从个别性判断推出一般性结论的推理方法，是一种具有创造性的推理。通过归纳推理得到的猜想可以作为进一步研究的起点，帮助人们发现问题和提出问题。

归纳推理的前提是几个已知的特殊现象，前提是其结论的必要条件。在推理中要求前提必须是真实的，才能进行有意义的归纳，否则就失去了归纳的意义。归纳所得的结论是尚未知的一般现象，超越了前提所包容的范围，具有猜测的性质，即使归纳推理的前提是真实的，其结论也未必是真实的。结论是否真实，还需经过逻辑证明和实践检验。根据归纳的对象是否完备，可把归纳推理分为完全归纳推理和不完全归纳推理。

一、完全归纳推理

完全归纳推理是考察了某类事物的全部对象后，根据某类事物每一对象或每一子类都具有某种属性，推出该类事物都具有该种属性的结论。

完全归纳推理在归纳中穷尽了全部归纳对象，结论没有超出前提所断定的知识范围。因此，如果归纳的前提是真的，那么归纳所得的结论也一定是真的，是一种必然的推理。前提和结论之间的联系是必然的。

如分析组成生物体蛋白质的20种氨基酸时，根据20种氨基酸的结构式，可以归纳出：组成蛋白质的氨基酸至少有一个氨基和一个羧基，并且连在同一个碳原子上；根据组成DNA的四种碱基的结构式，可以归纳出组成四种碱基的元素是C、H、O、N。

运用完全归纳推理要获得正确的结论，必须满足两个条件：

（1）在前提中必须考察该类事物的全部对象。

（2）前提中对该类事物每一对象所做的断定都是真的。

二、不完全归纳推理

完全归纳推理通常适用于数量不多的事物，当所要考察的事物数量极多甚至是无限的时候，则需要运用不完全归纳推理。

不完全归纳推理是根据某类事物的部分对象都具有某种属性，推出该类事物都具有该种属性的结论。结论是对一类事物全体的断定，断定的知识范围超出前提，前提和结论之间的联系是或然的。这种推理扩大了人们对知识的认识范围，可以提供新的知识。根据前提是否揭示对象与其属性间的因果联系，把不完全归纳推理分为简单枚举归纳推理和科学归纳推理。

（一）简单枚举归纳推理

简单枚举归纳推理是在对一类事物的观察中，根据已观察到的部分对象都具有某种属性，并且没有遇到任何反例，推出该类事物都具有该种属性的结论。前提中考察的对象数量越多、范围越广，结论的可靠性就越大。

当不能根据已有相当多的材料，找到概括的充分根据时，可以运用简单枚举归纳推理，初步概括，推出一个或然性结论。或然性结论可能是正确的，也可能是错误的，无论结论被证明是真是假，结论中都提供一些新知识，这些知识又成为新的深入研究的起点。

例如，在分析研究了多种生物的DNA后发现，DNA呈双螺旋结构，并且在研究过程中并未出现不是双螺旋结构的形式，所以或然性结论为：生物的DNA为双螺旋结构。作为新知识研究的起点，在研究部分DNA病毒时，发现其DNA是单链结构，但并不能否定起点研究的作用。同样，达尔文在观察、研究了大量生物标本的基础上提出了生物进化的理论，认为生物是以一种渐进式的进化方式进行进化的，后来研究又发现了骤变式、中性进化方式等形式，这些研究都是在渐进式的基础上发现的，离开了渐进式，也不会提出骤变式等。

要提高简单枚举归纳推理结论的可靠性，研究对象的数量要多，类型要全。

如采用取样方法调查种群密度时，在调查范围内采用五点取样法或等距取样法，要选取一定数量的样方，取样要随机，以确保所选择的样方不受主观因素的影响，具有一定代表性。当样方越多时，统计结果就越接近真实情况。

（二）科学归纳推理

如果对象与属性间存在因果关系，应用科学归纳推理法得出的结论可靠性则更大。

科学归纳推理是根据对某类事物中部分对象与某种属性间因果联系的分析，推出该类事物具有该种属性的推理方法，与简单枚举归纳推理相比，结论的可靠性更大。

科学归纳推理不是停留在对事物经验的重复上，而是对事物进行深入的科学分析，在把握了对象与属性之间因果联系的基础上做出的结论。因此，前提的数量不具有决定性的意义，只要充分认识对象与属性之间的因果联系，即使前提的数量不多，甚至只有一两个典型事例，也能得到可靠的结论。

在细胞学说建立过程中，施莱登通过研究植物的生长发育，首先提出了细胞是构成植物体的基本单位；施旺通过研究动物的生长发育情况，并结合施莱登的研究结果，证明了两大有机界最本质的联系，提出了细胞学说：一切植物和动物都是由细胞发育而来的，细胞是生命活动的基本单位。在研究过程中，他们没有也不可能观察到所有的动植物细胞，但抓住了对象与属性的因果关系，揭示了细胞结构的统一性和生物体结构的统一性。再如关于酶的研究中，美国化学家Sumnert和Northrop等分析、提纯了多种酶，用归纳法证明了酶的本质是蛋白质，能被蛋白酶水解而失去活性；科学家Ceck和Altman等研究时分别又发现在不含有任何蛋白质催化剂的溶液中，某些催化反应能照常进行，通过因果联系的分析，发现了某些RNA也具有催化功能，即核酶，这一发现打破了酶是蛋白质的传统观点，他们先后获得诺贝尔化学奖。近年来，应用科学的推理方法对酶的研究又不断有新的进展。

科学归纳推理能够帮助人们把感性认识上升到理性认识，在认知已知的基础上，预测未知的现象，探究事物的本质，发现事物的规律，科学就是在不断猜测、验证的基础上得以发展的。

科学推理方法中，归纳推理与演绎推理虽然是两种不同形式的推理方法，但在实际应用过程中，它们又相互联系在一起，显现各自的特点。在演绎推理中，如果要以一般性知识为前提（演绎推理未必都要以一般性知识为前提），则通常要依靠归纳推理来提供一般性知识；在归纳推理中，必须通过演绎推理，对归纳推理的个别性前提进行分析，把握其中的因果性、必然性，提高归纳推理的可靠性，还必须要通过演绎推理来验证归纳推理结论的真假。在教学中，教师帮助学生厘清相互关系，让学生掌握科学的推理方法，并在学习中正确灵活应用，提升学生的科学素质。

第七节　演绎与推理

在逻辑学上，把前提蕴含结论并推导出结论的必然性的推理过程叫作演绎推理。通俗地说，把已经明确的事物所具有的属性（或事物之间的普遍因果联系）

的判断，应用到具体事物对象（或具体问题），来推断具体事物对象（或具体问题）是否具有某种属性（或具体事物的因果联系），进而寻找出问题答案的推理过程就叫演绎推理。因此，演绎推理是科学运用生物学知识解决具体问题的一种重要思维方式。常见演绎推理的基本类型划分如下：①性质判断推理（又称直言推理），如直言三段论；②关系判断推理；③选言推理；④假言推理，如假言三段论。演绎推理广泛应用在高中生物学知识的每一个部分，涉及内容广泛，下面从高中生物学的几个方面说明演绎推理的重要作用。

一、概念应用过程中的演绎推理

生物学概念构成了生物学科结构的主干，在学科知识中处于最为本质和核心的地位。深刻理解概念，辨析生物学概念之间的关系，是高中生物学不可或缺的内容。在高中生物学教学过程中，应用概念的基本目标是在运用概念的过程中明确生物学概念。一个完整的科学概念包括概念的内涵和概念的外延。所谓明确概念，就是以概念的确定性为基础，区别的界限要分明，含义要确定。因此，概念的应用有两个基本方向，一是考察并确定概念的内涵，二是考察并界定概念的外延，前者适于直言三段论，后者普遍适于关系推理。

（一）直言三段论的作用

直言三段论就是由两个包含着一个共同词项的性质判断，推出另一个新的性质判断的演绎推理。生物学理论和概念的运用，常通过三段论形式把概念或普遍的一般性理论和实际的事例结合起来加以印证。

例2（2011年山东高考试题选择题第1题）下列与激素作用无关的实例是（B）

A. 草莓果实自然发育成熟

B. 人舌尖触到蔗糖时感觉甜

C. 自然生长的雪松树冠呈塔形

D. 饥饿时人体血糖仍维持正常水平

简析：D项较易，A、C项类似。以A、B项的推演为例，分别根据植物激素调节、动物神经调节知识进行直言三段论推理，其推演过程分别如下：A项，植物的生长发育由多种激素相互作用共同调节。草莓果实自然发育成熟是植物的生长发育，所以，草莓果实自然发育成熟由多种激素相互作用共同调节。"A项"与激素作用有关。B项，感觉是环境刺激通过感受器和神经传导在大脑皮层产生的，甜是感觉，所以，甜是通过感受器和神经传导，在大脑皮层产生的。"B项"与激素作用无关。答案选B。

因此，学生在学习生物学概念、生物学理论时，结合实际运用直言三段论多找一些事例加以说明，就会加深理解，更好地掌握生物学概念知识。比如在学习下列概念时可以这样演绎：

光合作用：增加光照面积，能够增加光合作用的产物，农业生产上的套种可以增加光照面积，所以能够提高农业收成。

生物群落：一个系统中的各种组成成分之间，既相互联系又相互作用，生物群落是一个生命系统，生物群落内各种群之间既相互联系又相互作用。

共同进化：物种之间、物种与无机环境之间相互作用共同进化，人类与环境之间不断相互作用，人类与环境正在共同进化。

人类遗传病：表现正常的人可能携带遗传病致病基因，一对夫妇表现正常，双方可能都携带遗传病致病基因，生出患遗传病的孩子，遗传咨询和产前诊断是非常必要的。

如此等等，联系实际运用知识的过程，能够使学生体验运用知识的价值、掌握知识的个人意义，进而确立科学的态度和情感。学习生物学概念、生物学理论时，结合实际运用直言三段论，是一种简捷有效的学习方法，学生学会学习，将受益终生。

（二）关系推理的作用

推理是以2个或2个以上对象之间的相互关系为基础的推理，前提中至少有一个关系判断的演绎推理，就叫关系推理。关系推理在概念含属关系的推断、具有数量关系的生物学计算中具有重要作用。

例3 如果已知一个平衡群体中1个基因a（等位基因是A）的基因频率是q，分别求出该群体中基因型分别是aa、Aa、AA个体的出现频率。

简析：根据群体遗传平衡定律，可以确定群体中出现a与A的频率关系，基因a与A的频率与基因型aa、Aa、AA的频率关系，进而推出aa、Aa、AA在该群体中出现的频率，关系推理的推演过程可表示为：

A的基因频率+a的基因频率=1

a的基因频率=q

所以A的基因频率=$1-q$，AA的基因频率=A的基因频率×A的基因频率，所以AA的基因频率=$(1-q)^2$。aa、Aa个体出现频率的推演过程与此类似，aa出现频率=q^2，Aa出现的频率=$2q(1-q)$，推演过程略。在反映数量关系的生物学计算类问题上，关系推理的应用最为明显。

概念图是表征概念关系的工具，在《生物·必修》1~3中每一章的章末都有

"画概念图"，是对概念关系的考察，关系推理有着重要作用，也是对关系推理思维方式的训练。

二、生物学假说中的演绎推理

假说是人类探索自然的一种方式，是建立科学理论的前奏。在分子遗传学发展史上，建立DNA分子模型之后，DNA半保留复制、中心法则、遗传密码3个假说是人类探索分子遗传机制的3个伟大里程碑，为进一步揭示分子遗传机制指明了探索的方向；通过生物个体遗传到群体遗传的数学推演得出的群体遗传平衡定律，拓展了人类的认识视野，为生物进化论的发展奠定了理论基础；摩尔根根据孟德尔定律推测果蝇的白眼基因位于性染色体上，为人类在染色体上定位基因掀开了新的一页；现代遗传学的伟大先驱魏斯曼根据体细胞分裂前后染色体数目恒定，推测在精子、卵细胞成熟过程中必然有一个减数分裂过程，如此等等，这些彪炳史册的论断的提出过程中，演绎推理都起着重要作用。

实例简析：伽莫夫提出"mRNA上3个相邻碱基编码1个氨基酸"假说的演绎过程，可以这样：

首先，根据可能性进行选言判断：mRNA上要么是1个，要么是2个，要么是3个相邻碱基编码1个氨基酸。其次，做出4个判断：蛋白质中的氨基酸共有20种，如果1个碱基编码1个氨基酸，那么，最多能编码4种氨基酸；如果2个相邻碱基编码1个氨基酸，那么，最多能编码16种氨基酸；如果3个相邻碱基编码1个氨基酸，那么，最多能编码64种氨基酸。最后，根据4个判断进行选言推理，逐一排除不合理的选言肢，剩下的选言肢就是结论。

选言推理1：mRNA上要么是1个，要么是2个，要么是3个相邻碱基编码1个氨基酸，不是1个碱基编码1个氨基酸。所以，mRNA上要么是2个，要么是3个相邻碱基编码1个氨基酸。

选言推理2：mRNA上要么是2个，要么是3个相邻碱基编码1个氨基酸，不是2个相邻碱基编码1个氨基酸，所以，mRNA上3个相邻碱基编码1个氨基酸。得出结论，提出假说：mRNA上3个相邻碱基编码1个氨基酸。

三、假说演绎法

假说不取决于如何能自圆其说、赞成或好恶人数的多寡，假说的真实性必须经过实践的检验。假说演绎法就是验证假说的一种方法，也是高中生物学中进行科学过程、科学方法教育的重要载体。假说演绎法，就是以假说为前提经过严格的逻辑推理，引申出一个新的但可以直接用事实或实验来证明的推论，然后加以证明，从而间接地证明假说真实性的论证方法。假说演绎法在一些暂时还不能亲历或直接实验的情况下，是一种十分有效的科学论证方法，它在现代生物学甚至现代自然科学的发展中占有举足轻重的地位，如DNA半保留复制假说和遗传密码假说的验证，以及关于生命起源的米勒模拟实验、果蝇的白眼基因位于性染色体上的证明，甚至理论物理学上爱因斯坦狭义相对论的验证等，都是运用假说演绎法的范例。下面以孟德尔豌豆杂交实验中的假说演绎法为例加以说明。

孟德尔遗传因子假说主要是揭示F_1出现一定性状分离比例的机理，其核心是"F_1产生配子时一对遗传因子（等位基因）分离"。在"遗传因子"都是假设、无法直接观察遗传因子动态行为的情况下，只能间接证明：

推断1：如果F_1产生配子时一对遗传因子分离，那么，F_1产生比例相等的2种配子。如果能证明推论"F_1产生比例相等的2种配子"成立，就可以初步证明"F_1产生配子时一对遗传因子分离"成立。所以，需要验证推论"F_1产生比例相等的2种配子"是否成立。其逻辑推演形式可以表示为：

如果F_1产生配子时一对遗传因子分离，那么，F_1产生2种比例相等的配子。F_1产生2种比例相等的配子，所以，F_1产生配子时一对遗传因子分离。

推断2：如果F_1产生比例相等的2种配子，那么，F_1与隐性个体杂交的子代会出现1：1的性状分离比例。

如果能证明推论"F_1与隐性个体杂交的子代会出现1：1的性状分离比例"成立，那么，"F_1产生比例相等的2种配子"成立。所以，需要验证推论"F_1与隐性个体杂交的子代会出现1：1的性状分离比例"是否成立。其逻辑推演形式可以表示为：如果F_1产生2种比例相等的配子，那么，F_1×隐性个体会出现1：1的性状分离比例。

F_1×隐性个体=出现1：1的性状分离比例，所以F_1产生2种比例相等的配子。进行测交实验，F_1与隐性个体杂交子代出现1：1的性状分离比例。于是，推断2成立，推断2的结论为真，也就间接验证了推断1的结论为真，测交实验初步证明了假说的正确性。"测交实验结果证明了演绎推理的结论为真"。为什么说"初步证明了假说的正确性"呢？因为，在逻辑上，如果是充分条件的假言三段论，肯定假言判断的后件不能肯定前件。现在可以确定上述2次演绎推理中大前提的前件与后件都是互为充分必要条件关系，肯定后件就能肯定前件，孟德尔的推理是严密的，结论是必然的，但是在"遗传因子"都是假设、细胞学知识还有很大局限的孟德尔时代，能同时确定2个大前提中的前件与后件的条件关系是不可思议的，所以，孟德尔做的豌豆测交实验，其实验结果只是"初步证明了假说的正确性"。尽管孟德尔做出的推论在当时是或然性的，受到那个时代的质疑，但是，假说演绎法的应用、超越时代的大胆突破，依然闪耀着科学理性的光辉，值得我们敬仰。

四、基于构建生物学知识结构中的演绎推理

对于高中生物学，大家有一种普遍的看法：知识零碎，难以记忆，难教不易学。其实，这只是从表面看问题，缺乏深入探讨生物学具体知识之间内在联系的科学方法，是一个误区。如果综合运用逻辑学知识，我们就可以发现具体生物学知识之间的必然联系，进而建构自己的知识结构，使似乎是散乱不堪的一堆知识，成为具有必然逻辑联系的整体。

选言推理是根据若干可能性进行选择的推理，假言判断主要是根据因果关系进行探索的推理，以两者为主的结合应用是一个比较典型的思想过程。在复习《生物·必修1》对学生进行思维方法训练时，教师可运用选言和假言相结合、按逻辑整理成判断的方法引导学生：细胞或者是真核细胞或者是原核细胞，二者的区别是有无核膜和染色体，如果是核膜，那么它是生物膜系统的组成部分，如果是生物膜系统，那么可能是细胞膜、可能是细胞器膜、也可能是核膜，它们都具有选择透过性；如果是染色体，由蛋白质、DNA组成，如果是蛋白质，它是一切生命活动的承担者，如果是DNA，DNA以复制的形式通过细胞增殖向下代传递。真核细胞或者是植物细胞或者是动物细胞，它们分别具有什么结构特点？如果是植物细胞，有叶绿体、细胞壁、液泡，都具有哪些功能？产物是什么？如果是动物细胞，都有中心体，有什么作用？等等，如此演绎下去。

选言判断根据可能性区分情况、界定类型，假言判断根据因果关系把概念引向深入，适时把思路加以书面归纳总结、规范起来，一系列判断、推理跃然纸上，自己的概念图就诞生了。有了思维的科学方法就有了思维的精彩，演绎思维的过程，就是深刻理解具体生物学知识之间逻辑的必然联系的过程。当遇到该类知识问题或练习时，学生就会驾轻就熟，因为思维上已经有了一系列的选言、假言判断的推断过程，概念之间的联系已经成竹在胸，眼前的问题也许只是已经整理过的概念联系的一个关系判断，也许是选言判断或假言判断的一个推论。综合运用基本演绎方法，从看似零乱的具体生物学知识中寻找必然联系的结果，似乎单凭记忆的具体生物学知识已经按照逻辑的关系必然地组合在一起了，演绎推断的过程就是构建生物学知识结构的过程。

教学实践证明，演绎推理不但是科学解释生命现象、验证生命运动规律的推理方法，而且也是自我构建生物学知识结构的有效方法。演绎推理虽不是高中生物学中唯一的思维方式，却是重要的科学思维方式。

在高中生物学学习或教学实践中，许多情况是多种推理形式（甚至是演绎推理以外的推理形式）的有机结合，至于采用哪些方法，关键是方法适合于它的探讨目标。所谓科学方法，是指适合于研究目标的基本逻辑推理形式的严谨组合。"被放在首要位置的永远应该是独立思考和判断的总体能力的培养，而不是获取特定的知识"，由此，学点逻辑学知识，在生物学教学活动中，以知识为载体、有的放矢地进行思维训练，不但非常有必要而且有重要意义。反之，教师如果对科学思维方式都懵懵懂懂，要教会学生学会科学思维，恐怕只是爱的呓语，是不能实现的。理想的教育是为了教育的理想，教育无小事，科学系长远，如果科学思维主导的理性教学代替存在着盲目性的单纯知识教学，将是这样一种教育集体，在那里，每个人的科学素养完善是一切人的科学素养完善的条件。

第八节　创造性思维

创造性思维能力是指人们运用已有的科学知识和实践经验，按照客观规律分析问题和解决问题的思维方式，是创造者以敏锐的感觉，从平凡的事物中发现矛盾，提出问题，产生强烈的探索动机，经过想象、推理和判断，获得新的独特认识的过程。随着新一轮课程改革的实施，生物教学要求学生掌握基础知识和基本技能的同时，发展能力、培养能力已越来越受到人们的高度重视。下面谈一下笔者在教学中培养学生创造性思维能力的一点体会，仅供同行参考。

一、创设问题情境，诱发思维动机

所谓动机是指为达到一定目的而行动的原因。大脑思维必须要有一定的动机，没有动机的思考只能是本能的重复和再现，谈不上创造。所以，诱发思维动机是培养创造性思维的基础，也正是教师发挥主导作用的地方。例如，导入新课时，教师设计的问题能否产生悬念、激起学生的求知欲望、打开思维，这是教学能否成功的关键。如讲"有丝分裂"时，我设计了这样两个问题：

（1）细胞数量是如何增加的？细胞数量的增加对生物的生活有什么意义？

（2）细胞数量增加过程中，如何保持子细胞和母细胞的一致？

在讲"水分代谢"时我又设计了一个更有趣的问题：拿同样的两块萝卜，一个放在清水中，另一个放在盐水中，过一段时间后，再去称它们的重量，有什么变化？为什么？这样一个又一个带有悬念性的问题引起了学生强烈的好奇心，并因此产生了思考，一下子将注意力集中起来，接着通过讨论，使学生理解了"有丝分裂"和"水分代谢"的实质，而且提高了学生的学习兴趣。当然创设问题情境、诱发思维动机，并不完全体现在导入新课上，而应贯穿于教学的全过程，即每个教学环节上，教师都要推动学生的思维，针对学生实际和教学内容提出思考性的问题，以激发学生思考这些问题，尽管学生还不能一时解答，但都能激起其认知的冲突，激发思维，诱发兴趣，这对培养学生创造力是有积极作用的。

二、设计问题矛盾，制造思维冲突

培养创造性思维要从问题产生开始，根据这一特点，在生物教学中，教师要根据学生已有的认知结构和思维层次，有意识地制造矛盾，设疑问难，强化学生的思维，以利于解决问题。

例如：在学习"顶端优势"时，我向学生提出："果树修剪""棉花打顶"是为了打破顶端优势，使侧枝生长良好，但杨树、柳树修剪时却要破坏侧枝，保护顶端优势，这又是为什么？两个相互矛盾的问题引起学生思维冲突，学生相互讨论，积极思考，很快说出了答案，这要比教师直接说出打破顶端优势和利用顶端优势的效果好得多。

要创造矛盾，就必须设计好问题。首先要注意设计的问题必须合乎学生的实际，由浅入深，循序渐进。否则，不但矛盾解决不了，而且会使学生的积极性受到挫伤。其次在课堂上教师要善于引导学生质疑，尤其是启发他们从无疑中走出，发展求异思维。在讲"生态系统"时我提出：蛇非常可怕，但人类为什么要保护它？这些问题看起来似乎很小，却能小中见大，使学生在无疑中生疑知疑，久而久之，必然会促进学生思维能力的发展。

三、提出连环问题，促进思维

创造性思维的标志之一，就是要敢于凭借已知知识，探索未知问题，形成思维的连续活动。为此，生物教学中教师应特别注意为学生创造联想条件，使他们的思维层层深入。教学实践证明，在将学生思维不断引向深入的过程中，教师可利用连环问题，促进学生思维发展。学生的思维发展包括纵横两个方面：纵向思维就是顺着已知问题向纵深发展，连续思考、循本溯源。教学上它主要表现在教师提出的问题要具有连续性，使前一个问题作为后一个问题的前提，后一个问题是前一个问题的继续或结论，这样每一个问题就成为学生思维的阶梯，许多问题形成一个问题，使学生在明确内在知识的基础上既获得了知识，又提升了思维。例如在讲"基因相对性状控制"时，教师可向学生提出这样一些问题：

（1）生物的遗传信息在哪里？

（2）为什么基因中存在着遗传信息？

（3）遗传信息如何从基因传递到蛋白质？

（4）在什么情况下，遗传信息在传递过程中会出现差错？其后果如何？通过这些问题让学生思考，一步步逼近，层层深入，使学生对知识的理解更加深刻。思维过程逐渐由感性向理性发展。

横向思维可从两个方面入手，求同和求异。求同，即引导学生关注现象的共同点，从不同的现象寻求所包含的共同本质和规律。例如，有氧呼吸和无氧呼吸，虽然条件、分解程度和释放能量有所不同，但它们的本质都是分解有机物，释放能量；又如基因重组、基因突变、染色体变异等，尽管变异方式不同，但其产生变异的根本原因都是遗传物质的改变。求异，即引导学生关注现象之内的差别，这是一种比较高的、有创造性的思维。很明显，求异思维给学生带来的空间远远超过求同思维，它有利于思维更好地扩展。例如，在有丝分裂与减数分裂比较中，教师让学生辨别出有丝分裂与减数分裂过程中，染色体行为的特点，子细胞的性质、数量、染色体的区别；再如，通过植物对水分和矿质元素吸收的比较，教师让学生辨别植物对水分和矿质元素吸收的部位都是成熟的表皮细胞，但植物吸收水分的主要方式是渗透，与蒸腾作用有关，而植物对矿质元素的吸收主要是交换吸附和主动运输，与植物的呼吸作用密切相关。通过横向思维，教师还可以把其他学科知识迁移到生物中来，用其他学科的知识来解决生物学问题。例如，在讲"DNA分子结构多样性"时，笔者就用了数学中的排列组合知识，这样不但加深了学生对知识的理解，而且大大提高了学生的创造性思维能力。

四、综合分析问题，培养逻辑思维

思维过程中少不了分析综合，没有分析，认识就不能深入；没有综合，认识就不能提高。它们之间的关系是相互依存，相互联系的。为此，在生物教学中教师应严格遵循"分析—综合—再分析—再综合"的规律，培养学生的逻辑思维能力。例如，讲授"体内细胞的物质交换"时，笔者引导学生观察"体内细胞与外界环境进行物质交换的过程图"后，分析下列问题：

（1）细胞与内环境之间进行物质交换的情况。

（2）内环境通过消化系统吸收营养物质的情况。

（3）内环境通过呼吸系统与外界进行气体交换的情况。

（4）内环境通过泌尿系统和皮肤排泄代谢产物的情况。

然后归纳总结出高等动物的体内细胞只有通过内环境，才能与外界进行物质交换。这样一部分、一部分地进行分析，让学生把握知识的脉络和思路，最后教师进行总结，从而使学生明确各部分知识之间的逻辑关系。

第九节　学科核心素养与高阶思维

高阶思维，是指发生在较高认知水平层次上的心智活动和认知能力。人们通常将布卢姆认知目标的记忆、领会、运用、分析、综合和评价六个层次的前三者指认为低阶思维，后三者指认为高阶思维。这就形成了一种误会，即高阶思维是从低阶思维一步一步发展过来的。如果是这样，至少在逻辑上，学科核心素养培养的"初级阶段"就可以脱离情境了。这样的认识对于学科核心素养害莫大焉。有人指出的中小学搞应试教育、大学搞素质教育的中国教育之怪现象，其逻辑或许在此。再具体到年级的由低到高、内容的由浅到深，一仍旧贯。学段的低高、知识的易难，不等于思维品质由低阶到高阶，也不等于学习情境由无到有、由简入繁。怀德海敏锐同时也是尖锐地指出："对这个问题有一种传统的回答，即人的大脑是一种工具，你首先要使它锋利，然后再使用它……这种说法……为迄今存在于教育理论中的最致命、最错误因而也是最危险的一种观点。""学好了再去做"与"做中学"是两种截然不同的教育观念。那种指望学生带着中小学习得的满脑袋学科知识，到大学去做发展素养的"启动资金"的念想，完全有悖教育规律和教育价值。殊不知，脱离了情境教学和情境学习，习得的知识必然是惰性的，那些装满"储蓄罐"的"启动资金"，只能是"死钱"，无法兑换和投资。广为诟病的高分低能，即指此疾。低能，就是指低阶思维。

那么记忆、领会、运用三个层次，是不是低阶思维呢？就拿第一层来说，如果生成于复杂情境，"记忆"就能成为发现问题和解决问题过程中信息筛选和提取的行动策略。这样的"记忆"，属于高阶思维。如果脱离情境，输入—"死记"、输出—"硬背",习得的只能是惰性知识,远离更背离学科核心素养。我们看到,一方面,脱离情境的"死记"带来了"硬背";另一方面,应试教育对"硬背"的需求和要求,造成了"死记"的泛滥。疗此痼疾的方子,就是相互配伍的复杂情境与高阶思维,由此来推进学习者从学科知识习得向学科核心素养养成转变。

高阶思维也不是由单向训练总加而成的。若干个孤立的、终结性的"100分"无法累积为高阶思维。高阶思维孕育于复杂情境,具有显著的整体性、发展性特征。学科的教与学,是目的性很强的活动,其中基于复杂情境的高阶思维的培养固然会有(围绕的)核心和(指向的)目标,但仍然是综合性的。仅就复杂情境中"人"这一重要的因素来说,学习者的合作能力、人际关系的认知和协调能力、自我情绪管理能力等,都与特定的核心与目标骨肉相附。正如杜威指出的,那些在学习中"附带"的收获,有时甚至更富有教育性。具有综合性的高阶思维还蕴含着德行的元素。研究显示,在一些自私类型人格中,主体的狭隘性阻碍复杂情境下的预见能力和统筹能力,极易在行为中体现低阶思维。杜威强调品德"内在"于学科教学,就因为他所主张的学习者思维是基于连续性的情境进入和问题解决的。抽离情境的"育分"的教育,不仅培养了只会应试的低阶思维,而且培养了片面的人,让我们在"高分低能"的同时还看到大量令人痛心的"高分低品"现象。如何培养学生学科高阶思维,教学设计理论、学习科学以及基于机器学习的深度学习理论等,笔者都做了许多探索,取得了不少进展,尽管还没有统一的理论,但从中也足见基于复杂情境的高阶思维的丰富性和复杂性;其中,有些模型和实验还给我们提供了一些有操作性的启示,值得研究和借鉴。

第七章

基于核心素养开展科学探究

第一节　科学探究的内涵

一、何谓科学探究

科学探究是指能够发现现实世界中的生物学问题，针对特定的生物学现象，进行观察、提问、实验设计、方案实施以及对结果的交流与讨论的能力。学生应在探究过程中，逐步增强对自然现象的好奇心和求知欲，掌握科学探究的基本思路和方法，提高实践能力。

科学探究是生物学核心素养的重要内容之一。在实验教学中，若把教材知识融合在实验中进行探究，不仅可以激发学生的学习兴趣，还可以帮助学生巩固教材知识，发挥实验课堂教学的价值，帮助学生在探究中形成严谨的科学研究的方法，学会用科学的思维对实验过程和实验结果进行分析，提升他们的科学探究素养。

二、科学探究的价值

科学探究是一种参与性和体验性的，并在教师的指导下开展的创造性活动。学生通过自主地参与获得知识的过程，培养学习知识所必需的探究能力，形成科学概念，养成探索未知世界的积极态度。

在生物教学中，教师运用科学探究过程，能让学生自主地参与观察生命现象，探索生命本质，从而获得生物学知识，有效地形成生物学概念；科学探究的核心在于培养学生对生命科学的探究能力，而探究能力又是形成生物学概念的前提；科学探究能培养学生探究生物世界的积极态度。

（一）科学探究能使学生积极参与获得知识

教育要面向现代化。从根本上说，就是从传统的应试教育向现代的素质教育转变，这样才能根据社会发展的需要，办好面向未来的，以尊重学生主体和主动精神、注重开发人的智力潜能、形成人的健全个性为根本特征的素质教育。学生素质的形成和发展是一个"知识—能力—科学素质"的过程。教育要真正形成尊重和发展学生个性差异的自觉理念和意识，要富有特色思想、积极主动参与、大胆质疑、创新，发挥学生的各种潜能，特别是探究能力的发展。

认知心理学认为，当个体原有的认知结构与来自外界的新奇对象之间有适度不一致时，个体就会出现惊讶、质疑、迷惑和矛盾，从而激发个体去探究。从中学生的认知结构看，他们虽然已具有初步的感知、思维能力和知识经验，但周围的许多事物对他们来说仍然是陌生、新奇的，并且随着活动和感知能力的进一步发展，他们能够注意和接触到比以前多得多但同时又不太懂得的新事物，这就大大激发了他们的好奇心。正是这种好奇心的促使，他们特别喜欢从事以前没有玩过的游戏，尝试以前没有做过的事情，从中得到欢乐，产生兴趣，获得知识。

如"探究影响酶活性的因素"的教学设计，教师引导学生设计实验，提出预期，让学生分组进行实验探究，观察思考，进行讨论，由学生自己总结出影响酶活性的因素：酶最适宜的温度和最适pH。这样的教学设计能够体现学生自主、探究、合作的学习方式，有利于培养学生科学的思维方法和研究方法，提高学生的科学素养。

（二）科学探究培养学生的观察分析能力

喜欢观察新事物是青少年的天性。在生物教学中，如何引导学生观察各种生命现象，直观教具是教师成功教学不可忽视的重要环节。观察、实验不仅是研究生物学的基本方法，也是培养学生多种能力的重要途径。教师要联系实际，精选教学内容，认真组织开展以培养学生动手、观察、独立思考、分析问题等能力为主的探究性活动，教学中要尽量以探究性的讲解代替结论性的解释。课堂上应创设探究情境，精心设计选用直观教具，让学生充分观察，使他们在愉快的情境中体会到生物学概念是通过反复的探究过程而形成的，进而培养他们科学探究的能力。

如"探究渗透作用"的教学设计时，教师可先提出问题，如果两种不同的溶液被一层半透膜隔开，结果会怎样？播放兴趣小组亲自实验的过程录像，并由其中的一个学生作为代表汇报实验情况，其他学生边观看边听汇报。活动意图：兴趣小组亲自实验，增加可信度，而且出乎意料的实验结果恰恰会引起学生强烈的求知欲望。

结合小组讨论、教师点评、多媒体动画演示，引导学生思考：水分子向哪些方向移动，总体向哪一个方向移动？活动意图：培养学生观察、比较、分析的能力；培养学生综合不同学科知识的能力。同时教师给学生适当的鼓励，有利于提高学生主动参与学习的积极性。

师生共同总结：要有半透膜；半透膜两侧的溶液存在浓度差。这样便能培养学生的归纳能力及友好的合作精神。

（三）科学探究提高学生探究素质

人的素质高低和能力大小，与他对探究未知世界的态度有一定关系。在中学生物教学中，经常开展探究性活动，不仅在趣味性、实用性方面适合中学生的心理要求，而且还能冲破课堂、教科书的限制，在更广阔的时空中，通过师生"教学做合一"的活动，让学生的眼、耳、手、口、脑等器官并用，培养他们的科研意识、创造意识、实用意识，学到课堂上、课本里学不到的知识，从而开阔视野，拓宽知识面。如教师可组织学生到酿酒厂参观学习，经过观察、询问、分析、讨论，并在教师及技术人员的启发、引导下，学生就会学到酿酒的操作过程及生物学原理等课本中没有介绍的实用知识。

这种探究性的活动，能使学生的学习过程遵循"实践→学习→再实践→再学习"的规律进行。这样不仅能拓宽学生的知识领域，而且能促进学生建立更为完善的生物学知识体系，从而逐步形成良好的意志品质和科学素质。参与探究性活动，还能激发学生学习生物学的兴趣，在发展个性、培养探究能力、开发创造性思维等方面，都表现出极为重要的作用。

科学探究在生物学教育教改中势在必行。科学探究不仅能促进生物教学质量的提高，而且是由应试教育向素质教育转轨的必然途径。生物学教师要面对现实，展望未来，充满信心。在生物学的春天即将来临之际，让我们共同携手，探讨新形势下发展生物教学的新途径、新方法，迎接生物教学更为美好的明天。

第二节　核心素养与科学探究

《普通高中生物学课程标准》明确将生物学核心素养作为课程宗旨，指出生命观念、科学探究、理科思维和社会责任是本学科核心素养的基本组成。科学探究的重要作用和地位再次受到高度重视，始于21世纪之初的生物学教学改革方向得到保持和加强，进一步加深了对科学探究的认识、从学科核心素养的角度全面提高探究教学的效率，是落实课程标准要求的关键。

一、科学探究在中、外理科课程中均得到高度重视的原因

从孩童时候开始，人们就会困惑于一些自然现象。这种与生俱来的好奇心产生强烈的求知或探索欲望，正是自然科学产生和发展的动因。人们提出问题并寻

求答案的过程，既满足了好奇心，也是认识物质和生命世界的探索过程及发现新知识的途径。正是由于儿童具有寻求周围世界含义和理解的天然倾向，科学教育应增强学习者对周围世界的好奇、欣赏和探询。在生物学及理科课程中，学生不仅应掌握科学知识，还应学会利用对知识的理解开展科学探究，从而认识自然世界。基于这样的认识，国内外科学课程的研究和设计人员都在基础教育理科课程中将科学探究置于重要地位。美国国家研究理事会在1996年公布的《国家科学教育标准》中详细阐明了科学探究教与学的主要组成部分，强调各学段所有年级的学生都应有机会进行科学探究，并培养其探究性思维和探究性活动的能力。

我国《基础教育课程改革纲要（试行）》明确提出，要在教学过程中培养学生的独立性和自主性，引导学生质疑、调查和探究。教育部在21世纪之初颁布的各门自然学科的课程标准也要求开展以探究为核心的教学。例如，2003年教育部公布的《普通高中生物课程标准（试验稿）》明确提出，高中生物学课程的核心任务是在义务教育的基础上进一步提高学生的生物学素养，将"倡导探究性学习"作为课程理念，建议教师运用以探究为核心的多样化教学方式，推进学生在动手和动脑的学习活动中全面达成课程目标。

当今，各国都将科学探究放在科学课程的核心地位，科学探究在今后的科学教育中也会对教学目标的实现起到决定性作用。

二、深入理解科学探究

科学并不是静止的，科学理论是与支持它的证据有关的，因而当新的证据出现时，理论可以改变。科学是人类活动的产物，它包含了人的创造性和想象力，以及收集数据、解释数据以获取证据的过程。科学探究是科学工作的核心和基本范式。学生在学校学习科学也应以活动的方式进行，这种活动是一种包括学生本人参与的实践活动——他们亲历发现过程，将新的经验与过去的经验相联系，这不仅能给他们带来激情和快乐，而且能通过主动探究增加他们的知识。科学探究也被认为是学习科学的有效途径。科学探究是指科学知识发展的方法和活动。根据美国国家科学教育标准（NRC，1996），科学探究包括观察，提出问题，查阅书籍或其他信息确认已有信息，设计观察方案，根据实验证据修正已有信息，使用工具收集、分析和解释数据，提出答案，解释和预测，与别人交流结果等。科学探究需要检验假设，使用批判性思维和逻辑思维，并评价多种解释。科学探究是指科学家通过研究所得的证据了解自然世界并做出解释的多种方法。科学探究也指学生获取知识、理解科学概念、理解科学家如何工作的学习活动。真实的科学探究是科学家在科学研究中进行的。拜比（Bybee）指出科学探究包括3方面的意思：①科学探究开展的方法；②科学探究的本质；③科学教学的方法。库恩（Kuhn）认为科学探究分为3个阶段，分别是探究、分析和推理。在真实的科学探究的全部过程中，探究过程是最重要的阶段。学生会在此阶段发现活动的意义。若想开展有意义的科学探究活动，必须让学生相信有些值得发现的知识，且这些知识与他们已经知道的知识不同，他们参与探究活动的目的是为了发现这些知识，并与他们已经知道的知识相结合。分析是指收集到证据之后检验和解释证据。推理是根据已有的证据针对提出的问题给出答案。科学探究是一种学习方式，它涉及探索自然或物质世界的过程，在寻求新的理解的过程中，它促使人们提出问题，获得证据并对这些证据进行严格的检验。科学教育中的科学探究应尽可能反映科学研究工作的真实情况。作为生物学核心素养，科学探究是指学生能针对有价值的问题、疑问、难题或想法进行研究，基于好奇与困惑理解生命世界和构建知识的意愿和能力。

三、从生物学核心素养的视角理解科学探究

从20世纪50年代开始，科学探究就在众多国家的科学课程中加以推广，被普遍认为是培养学生科学素养的有效策略。科学探究对于学生掌握科学概念，参与科学实践，理解科学本质，成为独立的思考者和学习者都有重要作用。

（一）科学探究帮助学生理解科学概念

科学探究重视学生本能的学习冲动，探究的过程可为学生提供学习所需的直接反馈和亲身体验，使他们能形成新的、持久的对外部世界的理解。在生物学的课程中，学生"对外部世界的理解"主要聚焦在对本学科重要概念的理解和掌握上。因此，科学探究是学生生物学课程中不可或缺的部分。参与科学探究有助于学生理解科学知识的发展过程，直接参与科学探究过程可让学生认同多种用于研究、建模和解释世界的方法，还可让学生更好地理解科学知识，并深刻地体现在学生的世界观中。教师在课堂教学中开展科学探究，能帮助学生建立生物学观点和重要概念，促进学习效率的提高与概念理解的深化。在生物学课程中，科学探究既是学习内容又是学习方式。我国《义务教育生物学课程标准》将科学探究作为一个内容主题，具体描述了学生需要掌握的关于科学探究的概念，是科学探究作为学习内容的典型体现。这样的认识和做法在国外课程中也较为常见。作为一种主动学习的方式，科学探究不仅能帮助学生构建生物学知识，也能促进他们对科学探究的理解。

（二）科学探究是科学实践的重要部分

科学是解释世界的方式。科学教育的重要部分就是让学生学会科学和工程学实践以及培养基本的科学概念。同时，受过教育的公民应理解科学发现的过程。在生物学课堂上安排适当的科学探究，可让学生很好地理解科学家的实践，包括确定变量、观察现象、设计实验、观察方案、收集数据方案、构建工具、参与实地调查等多种过程，让他们亲身体验科学家是如何探究世界的。当今科学教育广泛使用"科学实践"的术语，其内涵完全包容了科学探究的内容，并加入了工程学实践的要素。作为一种学习成果，科学探究渗透了生命科学的工作范式和工程学设计的习惯，学生一旦掌握，将会在这两类实践活动中变得富有活力，包括更深入地理解科学知识，以及对于科学、技术、工程学和数学（STEM）事业有积极的认知和参与。如今，创新驱动着社会高速前进，创新意识和实践能力是对STEM领域的工作人员的基本要求，能够了解并开展科学探究是学生创新精神和创造能力的标志性学习成果，对于他们日后步入社会有着重要的作用。

（三）科学探究有助于学生理解科学本质

高中生物学课程标准中提出了关于发展学生科学本质观的建议。要实现这个要求，教师需要在教学中帮助学生认识和理解科学本质。理解科学本质是科学素养的基本内容之一，也是许多国家在基础教育理科课程中的要求。科学本质是指科学知识的价值和固有假设，包括科学研究的影响和局限等。美国国家科学教育标准在这一方面提出了明确的要求，包括学生应理解科学是什么，科学能解决什么问题，科学对文化有什么贡献。科学本质的知识属性是科学哲学的范畴，如果教师以简单的讲授方式授课，学生常难以理解。若采用科学探究的方式，可使学生亲历发现的快乐，并开始了解科学活动的本质、科学的威力和局限性，探究活动的讨论和反思环节，也是让学生理解科学本质的学习形式。科学探究已被认为是科学本质教学的有效策略。

（四）科学探究让学生成为独立的思考者、学习者

主动的学习者是成功的学习者。探究学习是生物学课程中具有标志性的主动学习方式。科学探究活动让学生学会如何学习，掌握探究技能的学生可为自己的学习负责，他们选择最希望研究的问题开展研究，然后寻找答案。在探究学习中，生物学教师要帮助学生成为真正懂得思考的人，能自主地为自己的问题寻求答案。科学探究策略优于其他传统讲授方式，因为它让学生参与到对真实现象的真实研究中，并在获取新知识的过程中发展他们的智力技能。

四、在生物学课堂中开展科学探究教学

在生物学课堂中开展科学探究教学不同于教授—演示的教学方式，在教学过程中需要结合多种策略和技能。科学探究的教学也不是遵循既定的步骤，按部就班地展开工作的固定套路，相反，它是一个非线性的过程，鼓励学生提出真正的科学问题。在课堂上，学生所有假设性的回答都会受到重视并会经过严格的实践研究。

（一）让学生拥有适度的自主权，动脑、动手相结合

探究教学的课堂管理属性是以学生为中心，即学生要有更多的机会和时间参与思考、观察、动手、记录和交流等活动。这样，教师在探究教学过程中应允许学生拥有适度的自主权，让学生有机会接触他们感兴趣的问题，并寻找合适的途径解答这些问题，有机会表达和交流。但这并不意味着每个学生都从自己的问题出发进行工作或独立地进行科学探究。富有成效的探究活动也可由全班学生就同一个问题开展探究活动，或是分小组探究不同的问题。在每个环节的时间安排上，教师也要收放有度。在探究式教学活动设计的环节中，教师应明确规划让学生掌握什么科学概念，允许学生探究活动的不同和多样，承认对于同一个问题可能存在多种解决方法。

在教学实践中，有的教师认为"生物学是实验科学，生物学教学要强化动手实验"。这样的认识和表述本身并无不妥，但如果将"动手"等同于"实验"就可能会出现偏差。因为，强调动手并不总能保证科学教学的有效性，强调动手的学习活动不一定就是探究活动。在探究活动中，学生应有机会提出自己的问题、计划、设计并开展科学探究活动，从而回答其中的一些问题，有充足的时间思考问题、互相交流，以发展他们的概念并为自己的发现辩护。通过动手、动脑相结合，解决问题促进生物学概念的形成是课堂探究学习的关键。

（二）教师发挥积极的促进作用

生物学教师要有意识地设计和实施课堂上的科学探究活动，并提供必要的课堂环境和良好氛围。教师在探究式课堂教学中起积极的促进作用。作为促进者或向导，教师要精心确定一系列"大概念"作为概念性知识的框架，学生可基于这一框架开展科学探究活动。这种概念性知识的框架是指导学生深入学习科学概念的基础，也是教师在备课中充分准备和在授课中应注意把控的要点。教师应创造丰富的教学资源环境，学生在这种环境中可学会如何组织和使用学习材料。教师还要营造一个能促进学生参与探究的课堂氛围、校园文化和社会支持的环境，使

学生能在这种环境中以小组或大组的形式进行合作，积极参与对话并学会尊重别人的看法，同时也能够得到其他教师、家长和社区的认可。

（三）对科学探究进行评价

在科学探究活动中，学生的工作记录和由教师做出的评价结果都能成为了解学生学习情况的基础。教师应针对学生在探究活动中的表现进行评价，如测量、观察、实验设计、问题解决等。学生在思维和推理技能方面所达到的水平也应成为评价的内容，即学生是否得到了有效的结论、是否选择了恰当的方法、是否认识到自然界具有规律性等。此外，评价学生对科学概念、科学内容的理解也很重要。

（四）为教师提供多方面的支持

在开展探究教学和探究学习的过程中，政府、学校、教师及家庭都扮演着重要的角色。因此，生物学课程标准在课堂中落实，教师能有效地进行科学探究教学，除了教师应做出改变，也需要各方面的支持和改变。具体包括：①为教师提供针对科学探究教学的高质量专业发展课程；②政策的帮助和支持；③提供多种教学材料和设备；④让父母和社会公众意识到科学探究的重要性；⑤在各个学科推广科学探究作为教学方式和解决问题的方法。

通过科学探究开展生物学教学需要新的教学手段，教师和社会、学校、家庭都必须担负起相应的职责。只有通过政策的鼓励和支持、家庭的认可和协助、学校提供必要的教学材料和设备、教师的精心设计和引导，科学探究教学才可能在生物学课堂得以顺利实施。只有成功地开展科学探究教学，才能让学生真正理解、认同、主动参与到生物学课程的学习中，发展学生的生物学核心素养。

第三节　基于核心素养的探究性教学策略

科学探究是新课程理念的核心，并被列入课程目标和内容标准之中。倡导科学探究，可促使学生主动参与探究过程、勤于动手和动脑，逐步培养学生收集和处理科学信息的能力、获取新知识的能力、批判性思维能力、分析和解决问题的能力以及交流与合作的能力等，重在培养创新精神和实践能力。

学生通过探究获得知识。在探究过程中，从问题的提出到寻求证据、论证结论，给师生留下了广阔的空间。目前，在高中生物学教学中落实科学探究这一新

课程理念的关键，是让科学探究成为常态化的教学手段。

一、课堂成为科学探究的主阵地

通过课堂教学实施科学探究，可以使课堂教学成为科学探究的主阵地。在新课程的教材中充分体现了倡导科学探究的基本理念，问题探讨、实验探究、模型建构、调查（课外实践）、资料分析（资料收集和分析）、思考与讨论、技能训练等栏目，都是进行科学探究的良好素材。

（一）充分利用教材上的"问题探讨"

在人教版的生物新课程教材中，每个小节都设置了"问题探讨"栏目，该栏目中的问题除了出自科学史外，主要是从学生的生活经验入手，充分利用这些问题帮助学生进行科学探究。

好的"问题探讨"可激发学生的学习兴趣，引导学生从中发现问题、形成与前概念间的思维冲突。"问题探讨"是课堂教学中的一个教学内容，更是进行生物教学的一种有效手段。教师采用"问题探讨"导入新课非常有利于开展"问题驱动模式"教学，有利于开展科学探究。

在具体实施问题探讨时，针对不同班级、不同学生的不同特点，教师要注意灵活应用，可采用下列三种方式进行。

1. 对教材中的"问题探讨"直接使用

在三个选修模块的教材中，设置的"问题探讨"多数比较实用。例如，必修2教材中第一章第一节的"问题探讨"内容是让学生用融合遗传的观点，讨论红、白牡丹花色遗传，并对该观点做出评价，这样的一个学习过程实质就是引导学生进行了科学探究。在教材中有许多章节的"问题探讨"都可以直接作为科学探究的素材。

2. 对教材中的"问题探讨"适当修改后使用

教材中的有些"问题探讨"直接使用时，可能不够直观或问题不够明确，这时教师可进行适当修改后再使用。例如，必修2教材第四章第一节中，如果教师播放一小段《侏罗纪公园》相关视频片段，再引导学生讨论能否利用已灭绝生物的DNA复活灭绝的生物，这样学生可能会对科学探究更有兴趣；在第六章第一节的问题探讨中，教材上所用的玉米图片，不能体现不同品种，教师可找一些更能体现玉米品种之间差异的图片进行替换，让学生有感性认识。

3. 重新设计问题进行探讨

有时教材上的问题探讨不太适合本班学生学情的实际情况，这时教师可考虑重新设计适合本班学生的问题。例如必修2教材中第一章第二节的问题探讨，重新设计一个"母亲是卷发双眼皮，父亲是直发单眼皮，他们的孩子有可能是直发双眼皮吗？"的问题进行科学探究，效果则更好。再如第三章第三节用印章复制来引导学生进行问题探讨，感觉不是非常适合，可重新设计。采用明星父子陈强和陈佩斯的图片，提出"细胞减数分裂和受精作用使生物的亲代与子代之间保持遗传性状的稳定性，为什么？"的探讨问题，引导学生进行科学探究。这样非常容易引入"DNA的复制"的学习。

（二）设计问题串，引导学生科学探究

教师利用"问题驱动模式"非常有利于科学探究，因此在课堂教学中，教师应该努力设计问题串，以引导学生进行科学探究。例如，学习"光合作用的探究历程"时，可设计如下问题串：海尔蒙特实验的直接和间接结论各是什么？普利斯特利实验比海尔蒙特实验的进步之处是什么？有什么缺陷？英格豪斯实验证明了什么？瑞士索绪尔实验能证明什么？萨克斯实验的结论是什么？恩格尔曼实验中有哪些巧妙的设计？能证明什么？鲁宾和卡门实验应用了什么技术？证明了光合作用中的什么物质发生变化？卡尔文实验又证明了光合作用的哪个过程？在这样问题串的设问下，使学生通过探究性的学习，理解科学家在光合作用探究历程中的艰辛。

再如，学习"孟德尔的豌豆杂交实验（一）"时，教师可设计以下问题串：为什么孟德尔首先对豌豆的一对相对性状进行研究？选用一对相对性状（高茎和矮茎），如何设计实验进行研究？豌豆自然条件下是自交，如何实现杂交？预测高茎和矮茎杂交后代的性状？孟德尔的实验结果：子代全是高茎，你对此做出何种解释？子一代高茎个体中是否有控制矮茎性状的物质呢？如何设计实验证明？孟德尔的实验结果：子一代自交得到的子二代中出现高茎和矮茎，且比例接近于3∶1，出现了矮茎，说明什么？3∶1的性状分离比是偶然还是必然？如何解释3∶1的现象？如何验证以上解释？通过这样的问题串，学生一直都在不断地进行科学探究。

二、结合研究性学习课程开展科学探究

在三个必修模块中都有调查和课外实践的栏目，这也是科学探究的好材料，但这一内容仅通过课堂教学难以进行，可结合学校开设的研究性学习课程进行。

如在高一的第二个学期可开设"调查转基因食品的发展现状"的研究性学习课题。具体操作流程：①报名分组，由学校统一组织，或所任教的多个班中让

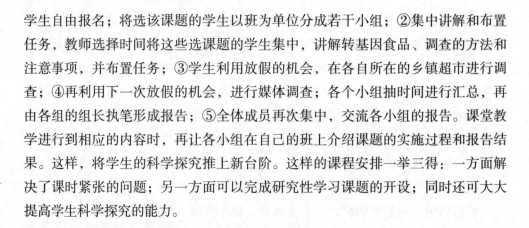

学生自由报名；将选该课题的学生以班为单位分成若干小组；②集中讲解和布置任务，教师选择时间将这些选课题的学生集中，讲解转基因食品、调查的方法和注意事项，并布置任务；③学生利用放假的机会，在各自所在的乡镇超市进行调查；④再利用下一次放假的机会，进行媒体调查；各个小组抽时间进行汇总，再由各组的组长执笔形成报告；⑤全体成员再次集中，交流各小组的报告。课堂教学进行到相应的内容时，再让各小组在自己的班上介绍课题的实施过程和报告结果。这样，将学生的科学探究推上新台阶。这样的课程安排一举三得：一方面解决了课时紧张的问题；另一方面可以完成研究性学习课题的开设；同时还可大大提高学生科学探究的能力。

三、实验教学作为科学探究的重要途径

实验教学是科学探究的重要途径。高中生物实验教学在训练学生使用实验仪器，提高其动手技能及理解能力方面是占有优势的。在实验过程中，学生解决问题的能力、科学态度、科学研究的方法等会有很大提高。因此，科学探究往往被视为在实验室中进行的教学或是通过实验进行的教学活动。

以现有人教版的高中生物教材为例，有不少实验属于探究性实验。如必修1中的探究植物细胞的吸水和失水、探究影响酶活性的因素、探究酵母菌的呼吸方式、绿叶中色素的提取和分离、环境因素对光合作用强度的影响、细胞大小与物质运输的关系、低温诱导植物染色体数目的变化、探索生长素类似物促进插条生根的最适浓度。

进行探究性实验的关键是要实施探究，千万不能是无探究的实验。例如，在进行"探究酵母菌细胞呼吸方式"实验时，教师可设计如下探究过程：①教师引导学生讨论酵母菌细胞的基本结构。学生很快知道酵母菌是一种单细胞真菌，是真核生物具有真核细胞的基本结构，应该有细胞核及包括线粒体在内的多种细胞器。再联系前面所学知识，学生知道具有线粒体的细胞应该能进行有氧呼吸。此时，教师提示：酵母菌在有氧和无氧的条件下都能生存。由此学生立即推测出酵母菌在无氧条件下也能进行呼吸。②教师引导学生分析生活中酵母菌的实际应用，学生会想到酿酒，说明酵母菌的呼吸作用可产生酒精，由做蛋糕、馒头的应用知道酵母菌的呼吸作用还可产生二氧化碳。此时，教师提问：酒精、二氧化碳是在有氧条件下还是在无氧条件下产生的？这时学生的观点各不相同，无法确定，由此确定探究的课题。③由教师提供实验材料、器具和参考资料，学生根据自己的探究课题开始组装实验装置。此时，教师要提醒学生检查实验装置的准确

性。④学生完成实验后，根据结果得出结论：酒精在无氧条件下产生，二氧化碳则在有氧、无氧的条件下都能产生。⑤进一步探究哪种条件下产生的二氧化碳多。学生通过观察单位时间内产生的气泡数，可得出有氧条件下产生二氧化碳多的结论。

除了探究性实验外，另外还有技能性实验和验证性实验。技能性实验主要训练学生的动作技能，不需多作改动，但一些验证性实验还是可以加入部分探究性的元素。例如"观察根尖分生组织细胞的有丝分裂"是一个验证性实验，但在实验过程中，可以加入部分探究内容，如教师可引导学生分别将根尖解离1min、3min、5min、7min等不同时间，由此探究根尖经历不同的解离时间对实验结果的影响；还可引导学生探究根尖不经漂洗直接染色对实验结果的影响等问题。再如"检验生物组织中的糖类、脂肪和蛋白质"也是一个验证性实验，实验时教师可多准备一些检验材料，如检验还原糖的材料除教材中推荐的梨和苹果外，再准备一些橘子、番茄、柿子等材料，让学生通过探究理解为什么检验还原糖要用浅色的实验材料的原理。

第八章

基于核心素养的社会责任教育

第一节　社会责任的内涵

社会责任是指基于生物学的认识，参与个人与社会事务的讨论，做出理性解释和判断，解决生产生活问题的担当和能力。学生应能够以造福人类的态度和价值观，积极运用生物学的知识和方法，关注社会议题，参与讨论并做出理性解释，辨别迷信和伪科学；结合本地资源开展科学实践，尝试解决现实生活问题；树立和践行"绿水青山就是金山银山"的理念，形成生态意识，参与环境保护实践；主动向他人宣传关爱生命的观念和知识，崇尚健康文明的生活方式，成为健康中国的促进者和实践者。学业质量水平和素养水平对社会责任的要求见表8-1。

表8-1　学业质量水平和素养水平对社会责任的要求

水平	质量描述	素养水平
1	形成热爱生命、人与自然和谐共处的基本观念，认同环境保护的必要性和重要性；认同健康的生活方式，远离毒品；能对有关生物学的社会热点议题进行理性判断。	知道社会热点中的生物学议题；认同健康的生活方式，珍爱生命，远离毒品；认同环境保护的必要性和重要性，认同地球是人类唯一的家园。
2	形成热爱生命、人与自然和谐共处的基本观念，初步形成保护环境的意识，参与绿色家庭、绿色学校、绿色社区等行动；养成健康文明的生活方式，远离毒品，并能抵制封建迷信和伪科学；形成敬畏生命的观念，遵循正确的伦理道德，能对有关生物学的社会热点议题进行理性判断。	关注并参与社会热点中生物学议题的讨论；接受科学、健康文明的生活建议，珍爱生命，远离毒品；了解传染病的危害与防控知识；养成环保意识；关注生物学技术在生产生活中的应用。
3	形成珍爱生命、人与自然和谐共处的观念，养成保护环境、维护生态平衡的行为习惯，积极参与绿色家庭、绿色学校、绿色社区等行动，并提出人与环境和谐相处的一些建议；养成健康文明的生活方式，远离毒品，自觉地抵制封建迷信和伪科学；形成敬畏生命的观念，遵循正确的伦理道德，能对生殖性克隆人等社会热点议题进行科学判断。	基于生物学的基本观点，辨别迷信和伪科学；制订适合自己的健康生活计划；珍爱生命，远离毒品；主动运用传染病的相关防控知识保护自身健康；参与社区生物多样性保护以及环保活动的宣传和实践；积极参与绿色家庭、绿色学校、绿色社区等行动；具有通过科学实践解决生活中问题的意识和想法。

续　表

水平	质量描述	素养水平
4	形成珍爱生命、人与自然和谐共处以及可持续发展的观念，养成保护环境、维护生态平衡的行为习惯，积极参与绿色家庭、绿色学校、绿色社区等行动，并提出人与环境和谐相处的合理化建议；养成健康文明的生活方式，自觉远离毒品，参与有关毒品危害的宣传；能够鉴别并自觉地抵制封建迷信和伪科学；遵循正确的伦理道德，能对生殖性克隆人等社会热点议题进行科学的评价。	针对现代生物技术在社会生活中的应用，基于生物学的基本观点，辨别并揭穿伪科学；制订并践行健康生活计划；向他人宣传毒品的危害及传染病的防控措施；参与当地环保建议的讨论，积极参与绿色家庭、绿色学校、绿色社区等行动；能通过科学实践，尝试解决现实生活中的生物学问题。

第二节　基于核心素养的情感态度价值观教育[①]

素质教育是在针对"培养什么样的人"的背景下提出来的，其出发点是培养德、智、体、美、劳"全面发展的人"，以满足社会的需求，但对公民未来必备的素质和终身发展的要求明显不足。为此，《关于全面深化课程改革落实立德树人根本任务的意见》（以下简称《意见》）从公民具备的适应终身发展和社会发展需要的必备品格和关键能力的高度，首次提出以核心素养的标准进行大中小学课程改革，明确指出课程方案和课程标准的修订应该依据学生核心素养体系，将核心素养置于深化课程改革和提升国民素养的关键地位，成为新一轮教育改革的核心理念。

一、以情促学，注重与生活联系，利用"STSE"教育，丰富学生的情感

《意见》提出核心素养体系突出个人修养、社会关爱、家国情怀。落实核心素养，高中生物教学应关注我国生物资源现状，关注我国生物科技变化，增强学生热爱家乡和祖国的情感，以及振兴中华民族的使命感和责任感。

---

① 肖安庆.基于核心素养的情感态度价值观教育的探索［J］.中学生物教学，2016（4）.

（一）以情促学，丰富学生的审美情感

生物学是一门自然科学，蕴含了丰富的美学内涵。教学中，教师通过鲜明的形象感染人，让学生产生美的感受、美的共鸣和美的陶冶，让学生发现美、欣赏美，以美激情、以情促学，丰富学生的审美情感。

例如，讲光合作用时教师站在教室里植物的旁边，顺着阳光，这样导入："当这束阳光穿越浩瀚宇宙，照射到这片绿叶上的时候，世界上最重要的生物反应发生了。"有情有景，妙趣横生。群落演替教学中，教师可用"野火烧不尽，春风吹又生"的诗句说明次生演替的特点。用"竹外桃花三两枝，春江水暖鸭先知"引入生态系统的信息传递。以《红楼梦》贾宝玉的名言"女人是水做的"来思考生物的成分仅仅是水吗，等等。教师通过揭示生物学的"情"与"美"，激发学生的学习情趣，培养学生积极向上的审美情感和欣赏美、创造美的情怀。

（二）注重与生活联系，丰富学生的道德情感

生活即教育，德育应先行。在资源日益枯竭、期待可持续发展的当代，生态素养是生物学科基本的核心素养。生物教师应注重与生活的联系，向学生渗透整体与局部相统一的观点、生物体的结构与功能相统一的观点，树立辩证唯物主义自然观、科学发展观，丰富学生的道德情感。

在"基因工程的应用"教学时，教师发放关于转基因争论的资料，使学生了解转基因技术的优势与问题，引导学生辩证地看待新技术的机遇与挑战。在学习动物细胞核移植技术、胚胎工程时，教师引导学生讨论生物技术的安全性与伦理问题，使学生的道德情感在法律与人际关系中得到体现与升华。在讲授"保护我们共同生存的家园"时，教师平时的自身行为，如节约水电、珍惜粮食、爱护环境、不乱扔垃圾等，都是引导学生倡导绿色生活、保护环境、人与自然和谐共处的最好方式。

（三）利用"STSE"教育，丰富学生的意识情感

我国的生物科技事业迅猛发展，生物科学与技术已经深入影响到社会生产生活的方方面面，同时生物问题日益突出。STSE（Science、Technology、Society、Environment）教育就是引导学生重新认识当今科学、技术、社会与环境四者之间的关系，使科学技术更好地造福于人类。

教师结合近年来我国生物科技的新发展、新成就，帮助学生了解生物科技对生产生活的影响，增强学生的爱国热情；介绍抽烟、饮酒和健康，碘和甲状腺肿大，细胞的癌变等知识，培养学生的良好习惯，使学生明白生物学是一门实用科学；介绍果实蔬菜贮藏和运输的知识，引导学生利用呼吸作用知识解决实际问

题；分析气候变暖、臭氧层破坏和酸雨等环境问题产生的原因，使学生认识到每个公民都应该保护环境、节约能源，树立牢固的环境意识。

二、以史为鉴，结合实验，树立质疑求实的科学精神和态度

（一）以史为鉴，树立质疑求实的科学精神和态度

在漫长的生命探索过程中，生物学史不但积累了丰富的科技成果，而且记载了生物科学家思考和解决问题的思想历程，展示了科学家思考生物问题的世界观和方法论，深刻地影响着人类对生命世界的思维方式。教师通过挖掘生物学家的科学态度和科学精神，渗透到生物教学之中，对培养学生的反思素养和科学素养具有重要的教学意义。

教师结合中国科学家合成结晶牛胰岛素的历程，告诉学生：搞科学研究，失败是不可避免的，需要锲而不舍的科学精神。细胞学说建立的过程，介绍了施莱登和施旺受前人研究的启发，提出"新细胞从老细胞中产生"的观点，耐格里通过实验观察，将细胞学说修正为"新细胞的产生原来是细胞分裂的结果"，魏尔肖不迷信权威，大胆质疑，提出"细胞通过分裂产生新细胞"的观点，至今仍未被推翻。而在促胰液素的发现过程中，固执于定论的沃泰默失去了一次用客观现实下结论的机会，错过了近在咫尺的真理，另辟蹊径的斯他林和贝利斯用促胰液素，引发人们的反思：凡事要以事实为基础，客观做出实验结论。

（二）结合实验，树立质疑求实的科学精神和态度

生物学是一门实验科学。实验教学中，教师既要引导学生尊重实验事实，规范操作，认真观察实验现象，尊重实验数据，不捏造事实、弄虚作假，又要创新性地开展探究性实验，大胆质疑，培养一丝不苟的求实态度。这是培养中学生基本素养的重要途径。

在还原糖的鉴定实验中，教师可将验证性实验改成探究性试验。例如，设计探究性实验，探究样品及试剂加入顺序对实验结果的影响（表8-2，表8-3，表8-4），培养学生的科学素养。从实验结果可以看出，当NaOH为0.1g/mL时，用其他浓度的$CuSO_4$不影响实验结果；当$CuSO_4$为0.05g/mL时，用其他浓度的NaOH，结果颜色有所不同；加混合液还是先加$CuSO_4$再加NaOH，或是先加NaOH再加$CuSO_4$，结果相同。教师通过实验转换，可以培养学生细心观察、认真探究的科学品质，使学生树立质疑求实的科学精神和态度。

表8-2 探究样品及试剂加入顺序对实验结果的影响

实验编号	样品试剂及加入顺序	实验结果
试管1	苹果样液中加入0.1g/mL甲液1mL与0.01g/mL乙液1mL的混合液，摇匀后水浴加热。	砖红色
试管2	苹果样液中加入0.1g/mL甲液1mL与0.03g/mL乙液1mL的混合液，摇匀后水浴加热。	砖红色
试管3	苹果样液中加入0.1g/mL甲液1mL与0.05g/mL乙液1mL的混合液，摇匀后水浴加热。	砖红色
试管4	苹果样液中加入0.1g/mL甲液1mL与0.07g/mL乙液1mL的混合液，摇匀后水浴加热。	砖红色
试管5	苹果样液中加入0.1g/mL甲液1mL与0.09g/mL乙液1mL的混合液，摇匀后水浴加热。	砖红色
试管6	苹果样液中加入0.1g/mL甲液1mL与0.1g/mL乙液1mL的混合液，摇匀后水浴加热。	砖红色
试管7	苹果样液中加入0.1g/mL甲液1mL与0.3g/mL乙液1mL的混合液，摇匀后水浴加热。	砖红色

表8-3 探究样品及试剂加入顺序对实验结果的影响

实验编号	样品试剂及加入顺序	实验结果
试管1	苹果样液中加入0.025g/mL甲液1mL与0.05g/mL乙液1mL的混合液，摇匀后水浴加热。	黄色
试管2	苹果样液中加入0.05g/mL甲液1mL与0.05g/mL乙液1mL的混合液，摇匀后水浴加热。	棕色
试管3	苹果样液中加入0.75g/mL甲液1mL与0.05g/mL乙液1mL的混合液，摇匀后水浴加热。	深棕色
试管4	苹果样液中加入0.10g/mL甲液1mL与0.05g/mL乙液1mL的混合液，摇匀后水浴加热。	砖红色
试管5	苹果样液中加入0.125g/mL甲液1mL与0.05g/mL乙液1mL的混合液，摇匀后水浴加热。	砖红色
试管6	苹果样液中加入0.15g/mL甲液1mL与0.05g/mL乙液1mL的混合液，摇匀后水浴加热。	砖红色
试管7	苹果样液中加入0.175g/mL甲液1mL与0.05g/mL乙液1mL的混合液，摇匀后水浴加热。	砖红色
试管8	苹果样液中加入0.20g/mL甲液1mL与0.05g/mL乙液1mL的混合液，摇匀后水浴加热。	砖红色
试管9	苹果样液中加入0.40g/mL甲液1mL与0.05g/mL乙液1mL的混合液，摇匀后水浴加热。	鲜红色

表8-4　探究样品及试剂加入顺序对实验结果的影响

实验编号	样品试剂及加入顺序	实验结果
试管1	苹果样液中，先加入0.01g/mL甲液1mL，再加入0.05g/mL乙液1mL，摇匀后水浴加热。	砖红色
试管2	苹果样液中，先加入0.05g/mL乙液1ml，再加入0.01g/mL甲液1mL，摇匀后水浴加热。	砖红色

三、挖掘教材，整合情境，渗透人文精神教育，形成正确的价值观

现行的人教版教材虽然也是按照知识、能力和态度的课程目标编排，但实际操作中，知识与技能依然是头等大事，教师对学生的情感价值观教育的重视程度不足。在核心素养的课改趋势下，教师可以挖掘教材，整合情境，对学生进行人文精神的教育，使学生形成正确的价值观。

如在"受精作用"教学中，教师可以进行以下导入，达到让学生领悟正确的生命观的目的。

情境一：展示微视频，讲解：每次受精时有上亿个精子，但只有活动能力最强的精子才能与卵细胞结合形成受精卵，感悟每个生命都是父母最棒的结晶。

情境二：展示人的胚胎发育过程图，讲解母亲怀孕的妊娠反应与注意事项，感恩母亲的养育之恩。

情境三：播放分娩视频，讲述分娩的疼痛，感悟母爱的伟大与付出。

拓展作业：写一封关于感恩与母爱的短信，寄给自己的母亲。

又如，在"人口增长对生态环境的影响"教学中，教师可以引导学生思考环境的现状，思考人在生态系统中的地位与作用，培养正确的生态观。

情境一：播放迈克尔·杰克逊的视频音乐《拯救地球》，使学生沉浸在拯救地球的反思之中。

情境二：展示种种生态环境问题，思考这些问题的缘由。

情境三：展示人类2000多年来的数量增长情况图，思考人口增长对生态环境的影响。

情境四：展示我国今年出现的生态农场，思考人与自然和谐共处的重要性，培养正确的生态观。

再如，在"关注生物技术的伦理问题"教学中，学生通过辩论与碰撞，领悟正确的伦理观。课前，教师确定辩题"当今世界能否进行克隆人实验"，要求学生预习教材内容，查阅资料，通过辩论明确科技进步与伦理道德的冲突，领悟只

有在人文精神的指引下，科学技术符合人类伦理，才能更好地造福人类。

以核心素养为基础的情感、态度与价值观教育，融合人文教育，寓教于言、寓教于理、寓教于行，把人的教育作为灵魂贯穿于教育的始终。同时，也发展了学生独立思考和独立判断的能力，发展了学生正确理解人和自然的关系，有利于学生正确理解人与社会的关系并产生强烈的感情，有利于提高学生对美和善的辨别力和追求热情，使学生的心智得到和谐发展，激发了学生内心的潜能，展现出生物学教学特有的魅力。

第三节　基于核心素养的社会责任教育①

《普通高中生物学课程标准》指出：社会责任是学生以造福人类的态度与价值观关爱生命，解决生产生活问题的担当与能力，是继续学习和走向社会的基础。现在的中学生大多没有经历过艰难困苦，生活条件优越，对社会往往缺乏责任感。由于社会责任教育是一个崭新的课程目标，近年来才成为生物学核心素养，相关的经验不多，有的教师认识不足，因此，教师在教学中应加强学生的社会责任教育。

一是结合教学内容，理解社会责任。着重学习与社会责任相关的教学内容，教师结合治疗性克隆、设计试管婴儿、基因身份证等内容，鼓励学生从生命观念的视角观察和审视生物学知识，通过讨论与分析，让学生做出理性解释与判断；认同科学精神，辨别科学与迷信，用科学的世界观与方法论思考生物学问题；欣赏生物学家揭示生命奥秘的贡献，热爱生命，乐于传播生物科学技术知识。

二是将社会性科学议题引入教学，培养社会责任。生物学中的热点领域，如干细胞研究、转基因技术、基因治疗等，广受关注成为社会性科学议题，但在伦理道德、公共安全等方面存在争议，学生很感兴趣。教师积极将生物科技新闻与课本知识建立联系，帮助学生摒弃对生命科学的错误认识，唤起学生的责任感；引导学生分析这些议题与社会之间的矛盾，思考如何在服务人类的同时，化解风险和承担社会责任；通过讨论分析，使学生领悟：生物学研究是人类的事业和能

---

① 肖安庆.中学生物教学应加强社会责任教育［J］.中国教育学刊，2018（2）.

力，生物学研究不能超脱于政治法制、社会道德和规范，一旦有人利用生物科技犯罪，将后患无穷。

三是让学生参与现实问题，践行社会责任。教师可就外来物种入侵、野生动物保护、食品安全、艾滋病防控等问题，组织学生讨论和调查研究；引导学生利用生物学知识和方法，树立"绿水青山就是金山银山"的理念，结合本地资源开展科学实践，形成生态意识；对现实问题提出建议或宣传方案，提高学生运用学习成果解决现实问题的意识和能力；主动向他人宣传健康生活和关爱生命的知识，崇尚健康文明的生活方式，成为健康中国的促进者和实践者。

生物学核心素养中的社会责任，是指基于生物学的认识，参与个人与社会事务的讨论，做出理性解释和判断，尝试解决生产生活问题的担当和能力。生物科学史的教学目标还应使学生能以造福人类的态度和价值观，学会珍爱生命，热爱大自然，运用生物学的知识和思想方法，对生物学问题做出理性的解释。

例如，在学习"生命的起源"这段科学史时，教师介绍生命演化历程的三个阶段，阐释生物进化论学说，介绍伟大的生物学家达尔文通过多年的研究、考察和标本的采集，在积累了大量令人信服的证据的基础上发表了划时代的巨著《物种起源》，提出以自然选择理论为基础的生物进化说。达尔文进化说被恩格斯称为19世纪自然科学三大重要发现之一。学生通过这段科学史的学习，破除神创论的说法，辨别迷信和伪科学。该段科学史又使学生了解到环境污染、生物多样性的减少和饮食健康等基本常识，还引导学生懂得需要他们承担宣传生物科学知识、开展环境保护和社会实践活动等力所能及的责任，从而培养学生承担社会责任的意识和能力。

第四节　基于社会责任培养的教学环节设计

生物学是自然科学的基础学科之一，是研究生命现象和生命活动规律的一门学科。生物学课程标准中提到，学习生物学课程是每个公民不可或缺的，其学习成果是公民素养的基本组成部分。培养学生的社会责任是生物学教学的重要目标之一，社会责任是适应个人终身发展和社会发展需要的必备品格和关键能力之一，是所有学生应具有的最关键、最必要的基础素养的一个重要方面，是知识、能力和态度等的综合表现，是可以通过教育来形成和发展的学科核心素养。笔者结合生物教学实践的实例，从生物学科社会责任教育的四个方面，例谈在生物学教学中渗透社会责任教育的教学环节设计策略。

一、在案例赏析中渗透生命教育

生物学科是研究生命现象与生命活动规律的科学，所以在教材中有许多与生命、生殖等相关内容。生物学教学中进行相关的生命教育，是情感、态度与价值观教育的重要方式之一。教师在学科教学过程中需要向学生渗透热爱自然、珍爱生命、确立积极健康的生活态度等观念。不管是现在还是将来，这样的德育渗透对于学生的健康成长是至关重要的。

【案例1】"人的生殖"

本节的重要情感目标同时也是教学难点的是：感受生命的宝贵、母爱的伟大，体会父母给了我们生命的意义，热爱生命。在讲解完生殖细胞、受精、胎儿发育、分娩等生殖知识以后，笔者引入了一个案例赏析。案例内容主要讲述的是汶川地震中年轻的母亲用自己的身躯保护了襁褓中的婴儿，最后解放军官兵和相关医护人员搜救出婴儿时，发现襁褓中手机上编辑好还未发送的短信"亲爱的宝贝，如果你能活着，一定要记住我爱你"。案例通过音画形式展示。看完后，教师请学生谈谈观看后的感受及如何看待母爱与生命。最后笔者根据学生的回答，概括与升华。这样的案例用爱的故事唤醒学生对母爱的敬意，从而使学生思考父母赋予自己生命的意义，养成珍爱生命的生活态度。

二、在竞赛活动中宣传健康生活

养成健康的生活方式是生物学核心素养中社会责任教育的重要方面，生物教材中也安排了很多与健康生活方式相关的教学内容，如人类的免疫、传染病的预防、拒绝毒品、现代生活与人类的健康等。教师在进行相关内容的教学时，除了进行健康生活方式的理念教育以外，还非常有必要进行具体的指导。当然教学的方式不能是简单的讲授，教师需要思考与实践学生感兴趣的教学策略，让教学在轻松与激趣的学习氛围中进行。

【案例2】"预防艾滋病"

教学中除了达成能说出"艾滋病的病原体、传播途径"等知识目标以外，还需要达成"提高自我保护意识，懂得关爱艾滋病人"的情感、态度与价值观目标。笔者根据知识内容，先结合讲授式以及小组合作学习的方式，让学生初步掌握艾滋病的相关知识。为了进一步深化知识理解与达成情感、态度与价值观目标，笔者设计了"先下手为强"的竞赛形式的游戏活动。活动具体规则是：请各小组派出一名代表参加，以又快又准确的一方获胜，获胜者会得到相应的奖品，并给相应小组增加星级。竞赛内容是：选手根据教师提供的各种与艾滋病传播相关的行为，如与艾滋病人握手、共用剃须刀等，以教师的要求（高危、低危还是安全）找到一个相应合适的行为。在这样的活动过程中，学生参与积极性非常高，不但选手在思考，而且其他学生也在积极寻找答案。

笔者以竞赛活动为载体，有效地激发了学生的深度学习，特别是学生对一些是否会传播艾滋病的行为判断更加科学准确。学生在这样的竞赛活动过程中能够明确哪些行为是不会传播艾滋病的；同时学会能如何关爱艾滋病人与自我保护。

三、在科学实验中辨识疑似科学

伪科学是已经被实践（包括科学实验）证伪、但仍然当作科学予以宣传推广的理论假说或假设，又称为假科学或疑似科学。在人们的生活中，许多经验被当成科学经验传播下来，其中有很多观点及说法与生物学科相关。如"不干不净，吃了没病""生男生女主要是由女方决定的"等。学生在学习过程中，教师要结合相应的教学内容以及科学的验证方法，引导学生辨别迷信和伪科学，从而引导学生关注社会议题，参与讨论并做出理性解释。

【案例3】"性别和性别决定"

学生除了要知道"性别差异是由性染色体决定的"以外，还要达成"能用科学的态度看待生男生女问题及运用所学知识纠正周围人的旧观念"的价值观目标。教学过程中，学生结合图示自学，明确染色体、性染色体的概念，人的性别以及男女体细胞中染色体的组成。笔者设计了师生一起完成性别遗传图解的学习过程，让学生分别用不同颜色的笔表示父方与母方的性染色体组成，再逐步书写完成性别遗传图解，并且标出最后的性别比例。学生完成正常男女婚配性别遗传图解后，结合图解分析：①后代男孩与女孩的性染色体的来源分别是什么？②后代是男孩还是女孩主要和什么性染色体有关，又是父母哪方提供的？学生思考问题的过程就是理解与消化知识的过程，同时通过性别遗传图谱，能清楚明白后代性别的决定主要和Y染色体有关，且是父方提供的。这样的学习过程结合科学的遗传图谱分析，让学生理解了人的性别遗传，破除了"生男生女主要是由女方决定的"迷信与伪科学观点。此外，教师还可以设计科学的生物学实验，让学生在实验过程与结果分析中对一些伪科学的观点进行有效辨识。

四、在实践调查中解决现实问题

生物学教材中很多内容的设置旨在引导学生关注与生物学有关的社会问题，使学生初步形成主动参与社会决策的意识。教师在教学过程中，要注重结合相应的内容，采用实践调查等方法来让学生了解本地乡土资源，从而使学生了解我国的生物资源状况和生物科学技术发展状况，培养学生爱祖国、爱家乡的情感，增强学生振兴祖国和改变祖国面貌的使命感与责任感。

【案例4】 "环境的污染与保护"

本节的教学知识目标及教学重点是：大气污染、水污染、土壤污染和居室污染的来源、危害及防治，以及本地环境状况的调查分析。本节的情感态度与价值观目标是通过正确认识环境和环境问题，体会化学物质在美化人们生活的同时，也会带来负面效应，使学生认识到人类的行为与环境和谐的必要性，激励他们保护家园，积极投身环保活动，树立主人翁的社会责任感。教师在分析本节的知识目标及情感、态度与价值观目标时，结合学生自身的经验，认为学生通过自学达成本节的知识目标应该不难，因为在其他学科知识内容中也有涉及相关的知识内容。学生要达成情感态度与价值观目标还是需要实践调查与分析的过程，没有体验经历过程，其他的教学方法并不能达到相应的教学效果。

以"通过调查提出关于加强污水排放管理的建议"为本节调查主题，课前两周对班级进行小组分工，1、2小组收集资料，3、4小组进行走访调查，5、6小组收集整理各小组建议。由于资料与图片等都是由学生亲自调查实践收集到的，所以学生提出的建议还是很有参考价值的。如有小组提出建议：对沿岸部分工厂进行检查，严格控制工厂的污水排放量，查看工厂所排放的工业污水是否达标，若不符要求，应给予警告，相对严重的，应进行通报批评；还有小组提出建议：对附近居住的居民进行宣传教导，在小区内也可张贴布告，提醒人们勿乱扔垃圾，在沿岸地区可张贴公益标语，人们之间应相互提醒、举报，对于严重污染河流的工厂，应给予警告批评、相应罚款等处分。学生调查实践过程就是自我教育过程。通过调查实践，学生对本地的河流污染状况有了全面的了解，认识到化学污染物质给人们生活带来的负面效应，激励他们保护家园、积极投身环保活动、树立振兴祖国和改变祖国面貌的使命感与责任感。

第九章

基于核心素养的评价

第一节　基于核心素养评价的挑战与路径^①

为全面深化改革、立德树人，新一轮课程改革的根本任务为发展学生的核心素养。生物核心素养是学生在解决真实情境中的生物学问题所表现出来的必备品格和关键能力，包括生命观念、理科思维、科学探究和社会责任四个方面。随着《高中生物课程标准（2017年版）》的正式颁布，高中生物核心素养已成为每个生物教育工作者普遍关注的话题，基于高中生物核心素养评价问题备受关注。

一、核心素养评价面临的挑战

由于知识经济时代的到来，数字化技术、社会变革和全球化进程，对个人素质提出了更高的要求。传统教育所关注的知识与技能培养，已经无法让个体适应复杂多变的社会需求。在此背景下，各级教育者应帮助个体建构适应各种复杂情境下的应变能力和素养框架，具备解决问题的必备品格和关键能力。目前，围绕学生核心素养的发展，开展课程、教学与评价等多方面的理论研究和实践探索，是进一步深化我国中小学教育课程改革的当务之急。如何破解我国教育教学评价的瓶颈问题，改变过去标准化考试和专注于碎片化知识的弊端，构建促进中小学生核心素养发展的评价框架，具有重要的现实意义和战略地位。

首先，从培养环境看，核心素养的培养，不是固定情境下的简单学习，而是在复杂多变的生活情境下的创造性应用。与识记或引用零碎知识或孤立技能相比，核心素养的基本内涵、表现机制的理解更为复杂，目前这方面的研究较少。核心素养关注的创新意识、批判性思维、团队协作与沟通等能力，需要在真实的学习情境中才能培养，进而才能对核心素养进行科学测评。

其次，从核心素养的特征看，核心素养具有内隐性特征，诸如生命观念、审美观念、创新意识等指标无法直接观测，需要借助特定的情境才能评价。这种评价，建立在核心素养与特定任务上的实际表现之间的关联，如图9-1所示。

---

① 肖安庆，颜培辉，吴志强.高中生物核心素养评价的挑战与路径［J］.中学生物教学，2018（5）.

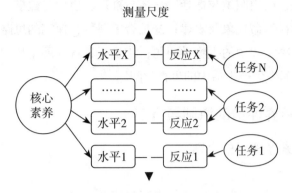

图9-1　核心素养与任务反应之间的关联

从图9-1可知，通过测量工具，我们可以检测到不同个体的核心素养水平与特定任务上存在不同的反应。操作上，是可借助这种关联来评价核心素养的。但不同核心素养水平与特定任务之间并不存在明确的关系，如批判性思维和探究能力本身就是抽象复杂的，其蕴藏的内涵、水平特征和构成本身都难以厘清，在不同情境下的实际表现也是不断变化的，并不像图9-1那样清晰简单。这就对各核心素养水平的认识及测量，以及如何建立素养水平与任务表现之间的关联，提出了极大的挑战。尽管新修订的课程标准制定了学科的核心素养和学业质量标准，在一定程度上帮助我们理解所测的核心素养，但要想深层次地理解这些问题，还需要进一步研究和探讨。

二、核心素养评价的内涵

（一）何为核心素养评价

教学评价是用一种或几种评价方法，如观察、测试、访谈、项目与测定标准等，在知识、技能和情感态度价值观方面得出结论的过程，是教师了解教学过程、调控教学行为、提高教学质量的重要途径。核心素养评价，应依据核心素养的目标要求、内容标准以及学业质量标准，科学有效地评价教学效果，调控教学行为。教学评价的目标在于判定系数成绩，了解学生对核心素养的掌握和理解情况，改进教学方式，为全面提升教学质量提供依据。

（二）核心素养评价的内容

教学评价应围绕课程标准的要求，创设符合学生认知和心理特点的真实情境，使教学评价内容与教学目标一致。教学评价的内容有：①是否形成结构与功能观、进化与适应观、稳态与平衡观、物质与能量观等生命观念；②是否形成

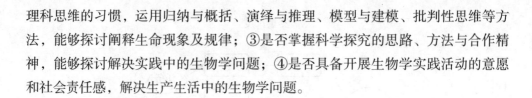

理科思维的习惯，运用归纳与概括、演绎与推理、模型与建模、批判性思维等方法，能够探讨阐释生命现象及规律；③是否掌握科学探究的思路、方法与合作精神，能够探讨解决实践中的生物学问题；④是否具备开展生物学实践活动的意愿和社会责任感，解决生产生活中的生物学问题。

三、核心素养评价的原则与方法

（一）核心素养评价的原则

1. 目的明确

核心素养评价以生物核心素养的内容为依据，明确发展学生的生命观念、理科思维、科学探究和社会责任4个核心素养，每个评价对象明确指向一个或几个核心素养指标。

2. 科学有效性

科学评价，应遵循课标要求，符合学生的教育学、心理学发展水平和认知规律，科学制定学生学业质量发展水平。有效评价是评价工具和评价方法能否反映学生核心素养的发展变化，不能只关注成绩，更要记录学生发展的全过程，处理好终结性评价和形成性的关系，有效深入地评价学生核心素养的各个方面。

3. 公平可靠性

公平评价，应着眼于个体差异，对不同学生采取不同的评价标准。如果有的学生的发展程度与教学目标一致，可以考虑形成性评价。这样评价虽不对评价结果产生决定性，但在一定程度上影响评价结果。可靠性是指评价工具持续性准确测量评估学习。只有持续性评价才能准确反映核心素养的实际水平，得到准确的评价结果。

4. 平衡多样性

核心素养评价的主体是多元的，方式是多样的，包含终结性评价和形成性评价。评价过程中，应发挥教育主管部门、学校、教师和学生的作用，从不同角度分析解释结果；保持不同评价方式之间的平衡，将终结性评价与形成性评价、整体性评价与单项评价、定量评价与定性评价结合起来，正确评估结果，使评价结果与改进策略相一致。

5. 激励进步

核心素养评价结果应作为进一步促进学生学习和发展的手段，杜绝唯分数论的评价方式。学校应建立学生成长电子档案袋，激发潜能、激励成长、促进进步。

（二）核心素养评价的方法

1. 终结性评价

终结性评价是在一定时间内对学生学习水平进行评估总结。目前我国采取的标准化考试就是一种终结性评价。所谓的标准化测试，是指开发、管理、评分按照统一流程设计考试。这种测试是对学生有目的性的对比，它确保一致性地监测和评估学生，确保评价的结果具有可靠性和公平性。标准化测试的评价，包括常模参照评价和标准参照评价。常模参照评价是在一定范围内的学生中，选取一定的样本作为参照，用于比较学生之间的水平与进步。标准参照评价主要将每个学生的多次标准化考试成绩进行比较，是研判学生是否进步的一种方式，这种方式相对常模参照评价来说，比较公平科学。

2. 形成性评价

形成性评价是监控学生的学习并提供持续反馈的评价方式，包括成长电子档案袋、问卷调查、教师评价及自我评价与小组评价。

（1）成长电子档案袋。成长电子档案袋评价，是在学生收集学习内容的过程中，对自我表现进行评价的一种方式。在收集学习内容的过程中，教师鼓励学生根据学习档案进行自我评价与反省，将电子档案与学习活动整合起来，如单元知识概念图和总结、疑难问题的收集和整理、探究活动的过程记录、实验设计方案的制订、自我评价与小组评价、学习方法和策略的归纳总结，等等。

这是一个着眼于学生自主学习、自我评价的开放性平台。这种核心素养评价方式与课程目标相一致，激发学生的积极性，培养学生自我反思、学习和问题解决能力，分为3个阶段：自我展望、表现控制和自我反思，见图9-2。该评价方式以自我调节模式为中心，可以通过设计和开发成长电子档案袋加强核心素养，通过评价促进学生有意义的学习。

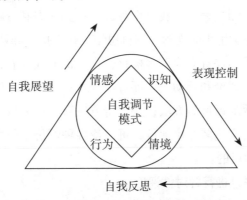

图9-2 成长电子档案袋模式框架

（2）问卷调查。学生学习态度是不断变化的，为了解学生的思想变化情况、学习进度等方面，教师采用问卷调查方式进行形成性评价。问卷的形式首先应符合学生的基本特点，将核心素养发展融合于封闭式问题和开放式问题之中，如"本学期中，你与同学每月合作多少次"，教师以这种学生的回答评价学生情感和社会能力，记录学生核心素养发展程度，也可以通过问卷解释学生个人表现，根据自己的表现自我分析、自我调控。

（3）教师评价。教师以课堂观察为依据，对学生进行形成性评价。为使这种观察更有效，教师设计问题时应体现学生的知识水平、理解水平和思维能力，以激发学生的讨论欲望。也可以在分组探究教学时，教师观察学生的沟通交流能力、集体合作意识；批改作业时，观察学生的作业完成情况，判断他的学习态度。这种主观评价方式的真实性、有效性和可靠性有一定的欠缺，是一种辅助性的评价方式。

（4）自我评价与小组评价。自我评价与小组评价是学生对自己的学习态度、情感和价值观表现的反思。根据学生的评价，采用分值的形式，形成报告，教师结合课堂观察，进行信息整合分析，将建议及时反馈给学生，促进学生核心素养的发展。该评价方式，需要教师不断提高判断力，明确评价的目的，另外，也需要学生提高自身反思能力，客观评价自己和同学，只有这样，才能将评价工作做到全面、有效。

四、核心素养评价的路径

1. 实施多样化评价，促进学生全面发展

核心素养是多维度的建构，核心素养测量应开放灵活，需要的证据和资料更为复杂多样；核心素养评价形式也是多元的，可以通过观察、对话分析、作业、团队、档案袋、发展测量表、自我反思等，以达到证据和资料全面性，综合评价学生的目的。为促进学生生命观念、理科思维、科学探究和社会责任4个方面的全面发展，高中生物教学评价应注重多样化，从评价方式上看，教师可采用纸笔测试、成长电子档案袋评价和活动表现评价等方式；从评价主体上看，可采用自我评价、同伴评价和教师评价等方法；从评价方法看，可采取终结性评价和形成性评价的方法。总之，实施多样化评价，可以使各种评价手段优势互补，达到共同促进学生全面发展的目的。

2. 根据课程模块，进行针对性评价

教师应根据课程模块的具体特点，有针对性、合理有效地选择评价方式和策

略。必修模块是高中生物学的基础，使用纸笔测试、电子学习档案和活动表现进行评价。选修模块《稳态与调节》的纸笔测试应结合日常生活的情境，分析并尝试提出生产实践方案，认同和采纳健康的生活方式。《生物与环境》模块的学习评价提倡通过角色扮演、调查和辩论等活动对学生进行表现性评价，重视交流讨论、合作意识和生命观念与态度的考查，重点考查学生分析或探讨人类活动对生态系统动态平衡的影响，尝试提出人与环境和谐相处的合理化建议。《生物技术与工程》模块的评价，应结合生活或生产实例，重点考查学生的实验设计、实验过程和实验原理，针对日常生活和社会热点话题，如生物技术与工程的安全与伦理问题，可以开展讨论和辩论，进行形成性评价。

3. 实施学分管理，进行综合性评定

高中生物课程分为必修、选修Ⅰ和选修Ⅱ三个部分。必修部分设有2个模块，每个模块2个学分；选修Ⅰ部分设有3个模块，每个模块2个学分；选修Ⅱ部分涉及现实生活应用、职业规划前瞻及学业发展基础3个方向的拓展及校本课程模块，每个选修Ⅱ模块为1~2学分。学生在修满必修学分的基础上，根据兴趣，直接学习选修Ⅰ和选修Ⅱ课程，获得更多学分。在评定过程中，教师利用目标多元、注重过程、方式多样的评价机制，实施学分制管理，综合性评定，全面反映学生的选课情况和学业发展能力。

4. 将核心素养评价转化为可观察的外显形式

与学科知识相比，核心素养具有综合性、情境性和内隐性等特点，核心素养评价具有一定的难度。生物教育工作者可开发对应的测量工具和量规，从知识、技能和情感态度价值观等方面进行调查和问卷。在实际测评活动中，教师以学生的学业质量标准水平为依据，结合具体任务和课程内容，制定描述性评分标准，实行等级化评价。注重收集不同场合、实践和形式的多方面证据，借助多重任务情境对核心素养进行可观察的考查，采用信息收集方法收集证据时，要重视学生在特定任务情境下的生成结果及经历的思考、认识、反思和调整，对学生进行重复性、跨时间的测量和证据收集，建立以核心素养为指向的成长电子记录档案。

5. 重视形成性评价，丰富和扩展总结性评价

传统课程范式下，人们常常忽视形成性评价的作用，认为形成性评价是一种非正式、非主流的评价方式。随着新课程理念的推进，人们认识到学习过程和评价结果对学习发展导向性的重要性，开始重视形成性评价的作用。将形成性评价与教师的教和学生的学相融合，将形成性评价手段应用于核心素养，这可用于描述学生学业的各项核心素养水平。

应试背景下，特别是标准化测试考试，试题设计目标聚焦学生学业水平的总结性评价，题型单一、评价简单，难以满足核心素养的评价要求。对总结性评价的丰富和扩展亟待解决。如丰富标准化测试试题、增加开放式问题和情感价值观的试题，将表现性评价方法，如档案袋评价、展示、面试和项目评价，应用于总结性评价过程之中。

6. 提供实质性内容的反馈结果，重视评价结果的解释

教师及时向学生提供评价标准参照和实质性内容的结果反馈，可激发学生的学习动机，提高学习效果；构建学生核心素养发展的评价体系，丰富反馈信息，通过借助基于核心素养的学业质量标准，结合具体测评任务的描述性等级评分标准，反映学生核心素养所表现的关键信息，让学生进一步理解核心素养及表现预期。

另外，教师应根据教学要求和课程标准，利用评语、谈话等形式，对学习情况和评价结果（如分数或等级）做出明确解释，注重发现和发展学生的潜能，有效增加学生自身的价值。通过对评价结果的分析、解释、反馈与运用，促进学生学习情况的改善，促进学生心理健康和核心素养的养成，达到凸显评价和反馈价值的目的。

第二节　基于核心素养评价的四组关系

如何理解、探索和实践核心素养评价？一是要将这一议题和任务放置在深化课程改革的大环境中；二是要深刻理解和把握核心素养"内生性""内在性"的基本特征。我们尝试通过4组关系的把握，对核心素养评价进行初步的框架性阐释。

一、本体：主人—主体—主动

所谓本体，是说"主人—主体—主动"乃是核心素养评价的事实本身以及根本所在。核心素养具有内生性、内在性的基本特征。评价作为一种权力，就内生性来说，不应该是自上而下统治性的；就内在性来说，不应该是从外向里介入性的。否则，对核心素养来说，评价就是异化的、异己的，也就不是"核心素养"的"评价"。

主人，是"政治—制度"概念；主体，是"价值—文化"概念；主动，是

"心智—势能"概念。学生在学校的权力关系中是否真正具备主人身份，是需要考量的具有总体性的问题。主体，是主人的主体；主动，是主体的主动——这是一个连续性的表达。非主人的主体性，要么是残存的主体性，要么是处在反抗状态下的主体性。非主体性的主动，要么是残存的主动，要么是处在沦陷状态下的主动。我们惯见的许多特别"懂事"的"乖孩子"，学习倒是很"主动"，这样的"主动"可能就是沦陷状态下的"主动"，就像"讨喜"一词的"讨"字暗中所揭示的——作为"讨喜"的奖赏的背后，是主体性凋落的"讨好"的沦陷状态，它往往以牺牲好奇心、独特性和创造力为代价。但是，我们要看到，按照惯常理解和操作的评价的性质与功能，就现有的价值资源、思想资源和技术资源来看，要建构核心素养评价的本体可谓任重而道远。这也是我们强调必须将核心素养评价置于深化课程改革大背景之中的立意所在。

二、功能：解放—解决—解释

"解放—解决—解释"，这三者之间存在着逻辑序列：没有"解放"的"解决"，势必落入工具主义；没有"解决"的"解释"，则将以功利主义的立场走向教育的反面。

解放功能，是价值要求，指向教育性与目的性。其一，在制度层面，要求民主决策与科学决策，依法治理与规范办学。其二，在课程层面，要求聚焦校本，包括师本，支持和激发教师觉悟的专业性；聚集生本，支持和激发学生觉悟的学习力。其三，在育人层面，要求人人发展，全面发展，个性发展，自主发展，终身发展。解决功能，是教学要求，指向复杂情境与高阶思维。复杂情境与高阶思维，是学科核心素养的两个关键词。如果说复杂情境是学科核心素养的场域，那么高阶思维则是学科核心素养在这个场域的机制和结晶。结晶，指向成果，是高阶思维的名词形式；机制，指向过程，是高阶思维的动词形式，也就是说，是其自身造就和成就了它自身。核心素养培养的最主要任务，就是让学生在复杂情境中形成解决问题的能力。是否是真实的复杂情境、是否形成或指向高阶思维，是核心素养评价需要有效回应的。解释功能，是专业要求——指向效度与信度。核心素养的评价呈现为综合的形态，单一的评价方法无法反映和解释核心素养。这对核心素养评价，无论是理念层面、技术层面，还是工作层面，都是极大的挑战。

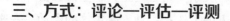

三、方式：评论—评估—评测

美国学者格朗兰德给出了一则评价公式：评价=测量（定量描述）+非测量（定性描述）+价值判断。参照于此，我们拟提出以"评论—评估—评测"为核心素养评价的综合体系。

评论，指向价值性，即通过基于共同体的反思、对话、协商，实施价值判断。学校事务和学习行为，应该是大大小小的价值共同体、兴趣共同体相互嵌入的形态，其中伴随着各种正式与非正式的对话、反思与协商。这有些类似于20世纪80年代兴起的以库巴和林肯的著作《第四代评估》为标志的全新的评价变革。第四代评估，倡导民主的评估精神，提出了以"回应—协商—共识"为主线的评估方式。第四代评估，特别关注力量偏弱的群体，这有利于我们将学生从边缘带入中心，使学生真正成为学校的主人、课程的主人和学习的主人。评估，指向表现性，即通过真实性、多样性的情境性任务，对学生的素养表现进行描述。这也就是通常所说的表现性评价。表现性评价，亦称真实性评价，即基于真实任务的评价，又称替代性评价，即指可以替代以纸笔测试为主要形式的传统测试方法。所谓替代，只是理想形态，事实上很难做到，所以以纸笔测试为主的传统方法，也就是我们这里所说的评测，仍然不可或缺。评测，指向工具性，即让学生依照规则、程序，执行非情境性任务，用以测量学生的学业水平。我们这里强调的是，要尽可能发挥评测"为学习的评价"的作用，限制其"对学习的评价"的功能，否则评测就容易重新落入应试教育的窠臼。

四、维度：素养品类—表现水平—机会标准

"素养品类—表现水平—机会标准"是对评价什么的框架性描述。素养品类，是指学生在任务中应该有什么样的特定反应，具体表述时不应该是知识和技能的拆解与罗列，而应是心理学的表述，即学生学习（活动）之所是（信念）、所愿（情志）、所能（能力）。表现水平，是回答"怎样好才算足够好"的问题，对学生素养的品质予以判断和描述。但是，很难有量规能判别全部品类素养的品质，我们需要在量规之外积累大量的学生在任务中特定反应的优秀范例。我们期待在回答"怎样好才算足够好"时，学校、教师比较容易地就能"举例说明"。这样大量的、结构化的优秀范例，不只是对核心素养评价十分重要，也对教与学、对教师的专业发展和学生的素养形成发挥独特而重要的作用。机会标准，是为了学生核心素养全面、有质量的形成和发展，对学校为教师和学生提供

教育活动和课程资源的性质及数量与质量的规定。机会标准往往是共同性要求，是可以比较的、督查的，也是可以问责的。比如，校本课程的开发、开设；实验室的装备及使用率；综合实践活动课程的开设；体育场地和设施的数量、质量及使用率；学校促进教学方法和学习方式转变所做的制度层面的安排；教师培训的机会与效果；作业管理情况；社团建设情况等。之前，教师一般较少关注机会标准的评价，或者将这类内容的评价与教与学的评价分离开来。学校的机会供给，是学生发展的生态营构和条件保障，脱离机会标准，直接强调"关键在课堂"，至少是盲人摸象，难求其全，难得其要，也难有所为。

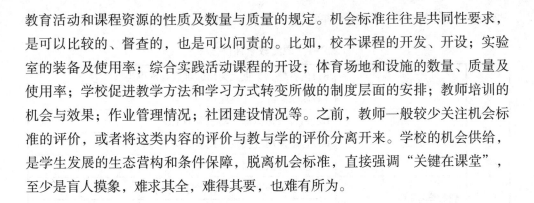

第三节　基于核心素养的课堂教学诊断性评价体系

一、基于核心素养的课堂教学评价体系构建的意义

课堂是教和学的有机体，课堂教学的目的是促进教学相长。基于核心素养的课堂教学，一方面能促进教师自身对如何培养学生核心素养的理解，另一方面使学生的学科核心素养得到实质性的提高。传统的课堂教学评价偏向从教师教的角度设计评价指标，事实上，课堂教学涵盖了教师的教和学生的学，因此，课堂教学应对教师和学生两个评价主体进行综合评价，只有将评教与评学相统一，才是对课堂教学质量的全面评价。基于核心素养的课堂教学目的在于提高学生的学科核心素养，促进知识的再生长。因此，评价课堂应围绕学科核心素养的提高来展开，以此促进教师和学生的共同发展。

二、建构课堂教学评价指标的探讨

（一）生物课堂教学评价指标及评价量表

根据国家教育部对课堂教学质量的要求以及《中华人民共和国教育法》对课堂教学质量的相关规定，本文采用目标分解法将课堂教学质量分为基本素养和高阶素养两个方面，基本素养分为教学内容、教学方法、教学态度及教学效果4个维度，高阶素养分为设计的针对性、激发能动性、核心素养的培养及教学特色4个维度，并对各维度进行逐层分析、分解，形成8个维度下的具体评价指标，建构了

"评教"和"评学"一体化的课堂教学评价指标体系，如表9-1所示。

表9-1　课堂教学评价指标

基本素养	A1教学内容	B11内容熟悉，重点突出，难点处理得当
		B12联系实际，注重应用
	A2教学方法	B21语言表达清晰生动，板书工整
		B22合理使用现代教学技术或实验，效果好
		B23教学方法得当
	A3教学态度	B31教学准备充分，讲课严谨认真
		B32遵守教学纪律，严格管理课堂
	A4教学效果	B41学生认可度高，注意力集中
高阶素养	A5设计的针对性	B51切合学生学情，有分层设计
	A6激发能动性	B61促进自主学习，学生参与度高
	A7核心素养的培养	B71促进物理观念的有效理解与生成
		B72进行了科学思维的教育
		B73适当引导学生进行科学探究，培养问题意识
		B74培养学生科学的态度与责任感
	A8教学特色	B81有独特的教学特色或突出表现

注：A为分项指标，B为基本指标

（二）与传统评课的区别

与传统评课的区别主要体现在以下两个方面：

1.评价指标构建具有的优点

（1）评价关注教与学的整体评价，区别于传统的只评教或评学，且评价指标将教与学有效融合，没有刻意地进行区分，但整个评价指标却涵盖了两个方面的内容。其中，基本素养是基础，高阶素养是精髓。

（2）将核心素养的培养作为评价的维度，顺应课程改革和发展的需要，可有效促进教师对有效培养学生核心素养的思考，同时也能促使课程改革落实到位。

（3）教学特色作为评价维度，适应现阶段对"一师一优课，一课一名师"的要求，充分挖掘教师教育的特长，促进教师PCK的发展。

2.具体评价实施有别于传统评课

传统评课进行统计，主要有两种方式：等级划分（优、良、中、差）或百分制。等级划分跨度太大，评定结果不便于比较；采用百分制则意味着要给予各项指标权重，而权重的给予需要科学论证，在实际教学评价中很难做到，因此，为了获得更多的评价信息，便于对教学过程进行诊断性评价，本评价以基本指标作为统计的基本单位，并分出层次。这样，教师在统计时不必借助计算工具，进行简单计算就可以确定评价结果，具有现实可操作性。依据本方案进行评价，能达到可诊断、可反思、可比较等目的。

三、课堂教学诊断性评价量表及实施说明

（一）诊断性评价量表（见表9-2）

表9-2　诊断性评价量表

项目	分项指标	基本指标	符合程度及说明（注：对不符合原因进行简单说明）
基本素养	A1教学内容	B11内容熟悉，重点突出，难点处理得当	□符合 / □不符合
		B12联系实际，注重应用	□符合 / □不符合
	A2教学方法	B21语言表达清晰生动，板书工整	□符合 / □不符合
		B22合理使用现代教学技术或实验，效果好	□符合 / □不符合
		B23教学方法得当	□符合 / □不符合
	A3教学态度	B31教学准备充分，讲课严谨认真	□符合 / □不符合
		B32遵守教学纪律，严格管理课堂	□符合 / □不符合
	A4教学效果	B41学生认可度高，注意力集中	□符合 / □不符合
高阶素养	A5设计的针对性	B51切合学生学情，有分层设计	□符合 / □不符合
	A6激发能动性	B61促进自主学习，学生参与度高	□符合 / □不符合
	A7核心素养的培养	B71促进物理观念的有效理解与生成	□符合 / □不符合

续 表

项目	分项指标	基本指标	符合程度及说明 （注：对不符合原因 进行简单说明）
高阶素养	A7核心素养的培养	B72进行了科学思维的教育	□符合 / □不符合 ————————
		B73适当引导学生进行科学探究，培养问题意识	□符合 / □不符合 ————————
		B74培养学生科学的态度与责任感	□符合 / □不符合 ————————
	A8教学特色	B81有独特的教学特色或突出表现	□符合 / □不符合 ————————

基本素养等级：□A　　□B　　□C　　□D

高阶素养等级：□A　　□B　　□C　　□D

评语：

（二）使用说明

1. 基于核心素养的课堂教学评价对课堂的促进作用

学科核心素养的界定是基于新颁布的中国学生核心素养和学科特点综合确定的，在新一轮课程标准中明确了核心素养的核心地位，因此，教师在课堂教学中也应以培养学生学科核心素养为本。学科核心素养是学生知识的生长点，基于核心素养对课堂教学进行评价，传递和发展了新课程改革的基本理念，为教师的教和学生的学指明了方向。本评价量表用于生物课堂教学评价，也可将B7系列的基本指标置换为其他学科核心素养，以用于其他学科进行课堂教学的诊断性评价。

2. 评价方案的诊断性分析

能否发挥评价的改进功能，在很大程度上取决于评价方案的诊断性。所谓诊断，是借助医学上的一个概念，指通过实际案例的临床分析，找出问题所在，以便改进。要想改进，就得准确诊断出需要改进之处；要想发展，就得准确指出可发展的优点和才能。缺点和问题抓不住，就谈不上下一步的解决问题或改进教学；教师或学生的"特殊才能禀赋"抓不住，就谈不上促进个性化的发展。

（1）评价指标中的基本项目是对教学全过程的合理分解，合理分解才有利于诊断。把握两个原则：一是评教和评学相结合。对教和学两方面综合诊断，才能找准问题，把握改进和努力的方向。如教学方法不得当的具体表现在哪？站在局外，作为专业人士的同行可以给予专业的建议。二是对全过程进行整体评价。评价项目落实得如何，需要整体评价。

（2）对基本指标的描述实际上就是教学中期待的理想行为状态。中性化的表述及分项指标的行为化和外显化，有利于参照具体指标进行有针对性的诊断性教与学。

（3）重视评价背后的信息挖掘。传统评价给予被评价者的信息比较少，被评价者收到的若仅为课堂整体效果的评价，在细节方面所得到的信息量太少，不利于诊断提高，因此，本方案设计了更多的空间来充分挖掘评价过程中的信息，这样的评价才能使评价由观察表面深入诊断实质，使评价发挥最大的作用。

（三）评价方案的可操作性分析及操作说明

1. 该评价方案的可操作性

该评价方案的可操作性体现在以下3个方面。①广泛适用性。该方案适用不同学段不同学科，为此，设置"教学特色"一栏为各学科教师提供了空间。②评价标准的易操作性。各项指标表述具体，具有易观察、可测量、便于评价等特点。③评价方法简单实用，粗中有细，适用于不同需要，既可获得基本素养和高阶素养的分项评价，又可获得评价背后的诊断信息。

2. 操作说明1

本评价方案采用模糊评价的方法，评价等级共分为A、B、C、D 4级。为鼓励教师在教学过程中的突出表现，评定等级由基本素养（含8个基本指标）和高阶素养（含10个基本指标）两部分组成。等级赋予参考百分制，如A等级的界定：90或以上，即基本素养7～8个、高阶素养9～10个被评定为基本符合即可；B等级的界定：80～89，即基本素养6个、高阶素养8个被评定为基本符合即可；C等级的界定：60，即基本素养5个，高阶素养6～7个被评定为基本符合即可；D等级的界定：60以下，即基本素养0～4个、高阶素养0～5个被评定为基本符合。评价前，教师需充分了解该评价体系的内容和操作说明，深刻理解其基于学生核心素养培养的价值理念和诊断性提高的教学评价目的。

3. 操作说明2

评价前要重点强调本评价的要点，即不同于传统评价量表的两个方面，一是引起教师对"高阶素养"评价的讨论和关注；二是强调诊断文本信息的填写与评价等级的给定同样重要，使被评价者既能获得课堂教学的基本情况方面的评价，又能挖掘到自身存在的问题，促进教师进行反思和提高。

四、基于核心素养的教学转型的思考

学科核心素养的培养和提高体现在课程教学的方方面面，课堂教学评价需把握核心素养的风向标，课堂教学更要做好相应的转型思考。需要注意的是，课堂教学传授的不仅仅是知识和技能，更应该是获取更多知识和技能的核心素养的培养；传授的不仅仅是解决问题的能力，更应该是适应社会生活的能力；培养的不仅仅是一个适应现代社会需要的人才，更应该是一个日趋完善的自我。

转型1：教学目标从教书转向育人。教师要改变以往"一个教案用十年"等落后观点和行为，构建以人为本、以社会发展需要为导向的课堂，应深刻思考和反复探索基于核心素养培养的课堂教学如何有效开展。

转型2：教学观念的实质性转变。从传统教学的"重知识"到现代教学的"获取知识的素养"的培养的转变。教师要在日常教学中注重联系实际，设置原始问题情境，进行STEM教育。

转型3：教学思维的根本性转变。不少教师始终认为传统教学方法是不可替代的，但现代教学提倡分析学生实际情况，注重个性发展，同时重视核心概念的学习进阶研究及诊断性评价在教学中的应用。

转型4：教学模式的应然性转变。教师应改变传统的应试课堂教学模式，开展基于学生的兴趣、爱好及核心素养培养的新型课堂，充分展现学科本质和学科魅力。

转型5：教学瓶颈的突破。将素质教育从口号转为落实，实现从"三维目标"走向"核心素养"培养的突破性转变，实现教学的量变到质变的巨大转变。核心素养的教育与学科教学的融合还仅仅是处于初级磨合期，其有效实施还需不断地探索和实践。而课堂教学实践又能促进理论的深入研究，因此，用理论指导实践，实践加深理论研究及理解，始于课堂，终于课堂。

第四节 基于教育目标分类的高中生物核心素养评价

高中生物核心素养由生命观念、理科思维、科学探究和社会责任四方面组成。与三维目标比较，核心素养的培育，更加抽象与概括，在教学目标和评价标准等方面，都缺乏明确的操作性，需要广大生物教育工作者认真准确地把握与测

量。为此，我们试图通过布鲁姆教育目标分类学理论，将生物核心素养4个方面的内容细化分层，设定具体的评价标准，使教学评价更具有实践操作性。

一、布鲁姆教育目标分类学理论与高中生物核心素养分类

布鲁姆受到行为主义和认知心理学的影响，将教育目标分为认知、情感和动作技能三个领域，细化了每一个领域的目标程序，见表9-3。表中每一个领域的目标有着清晰准确地划分，通过具体的、标准的层次表述，为高中生物核心素养分类提供了可能。

表9-3　布鲁姆教育目标分类

教育目标领域	教育目标
认知领域	知识、领会、运用、分析、综合、评价六个层次
情感领域	接受、反应、价值化、组织、价值体系个性化
动作技能领域	知觉、定向、有指导的反应、机械动作、复杂的外显反应、适应、创新

生物核心素养既是生物课堂教学的教学目标，也是教学评价的标准。但由于表述的抽象性，其在生物教学实践中的应用有一定的局限性。与传统教学的经验相比较，利用教育目标分类学，对生物教学进行评价，更具有操作性和适用性。一方面，细化的高中生物核心素养具有明确的层次标准，对学生发展评价层次具有层次性；另一方面，细化后的生物核心素养包括了生物核心素养的各个方面，避免了评价的遗漏与偏失。

二、生物核心素养评价体系的构建

依据教育目标分类学，笔者将生物4个核心素养分为9个层次，3个评价方法，构建了一个较为完整的核心素养评价体系，见图9-3。

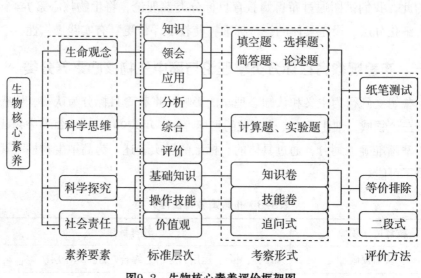

图9-3　生物核心素养评价框架图

（一）素养要素

1. 生命观念

生命观念是指对观察到的生命现象、相互关系特性进行解释后的抽象，是经过实证后的观点，是能够理解或解释生物学相关事件和现象的意识、观念和思想方法。生命观念包括结构与功能观，物质与能量观，进化与适应观，稳态与平衡观，生物多样性、统一性、独特性和复杂性，并用这些观念探究生命活动规律，解决实际问题。

生命观念是生物学教学的基石，是生物基本知识、基本规律、基本技能的知识集合，是对生物事实的认知和知识的应用，在认知领域中属于初级目标。生命核心素养的评价主要是对生物学概念、生物学现象与规律的教学进行评价，布鲁姆的教育目标分类理论认知领域中仅包含前三个阶段知识、领会和应用。

2. 科学思维

科学思维是指尊重事实和证据，崇尚严谨和务实的求知态度，运用科学的思维方法认识事物、解决实际问题的思维习惯和能力。科学思维包括归纳与概括、演绎与推理、模型与建模、批判性思维、创造性思维等，探究生命现象与规律，审视生物学社会议题。

知识的形成是一个知识的构建、错误概念的纠正以及知识的整合与迁移应用的过程。科学思维是学生应用生物学知识讲解生物学中问题的过程中，通过对已有知识的整合，形成问题讲解能力和知识应用思维。按照布鲁姆教育目标分类理论认知领域目标，科学思维的评价，注重分析、综合和评价。

3. 科学探究

科学探究是针对特定的生物学现象，进行观察、提问、实验设计、方案实施以及对结果的交流与讨论的能力。科学探究素养，包括发现问题、思考问题、讲解问题和反思问题的能力，以及培养学生善于团队合作、勇于创新的能力。根据布鲁姆教育目标分类理论，认知领域的评价是对实验设计所需科学知识的评价，动作技能领域关注实验操作过程，科学探究的评价，主要关注在认知领域和动作技能领域的综合评价设计。

4. 社会责任

社会责任是针对生物学议题展开讨论，做出理性解释和判断，解决生产生活问题的能力。生物教学中的社会责任，应培养学生关注社会议题，以造福人类的态度和价值观，开展科学实践，讲解生产生活和学习中的生物学问题，辨别迷信与科学；践行"绿水青山就是金山银山"的理念，形成生态意识，积极参与环境保护活动，崇尚健康文明生活，宣传关爱生命的观念与知识。因此，社会责任的评价，关键是价值观教育，不能脱离生命观念、理科思维和科学探究而进行单独教学。

（二）标准层次与评价方法

依据布鲁姆教育目标分类理论，我们可以将生物4个核心素养细分为9个层级。针对每个层级，设计更为翔实的评价方法。

1. 知识、领会、应用

生命观念素养的教学目标是在学生学习了生物概念、生物规律等基本知识之后，能够根据自己的理解，讲解生产生活学习中面临的生物学问题。因此，学生应达到3种层级：知识、领会、应用。①知识层级，知道生物学的基本内容，完成基本知识的积累，包括对事实知识和抽象知识的理解2个层面。②领会层级，理解生物学知识的基本内涵，建构生物学知识的网络集合，包括转述、解释和推理3个层面。③应用层级，应用生物学知识讲解生物学问题，形成初步的生命观念，是学生在创设的真实情境中应用的所学知识。

生命观念的评价，包括生物知识的积累、生物概念的了解和对生命规律的理解及应用。生命观念的评价内容，既可以在测试和提问的过程中实施，也可以根据教学实际在课后、单元结束后、专题复习后或期末结束时进行，还可以根据各个层次的认知目标展开测评。评价的方法以纸笔测试为主，考查形式有选择题、判断题、填空题、计算题、实验题、名词解释题、作图题、论述题和简答题。生命观念目标的评价方式见表9-4。

表9-4　生命观念的目标及评价方式

层级	细化层次	评价方式	举例
知识	具体实施知识	填空题、选择题、判断题等	符号：ATP中的A是指（　）
	论述事实的方法与有关名称知识	填空题、选择题、判断题、名词解释题等	方法：分离叶绿体色素采用了什么方法？
	普遍与抽象的知识	填空题、选择题、判断题、名词解释题、作图题等	公式：光合作用与呼吸作用关系的表达形式
领会	转译	名词解释题、简答题等	定律：基因自由组合定律
	解释	名词解释题、简答题、论述题等	原理：渗透失水和吸水
	推理	计算题等	口诀：伴性遗传的传递特点
应用	应用知识解决新情境中的问题	计算题、实验题等	实验：设计实验探究酶促反应的影响因素

2. 分析、综合、评价

科学思维是在学生形成生命观念之后，进行分析、推理、解决生活学习中的生物学问题所形成的系统方法和策略。科学思维素养的评价，学生需要达到3种层级：分析、综合、评价。分析层级是在已有的信息中筛选有价值的内容，对解决问题所需要的知识进行分析。综合层级是对自己所解决问题进行推理论证，包括选定策略、假设验证和推理论证。评价层级是按照标准检验解决问题的过程中，对解决问题进行评价反馈，包括内在标准评价和外在标准评价。内在标准是根据学生的情况，制定评价标准，这一环节较为宽松，通常采用学生自评和学生之间互评的方式；外在标准是指测试的标准答案，是权威部门给定的标准。科学思维的评价内容，包括对所给出的条件进行分析综合，应用系统方法和策略解决实际问题的能力，并提出利用反馈信息改进解决问题的策略。

作为高阶思维，科学思维的评价，可以通过设置问题和合理变式，采取更加开放的形式，进一步分析、综合和评价。科学思维评价的形式见表9-5。

表9-5 科学思维的目标及其评价方式

层级	细化层次	评价方式	举例
分析	分析构成成分	实验题、作图题等	说出图形中光照强度对光合作用和呼吸作用之间的关系
	分析关系		
	分析应用的相关知识		
综合	形成观点	实验题、计算题等	结合题干确定影响光合作用的因素
	拟定关系		
	推导关系		
评价	依据内在标准评价	实验题、计算题等	测定光合作用过程中最合适的光合作用强度
	依据外在标准评价		

3. 实验基础知识和操作技能

科学探究是学生科学设计和动手操作实验的综合能力,包括基础知识和操作技能2部分。针对基础知识的评价,主要是指掌握和完善实验中的知识点;针对操作技能的评价,主要是指实验操作的规范和熟练程度。

实验探究2个层次目标的评价,可采用等价排除法。其目的是确认学生实验操作中出现的错误或误差是知识掌握不够还是操作不规范所致,思路是以技能测评为目的,先命制技能测试卷,再根据生物实验知识的范围、要求和内容,命制出与技能相关的、等价的技能知识测试卷。技能卷考查的是实验操作步骤,实验反思和收获;知识卷考查的是与技能相关的等价的实验基础知识,包括生物实验目标原理、实验设计、准备与操作事项、实验改进等内容。实验探究评价过程中,学生首先完成知识卷的测试,合格后才能进行技能卷的测试。这排除了知识的缺失而草率地进行技能卷测评。一般而言,技能卷测评为优秀者,实验知识也是充分掌握的。实验探究主要是以实验操作的方式进行考查。

4. 价值观

生物学的发展,离不开科学技术和科学方法的进步,还有生物学家及其他科学家对科学孜孜不倦的追寻,离不开科学家对真理执着的科学态度与社会责任,科学态度与责任属于情感领域的价值观,比较抽象,难以量化,评价上不容易操作。

布鲁姆教育目标分类理论中,情感领域目标层次包括注意、反应、形成价值观、组织价值观及价值观的个性化。社会责任关注的是学生科学态度价值观的形成,包括对生物学知识、生物学史和生物科学家的态度及生物学在生产生活中的价值与认同。对社会责任的评价采用二段式评价方法，二段式评价是指常规生物学问题的解释和生产生活中生物学问题的解释。经常通过追问形式，促进学生思考，教师在问题中考查学生的态度，并给予适当的表扬和批评，在讲授的过程中开展教学评价。

三、反思与启示

按照布鲁姆教育目标分类理论，对生物核心素养的评价进行细化，可以在评价过程中更加明确参考标准，引导学生养成科学全面的素养，真正发挥教学评价的反馈作用。把细化的生物核心素养评价体系应用于高中生物教学，教师应明确评价标准的具体要求，提高评价实效，关注价值观的培养和评价。

1. 明确评价标准的具体要求，提高评价的实效

对生物学4个核心素养细化分层，并不是生物教学评价的最终目的，而是更好地发挥教学评价的反馈作用。掌握生物知识是生物学科最基本的要求，学生在知识积累的同时，可以促进生物认知的发展、应用能力的提升和理科思维的发展。教师只有熟练掌握评价层面的具体标准，在评价过程中才能合理安排教学内容。目标层级与要求见表9-6。

表9-6　目标层级与要求

层级	要求
知识	对基本知识的识记；系统地建构知识网络结构，避免知识记忆碎片化。
领会	对知识有自己的看法理解；用自己的语言进行准确表述。
应用	通过练习掌握解决生物问题的能力。
分析	对信息进行去伪存真、去粗取精，对有价值的信息有一定的筛选能力。
综合	在处理各种信息时掌握解决问题的能力，培养自己的解题策略。
评价	掌握评价方法的较高级别，使学生完成练习后推敲反思解题过程的得失，充分发挥教学评价的反馈功能。
实验知识和技能	具备一定的实验探究能力，包括实验过程、实验设计和实验原理、实验分析等方面。
价值观	对待科学的态度与责任感，关注生物议题，宣传关爱生命的观念与知识，养成环境保护意识等。

教师只有明确了评价层级的标准要求，才能以评价标准为导向，开展教学评价，注重教学侧重点。教师应充分注重学生自我评价的主体地位，充分关注教学

评价的反馈功能，把评价导向转化为学生学习目标，激发学生的学习动力。高中生物是生物更加深入的阶段，知识的特殊性和综合性更强。教学过程中，教师应当以生物基础知识为载体，预设学习结果，运用教学目标达成评价模式，反思预设和达成的差距，找出问题的原因，及时将反馈信息发给学生，使学生及时调整学习策略，促进学生学习。

2. 评价标准层次的划分更突显生物学科的特色

布鲁姆教育目标分类理论对知识领域和认知领域的划分，已经历经多年的论证和检验，理论成熟，可以推广到评价体系之中。但是把教育目标的9个标准引入高中生物核心素养的评价标准层次，可行性和科学性还有待进一步检验。高中生物核心素养评价体系是评价教育目标的具体化，应将表述科学明确，使其具备可测量性，需要注重学科特点，突显高中生物特色，符合高中生的学习特点。例如，布鲁姆教育目标分类理论中，知识的表达是指知道知识和再现，高中生物的基本概念，有时并不需要学生一字不落的记忆，在考试中，很少要求学生背诵书写概念，而是注重知识的理解，强调用自己的语言规范表述概念。

因此，评价标准层次的划分应注意以下4个方面：①依据高中生物课程标准（2017年版）和生物核心素养分类的要求，在科学划分标准层级的同时，充分考虑生物学科的特色；②准确理解布鲁姆教育分类理论的实质，充分讨论论证标准层次的评价层次；③注重学生自身发展的实际水平、身心发展规律，以及高中生物的特点，促进学生理解和接受，促进学生学习；④反思教学评价标准层次的实效性，及时修订评价标准层次。

3. 关注学生价值观的养成与评价

高中生物核心素养评价体系的9个层次中，与知识建构和能力提升相比，价值观的评价更为抽象，不易量化，评价操作层面上较为困难，容易被教师忽视。如何在教学过程中开发培养和评价价值观有关的评价体系，是亟待解决的问题。

培养与评价价值观的过程中，教师可以尝试将生物学史融入生物学教学之中，精心创设情境，以史启智，提高学生的学习兴趣。生物学科学史能帮助学生梳理生物学思想的逻辑关系，有助于学生形成正确的价值观。评价操作上，教师可以通过二段式的评价方式，为教而评，在教中评，教评结合，在师生互动、生生互动中形成科学态度和价值观，避免套用标准，以强制灌输的方式简单培养。此外，价值观的评价，教师可采用以追问为主、多种评价方式共存的方式，切忌用一种方式评到底。

第十章

基于核心素养的试题研究

第一节　考试改革的方向与人全面发展的关系①

《国家中长期教育改革和发展规划纲要（2010—2020）》提出："以考试招生制度改革为突破口，克服一考定终身的弊端，推进素质教育实施和创新人才培养。"本章拟就考试如何促进人的全面发展，如何用正确的人才观和考试观公平、公正地选拔人才，变应试教育为素质教育，注重创新人才的培养，不拘一格选拔人才以及加快考试立法等问题进行探讨与研究。

一、考试的目的应当立足于促进人的全面发展

考试是中国教育和人才选拔带有根本性的话题。作为一个具有悠久历史文化的国家，我国的考试制度最早可以追溯到夏、商、周时期。自隋唐建立科举考试制度以来，用考试选拔人才的制度在我国延续千年而不衰。被称为"国考"的公务员考试，被称为"高考"的大学入学考试，还有其他形形色色的选拔考试，都是这种考试制度的延续、扬弃、发展与变革。一个中国人从入学伊始，就和考试结下不解之缘。不仅学校教育、家庭教育中的许多问题和考试紧紧缠绕在一起，而且社会生活中的许多问题也和考试分不开。作为测试、选拔人才的主要手段，考试在人们的生活中起着重要的激励导向作用，影响着人的全面发展，影响着教育的发展，也影响着整个社会的发展。

就学校教育而言，无论是哪一层次的教育都离不开考试。考试既是教育的手段，也是教育的目的。作为整个教育的中心，考试的影响无所不在。举国上下，人们为求进入更高层次的学校，为获取更高一级的学历与文凭，为得到生活、工作、发展的机遇而寒窗苦读，这就使得应试教育有了温床与土壤。考试考什么，人们就学什么；考试不考什么，人们就丢掉什么，一切都跟着考试的指挥棒转动。这种应试教育的最大弊病是人们或自动地或被动地走到一条狭窄的考试成才之路上。为了通过竞争激烈的考试，应试者大多把与考试无关的学问暂时乃至长期放弃。

---

① 肖安庆.论考试改革的方向与人的全面发展［J］.安徽教育，2012（1）.

当前中国教育在取得长足进步的同时，问题凸显，举国关注。"重负""择校""高收费、乱收费""重知识、轻能力""德育缺少实效""美育挤出课堂""质量滑坡""营私舞弊""学术腐败"等不一而足。产生这些问题的原因是复杂的、多样的。但是从某种意义上说，这些现象大多是在考试这个指挥棒下派生出来的。因为考试决定着教师怎么教、学生怎么学，决定着学校的办学方向，决定着国家用人的标准和选拔的方法，也决定着整个社会的学习氛围。没有好的考试制度，就培养不出好的人才，也会让许多优秀的人才失去展示才华的舞台。《国家中长期教育改革和发展规划纲要（2010—2020）》提出："以考试招生制度改革为突破口，克服一考定终身的弊端，推进素质教育实施和创新人才培养。"这无疑是抓住了当前教育改革的关键。

教育的目的是促进人的全面发展。人的发展包括人的智力发展、能力发展、体力发展和心理发展。具体表现在人的思想品质、道德修养、审美能力、记忆思维、意志情感、行为支配以及生命机体的发育和体质状况等多方面。马克思主义关于人的发展理论强调以个人的自由全面发展为前提，进而扩展到全体社会成员的全面发展，以至达到个体与社会的协调统一发展，从而形成和实现人的真正的全面发展。在马克思看来，未来的社会"将是这样一个联合体，在那里，每个人的自由发展是一切人的自由发展的条件"。马克思主义关于人的发展的理论，体现了人在自身发展和客观实践活动中的能动性、自主性和创造性。人的自由发展就是人不但有能够发展自己的才能、施展自己力量的自我愿望，同时能够充分地施展自己的才能和力量。考试作为测试和衡量人的知识、技能水平的活动，对人的发展的影响至关重要。考试在促进人的全面发展中的作用应当体现在这两个方面。科学、合理的考试具有引导激励的功能，根据人的能力和社会的需要调节、配置各类人才，使人找到施展能力的平台，使社会对各类人才的需求得到满足。

考试的目的是测试、甄别、选拔、录取人才。然而每个时代都有既定的选拔标准和考试形式。这是由一定的人才观所决定的。人才构成的要素包括两个方面：一是人的全面发展；二是自身独具的专长。其中有学历的因素，即受教育的程度；也有资历的因素，即个人的阅历与经验；有学识的因素，即理论与知识的掌握程度；也有能力的因素，即解决实际问题的能力和工作水准。有一般意义上的社会对人才的共同要求，也有适应某个岗位某项事业所需要的特殊条件。

因此，考试是重要的，但不是唯一的选拔人才的手段。现行的考试方式与考试内容虽然能够考察一个人的知识水平，但很难考察出一个人的综合能力水平。

因为人的综合素质很难通过一次考试体现出来。对于目前社会上流行的学历文凭至上的潮流，我们应有清醒的认识：判断人才的标准应该是他面对实际问题，在实践中表现出来的能力、水平和取得的业绩，而不是文凭和学历。文凭和学历只能代表一个人所受正规教育的程度，是判断人才的重要依据，但不是唯一的标准。

二、正确的人才观决定正确的考试观

正确的人才观决定着正确的考试观。为了提高考试的社会效能和社会价值，有关部门需要用科学的考试观指导考试改革的实践。科学考试观的核心价值是考试要坚持以人为本，促进人的全面发展。在坚持科学、客观、公正、公平的前提下，考试应服务于人的发展，服务于社会的发展。

科学、客观是考试的基本出发点。任何时代的考试都与一定的政治、经济、科技、文化相联系、相适应，并随着政治、经济、科技、文化的发展而变化。科学客观的考试既是指要遵循科学考试观，遵循社会发展客观规律，从国情出发，从实际出发，适应社会政治、经济、科技、文化发展的人才需求，又包括对考试制度、内容、方式、方法、程序、成绩的测定与评价等方面的认知与实施，同时也包括考试中的科技手段和科技含量。科学客观的考试必然是公平公正的考试，考试的科学客观无疑更能体现考试的公平公正。

公平、公正是考试的灵魂，是考试最基本的价值取向。公平、公正最重要的价值是保障人人平等和机会平等，避免歧视对待，防范考试全过程中的营私舞弊行为。公平是对参考人员而言，是保障考试过程中人人平等和机会均等；公正是针对考试行政机关而言，它要维护考试的正义性与中立性，防止徇私舞弊。它需要在科学考试观指导下确立被广大民众所认可和接受的社会标准，同时需要确立保障社会标准能够得以实现的法律标准。依法对适用于考试范围内的人们平等对待、消除歧视，在实施考试的过程中实现公平与公正。

服务于人的发展是考试的宗旨。人的发展是社会发展的前提，社会的发展应该以人的发展为目的，只有人的发展才能带动社会其他方面的发展。考试的宗旨就是要服务于人的发展，促进人的发展，实现人的发展。通过考试客观、公正、真实、恰当地展示自己的才识、特质和潜能。

服务于社会的发展就要适应社会对不同人才的需求，在考试改革中探索考试的多元化和多样性，满足社会的不同需求，满足考生对社会职业和岗位的不同需求。

考试的多元化和多样性要体现在考试标准、考试内容和考试方式上。考试标准的多元化和多样性，一方面能增强考试的灵活性和适应性；另一方面能扩大考生对考试的选择范围，帮助考生多方面、多角度、多层面地发现、打造和展示自身的特长和才能。考试内容的多元化和多样性，是在坚持考试统一标准的前提下对规定的考试内容进行多层面、多角度、多科目的整合，使不同科目和不同内容的考试具有同等测试标准和同等测试效力。考生可以在规定的科目中进行自主选择，从而使考试的共性和考生的个性都能得到尊重和发挥。考试方式的多元化和多样性，就是在考试形式上要体现多元多样。

考试服务于人的发展还体现在考试的激励与导向功能上。考试具有激励导向功能，它可以强化人的学习动机，激发人的学习热情和求知欲望，培养人的进取精神，促进人的发展。科学、合理、鼓励创新的考试有利于青少年的身心健康，有利于他们创新能力的培养。然而，不科学、不合理、束缚人思维的考试，也会抑制人的兴趣爱好和个性特长等方面的发展，使人的智力发展、创新能力受到束缚，使人的身心健康受到损害。

目前考试中出现的问题源于教育观的偏差。应试教育让考试成了指挥棒。教育的目的是促进人的全面发展，培养有知识、有能力、品德良好、体格健壮、高素质的创造型和复合型人才。同时，不同层次、不同类别的学校承担着培养不同人才的任务，以满足社会对人才的全面需求和受教育者的个体需求。但是从目前我国教育的现状来看，应试成了教育的中心，考试成了教育的指挥棒，升学成了社会、学校、家长、学生共同追求的教育目标。应试教育是对素质教育的一种反动。尽管现在从教育界的最高层领导到最基层的学校都在高扬素质教育的旗帜，但是在很多学校里，"素质"已蜕变为考试的附庸、加分的砝码，素质已被特长偷换了概念。本来属于正常教学范围内的音乐、美术、体育被美称为特长教育、付费教育。教育资源向少数学校的集中，成为重点学校抢夺生源、展示教学业绩的资本，成为家长和学生择校的驱动力。而相当一部分学生由于种种原因被剥夺了平等接受教育的权利，就输在了起跑线上。

教育观的偏差必然导致人才观的偏差。什么是人才？从整个社会来看：学历即人才，门第即人才，职称即人才，资质成为社会选拔人才的硬件。在学校、家长和学生来看：分数是根本，择校是前提，升入更高一级重点校是动力，找到理想职业、当官、出国、挣大钱是终极目的。来自两方面人才观念的偏差形成了一种"以考试分数论才""以学历和资历论才"的社会氛围。人们办教育、受教育的目的不再是追求人的全面发展，而是把它作为一种功利主义的、实用主义的形式和手段。

教育观的偏差必然导致考试观的偏差。唯分取人、一考定终身是目前考试的两大弊端。前者是考试评价标准，后者是考试对人才选拔的垄断。无论何种考试，无论哪个层次的考试，都固定于同一个考试模式之中。

现行的考试模式扼杀了人的个性与特长，限制了人的特长的发挥。一些考试的科目设置指导不合理，不注重人的个性差异，使人的特长难以发挥。而现行的考试大都要求统一，缺乏对人的差异的关照。这种统一标准、统一要求事实上扼杀了人的个性，使人的特长难以发挥和发展。

考试内容妨碍人自主学习的积极性。由于考试内容的僵化、难度过大、偏题过多，记忆性考题过多，这无疑加重了考生的记忆负担，浪费了考生大量的精力和时间。在过度的压力下缺少自主学习和自由支配的时间，为了考试、为了分数，学生不得不被动地学习，造成学生学习乏味、没有兴趣，精神处于压抑状态，身心健康受到损害，学习积极性遭到扼杀。

更为重要的是，僵化的考试方式不利于检验应试者的实践能力。陈旧的测评标准束缚了人的创新思维的发展。中国的大学教育为什么培养不出杰出的人才？这不仅是钱学森先生生前发出的慨叹，也是所有关注中国教育的人士共同的思考。其中原因固然很多，但现行的考试体制当是重要因素之一。抓住考试改革这个问题，就抓住了中国教育发展的瓶颈。

三、以科学发展观为指导，积极稳妥地进行考试改革

提倡从中国国情和教育实际出发，以科学发展观为指导，深入贯彻执行《国家中长期教育改革和发展规划纲要》，积极稳妥地进行考试改革。然而，这种改革又是充满辩证关系和传承关系的，是考试制度在新的历史条件下的发展与完善，是基于中国的国情而进行的。尊重中国的历史，面向中国实际的改革，是对传统考试制度的扬弃，而不是形而上学的简单否定。

完善和改革考试制度，要以促进人的全面发展为基本点，更新人才培养的观念，树立正确的人才观，树立人人成才的观念，不拘一格选拔人才。根据社会发展的现实状况和长远需求，界定人才的要素有四个方面：一是智力，具有开阔的视野和思维，勇于探索，勇于创新；二是学力，即扎实的理论基础和足够的知识储备；三是能力，即能够使理论与实践相结合，凭借一技之长为人类、为社会做出贡献；四是品质，即有良好的道德和素养，有高度的责任感和事业心。概括而言就是有品德，有知识，有能力，有专长。

正确把握人才观与考试观的关系，有助于全面认识和正确揭示考试发生、发

展及演变的规律，从而能够随着社会发展适应对人才需求的变化，自觉、及时、主动地转变考试思想、探求考试规律、创新考试方法、改革考试内容，使考试的发展与社会的发展和人才的需求保持一致，更好地服务于社会。

美国在20世纪60年代提出"绩效管理"，强调业绩是人才评判的重要标准。英国近年来在人才政策上也做出了调整，对人才的定义不再局限于获得硕士学位以上的人。一贯重学历重资历的日本，在人事改革中也明确提出"能力主义"，并取消了学历统计。他们对人才政策的调整主要强调了能力导向。虽然要考虑备选人才的书面考试成绩，但更重要的是考虑他们的综合能力水平，从而真正做到唯才是用。

在科学考试观和人才观的指导下积极推进考试制度改革，对学校教育而言，要以考试招生制度改革为突破口，克服一考定终身的弊端，推进素质教育实施和创新人才培养。按照有利于科学选拔人才、促进学生健康发展、维护社会公平的原则，逐步形成分类考试、综合评价、多元录取的招生考试制度，并积极进行招生与考试分离、依法自主招生、政府宏观管理、专业组织机构实施、学生多次选择等新型的考试程序、考试手段、考试组织、考评标准，使考试制度在循序渐进的改革中不断得到完善。

第二节　基于核心素养的创新试题内涵、特征与功能[①]

随着我国课程改革和高考改革的推进，新颖性、探究性和独特性的生物试题将成为我国高考试题的新趋势。但何为生物创新试题，学术界至今还没有明确的定义，对创新试题的内涵和特征，基本上还没有阐述过，这对进一步推进高考试题改革是不利的。笔者通过借鉴现有文献，分析典型高考试题，尝试归纳生物创新试题的内涵、特征与功能，以期抛砖引玉，希望引起学术界的重视和同行的指正。

---

① 肖安庆.试论高考生物创新试题的内涵、特征与功能 [J].中学生物教学，2015（3）.

一、高考生物创新试题的内涵

生物试题一般包含3个部分：条件（信息、已知）、要求（方向、意图）和结论（答案、未知）。条件是题目的已知背景，需要借助一定的生物学知识，提供若干已知的信息与提示；要求是指命题的意图和答题的方向，也就是设置考查的问题；结论是指求证、判断的答案。生物试题是在生物教学与学习过程中，教师基于测评、诊断、选拔等目的，以考试大纲、课程标准和教材为依据，利用试题命制理论和技术，提供给学生解决的生物学问题。生物创新试题至今还没有形成统一的认识。考试大纲对试题的要求是"要重视对考生科学素养的考查，在生物科学和技术的基础知识、科学探究的方法、获取新知识和处理信息的能力、思维能力、分析和解决实际问题的能力等方面对考生的表现进行测量。要重视理论联系实际，关注科学技术、社会经济和生态环境的协调发展"。

依据考试大纲的要求，笔者认为，生物创新试题在试题内容、背景、形式、解题方法等方面具有一定的新颖性与独特性，应满足五个要求：一是试题的依据必须是考试大纲、课程标准和教材，不超纲、不离谱；二是试题的素材、思路或答案新颖，不是通过陈题改编而来；三是试题涉及的生物学知识是生物学教材的基本内容，为核心概念或重要概念；四是试题背景与实际问题联系紧密，有利于引导学生灵活应用所学知识解决实际问题；五是试题具有良好的导向作用，不是简单的纯记忆能力的考查，在推动课堂教学改革、改变教学方式、减轻学生负担方面发挥一定的辐射效应。

为顺应课程改革的需要，高考生物创新试题在满足以上五个基本要求之外，更为重要的是将课程改革的四个基本理念融入试题之中，以考查生物学核心概念为载体，通过模仿、判断和推理，考查学生的生物学素养、灵活运用能力、信息分析与处理能力和创新意识，具有立意鲜明、背景新颖、形式灵活、内容综合和方法多样的特征。

二、高考生物创新试题的特征

1. 立意的鲜明性

试题的立意是指试题考查的目的，即以考查能力为目的。立意的鲜明性是指试题命制以遵循能力立意为指导思想，选择特定的考查内容，设计合适的能力考查方式，以发展具有能力价值的知识、方法为切入点，以测量学生的发展性学力和创造性学力为手段，着重考查学生的理解能力、实验与探究能力、获取信息的能力、综合运用能力，以适应现阶段中学实施素质教育的需要和实际，有利于创新人才的选拔。

例1（2009年山东卷第2题）细胞分化是奢侈基因选择表达的结果。下列属于奢侈基因的是　A　。

A.血红蛋白基因　B.ATP合成酶基因　C.DNA解旋酶基因　D.核糖体蛋白基因

本题考查了学生对基因选择性表达的理解，但普通高中生物学教材没有奢侈基因的介绍，试题以一个新的概念出现，很好地考查了学生对细胞分化的掌握情况，立意鲜明，创新性强。

例2（2012年山东卷第6题）某遗传病的遗传涉及非同源染色体上的两对等位基因。已知Ⅰ−1基因型为AaBB，且Ⅱ−2与Ⅱ−3婚配的子代不会患病。根据以下系谱图，正确的推断是　B　。

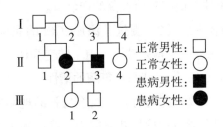

A. Ⅰ−3的基因型一定为AABb

B. Ⅱ−2的基因型一定为aaBB

C. Ⅲ−1的基因型可能为AaBb或AABb

D. Ⅲ−2与基因型为AaBb的女性婚配，子代患病的概率为3/16

试题以非同源染色体上的两对等位基因与遗传病的关系为载体，这在以前试题中从未出现过，很好地考查了学生对基因分离定律、自由组合定律的掌握情况，很好地考查了学生的推理能力、审题能力和计算能力。

2. 背景的新颖性

生物课程标准倡导与现实生活相联系，注重在现实生活的背景下学习生物学，在解决实际问题的过程中深入理解生物学核心概念。试题背景的新颖性是指生物试题反映了丰富的生物学知识与现实生活，既不照搬教材，巧妙利用实际问题构思，很好地考查了主干知识和原理，又能对核心概念与现实问题进行迁移和重组，很好地考查了学生的综合分析和解决实际问题的能力。

例3（2014年福建卷第26题）氢是一种清洁能源。莱茵衣藻能利用光能将H_2O分解成［H］和O_2，［H］可参与暗反应，低氧时叶绿体中的产氢酶活性提高，使

［H］转变为氢气。

（1）莱茵衣藻捕获光能的场所在叶绿体的_____。

（2）CCCP（一种物质）能抑制莱茵衣藻的光合作用，诱导其产氢。已知缺硫也能抑制莱茵衣藻的光合作用。为探究缺硫对莱茵衣藻产氢的影响，设完全培养液（A组）和缺硫培养液（B组），在特定条件培养莱茵衣藻，一定时间后检测产氢总量。实验结果：B组＞A组，说明缺硫对莱茵衣藻产氢有____作用。为探究CCCP、缺硫两种因素对莱茵衣藻产氢的影响及其相互关系，则需增设两实验组，其培养液为_____和_____。

（3）产氢会导致莱茵衣藻生长不良，请从光合作用物质转化的角度分析其原因_____。

（4）在自然条件下，莱茵衣藻几乎不产氢的原因是_____，因此可通过筛选高耐氧产氢藻株以提高莱茵衣藻的产氢量。

答案：（1）类囊体薄膜（2）促进　添加CCCP的完全培养液　添加CCCP的缺硫培养液（3）莱茵衣藻光反应产生的［H］转变为H_2，参与暗反应的［H］减少，有机物生成量减少（4）氧气抑制产氢酶的活性

本题以光合作用与生物质能为背景，具有较强的现实生活背景，考查了学生的理解能力、实验与探究能力和信息获取能力，既体现了生物试题的时代气息和广泛应用性，又引导学生关注生物科技信息、学会应用生物主干知识讲解实际问题的导向意义。

3. 设问的巧妙性

一般而言，试题难易程度取决两个方面：一是逻辑推理能力的要求；二是设问的方式。设问的巧妙性是指从测量目标和内容出发，通过明确清晰地表述，巧妙地从不同角度、运用不同思维设置问题。

例4（2014年新课标卷第5题）下图为某种单基因常染色体隐性遗传病的系谱图（深色代表的个体是该遗传病患者，其余为表现型正常个体）。近亲结婚时该遗传病发病率较高，假定图中第Ⅳ代的两个个体婚配生出一个患该遗传病子代的概率是1/48，那么，得出此概率值需要的限定条件是__B__。

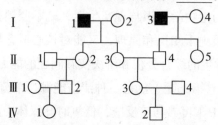

A. Ⅰ－2和Ⅰ－4必须是纯合子

B. Ⅱ－1、Ⅲ－1和Ⅲ－4必须是纯合子

C. Ⅱ－2、Ⅱ－3、Ⅲ－2和Ⅲ－3必须是杂合子

D. Ⅱ－4、Ⅱ－5、Ⅳ－1和Ⅳ－2必须是杂合子

本题的设问方式与传统不同，它是先给出遗传方式和子代概率，求限定条件。这样一来，求解的难度升高了，解题方法也更灵活了，不仅考查了学生的综合能力，而且考查了学生的心理素质。

4. 形式的灵活性

试题的形式包括试题的呈现方式和题型。呈现方式多种多样，它以文字符号、图形、图表呈现问题条件，通过学生读题、推理，找出解题的方法和途径，考查学生的发散性思维能力。常见的题型有选择题、填空题。传统生物题型很难满足当前高考试题改革的要求，一些新试题应时而出，如判断题、画图题、实验设计题和图表设计题等。试题变换考查形式，"旧瓶装新酒"，给人耳目一新的感觉。

例5（2012福建卷第5题）双脱氧核苷酸常用于DNA测序，其结构与脱氧核苷酸相似，能参与DNA的合成，且遵循碱基互补配对原则。DNA合成时，在DNA聚合酶作用下，若连接上的是双脱氧核苷酸，子链延伸终止；若连接上的是脱氧核苷酸，子链延伸继续。在人工合成体系中，有适量的序列为GTACATACATG的单链模板、胸腺嘧啶双脱氧核苷酸和4种脱氧核苷酸。则以该单链为模板合成出的不同长度的子链最多有　D　。

A. 2种　　　　B. 3种　　　　C. 4种　　　　D. 5种

本题考查了以碱基互补配对为原则的DNA复制过程，解题过程需要画图。但试题没有出现图形，是一道画图的选择题，可见该题形式的灵活性之高。

5. 内容的综合性

由于生物与生物综合起来考查，试题数量少、分值大，这就导致了生物试题很少出现单一地考查某一知识点，内容的综合性考查成为必然选择。因此，生物试题呈现出考查多个知识点交汇的特点，全面考查学生的综合能力。

例6（2012年江苏卷第14题）某植株的一条染色体发生缺失突变，获得该缺失染色体的花粉不育，缺失染色体上具有红色显性基因B，正常染色体上具有白色隐性基因b（见下图）。如以该植株为父本，测交后代中部分表现为红色性状。下列解释最合理的是　D　。

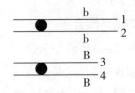

A. 减数分裂时染色单体1或2上的基因b突变为B

B. 减数第二次分裂时姐妹染色单体3与4自由分离

C. 减数第二次分裂时非姐妹染色单体之间自由组合

D. 减数第一次分裂时非姐妹染色单体之间交叉互换

本题涉及基因突变、分离定律、缺失、交叉互换、染色体变异、显性基因、隐性基因、减数分裂、染色体、姐妹染色单体、非姐妹染色单体、父本、后代、花粉和测交共15个名词，综合考查了减数分裂、分离定律和染色体变异等主干知识，设计简洁、突出基础，综合性较强。

国家的发展，民族的未来，不仅仅需要先进科学知识和技术的支撑，更重要的是国民的社会责任感。从生物学课程设置角度分析，我们希望学生能了解生物学科技术的发展和我国生物资源，理解人与自然和谐发展的意义，养成保护环境的社会意识，积极关注并参与相关社会课题和社会决议，逐步形成对祖国的热爱，对振兴中华的使命感和责任感。

三、高考生物创新试题的功能

生物创新试题对生物学教学具有重要的价值和功能，主要表现在测评功能、导向功能和诊断功能三方面。

1. 测评功能

高考试题的测评功能，也就是选拔功能，是高考试题创新的初衷。生物创新试题具有立意鲜明、背景新颖、设问巧妙、形式灵活和内容综合等特点，重点考查学生的生物学主干知识和能力，能很好地测评学生的创新意识和能力。同时，也能测评学生继续学习的潜能，拉开差距，为不同层次的高校选择不同学习能力的学生提供依据。这在教育公平和高考改革大背景下，具有重要的意义。

2. 导向功能

高考试题改革倡导立足基础、回归课本，着力凸现新课改理念，改变"重教辅、轻教材"的教学倾向；倡导优化知识的学习过程，改进课堂教学方式，关注学习过程；强化生物的理解性学习，倡导为迁移而教，改变"大容量、快节奏、高密度、超强度"的机械模仿训练，回归生物教学的本原；注重考纲所要求的理解能力、实验与探究能力、获取信息的能力和综合运用能力的培养和提升。

3. 诊断功能

诊断功能是高考试题的再生功能。高考创新试题注重基础，凸显能力，是命题专家辛勤劳动的结晶。教师根据教学的需要，合理地应用这些试题，能很好地评估教学效果，全面了解学生的学习情况，进而诊断教学问题，提高教学质量。学生选择这些创新试题作为课后作业，有利于学生掌握和巩固生物学知识和技能，有利于学生提高学习水平和能力。但高考试题的答案多为一个简单的参考答案，这对评估教与学的效果是不利的，需要教师补充和完善。

第三节　基于核心素养立意的试题研究[①]

《中国学生发展核心素养》明确指出从核心素养的视角来设计和实施学科课程标准、学业评价标准、高考考试标准。近年来的高考试题，很好地体现了这一核心理念，为今后高考和复习提供了借鉴。

一、基于核心素养立意的生物考试内涵

生物核心素养是学生综合素质的具体体现，是学生接受生物学教育过程中适应个人终身发展和社会发展所具备的必备品格和关键能力。它是学生在生物学习认知过程中培养出来的关键素养，反映学生从生物视角认识事物的方式和水平，包括生命观念、理科思维、科学探究、社会责任4个维度。它们相互支撑，形成一个统一的整体。其中，理科思维和科学探究是生物核心素养的基石，是生物科学作为理科属性的重要体现。通过理科思维和科学探究共同内化成生命观念，最终形成一定的社会责任，见图10-1。

① 肖安庆，陈进.基于核心素养立意的生物考试内涵与试题分析［J］.中学生物学，2017（7）.

图10-1　基于核心素养立意的生物考试内涵

依据2014年9月印发的《国务院关于深化考试招生制度改革的实施意见》，高校招生考试制度将主动适应时代要求，命题方向将把原来的知识立意转变为能力立意，改变传统的、封闭的学科观念，注意考查跨学科的综合能力；设计命题内容注重科学性，增强基础性、综合性，注重考查学生独立思考和运用所学知识分析问题、解决问题的能力，积极引导创新人才的培养。因此，新一轮课程改革的考试招生制度将以"核心素养立意"为主导的命题思想。

二、基于核心素养立意的生物试题分析

（一）生命观念的考查

生命观念是对生命现象进行抽象解释形成的想法和观念，包括结构与功能观、进化与适应观、稳态与平衡观、物质与能量观等，用生命观念理解解释生命现象，是众多概念的总结、归纳和提炼。

例7（2016年高考新课标I卷第5题）在漫长的历史时期内，我们的祖先通过自身的生产和生活实践，积累了对生态方面的感性认识和经验，并形成了一些生态学思想，如自然与人和谐统一的思想。根据这一思想和生态学知识，下列说法错误的是___B___。

A.生态系统的物质循环和能量流动有其自身的运行规律

B.若人与自然和谐统一，生产者固定的能量便可反复利用

C."退耕还林、还草"是体现自然与人和谐统一思想的实例

D.人类应以保持生态系统相对稳定为原则，确定自己的消耗标准

分析：本题以物质和能量观、稳态与平衡观立意，综合考查了生态系统稳定性、物质循环与能量流动的知识，意在考查学生理解生态系统的功能要点，把握时间的内在联系，形成正确的生命观。本题B项，人与自然和谐统一，生产者固定的能量也只能单向流动，不能反复利用，故答案选B。

启示：例7说明，基于核心素养的生命观念的考查，旨在较好地理解生物学概念的基础上形成正确的生命观，能够用生命观念理解生物的多样性和统一性，形

成科学的自然观和世界观，指导学生探究生命活动的规律，解决生活实际中的问题。

（二）理科思维的考查

科学思维是具有意识的人脑对自然界中事物（包括对象、过程、现象、事实等）的本质属性、内在规律及自然界中事物间的联系和相互关系的间接的、概括的和能动的反映。包括比较与分类、分析与综合、归纳与演绎、抽象与概括、建立模型、批判性思维等。思维程序常常是模型的建构、科学思维的推理和论证。主要包含三个要素：对实验方法的理解，解释数据的能力，以及对科学知识的理解。

例8（2016全国I卷第32题）已知果蝇的灰体和黄体受一对等位基因控制，但这对相对性状的显隐性关系和该等位基因所在的染色体是未知的。同学甲用一只灰体雌蝇与一只黄体雄蝇杂交，子代中♀灰体：♀黄体：♂灰体：♂黄体为1：1：1：1。同学乙用两种不同的杂交实验都证实了控制黄体的基因位于X染色体上，并表现为隐性。请根据上述结果，回答下列问题：

请用同学甲得到的子代果蝇为材料设计两个不同的实验，这两个实验都能独立证明同学乙的结论。（要求：每个实验只用一个杂交组合，并指出支持同学乙结论的预期实验结果。）

答案： 实验1杂交组合：♀黄体×♂灰体；预期结果：子一代中所有的雌性都表现为灰体，雄性都表现为黄体。实验2杂交组合：♀灰体×♂灰体；预期结果：子一代中所有的雌性都表现为灰体，雄性中　半表现为灰体，另一半表现为黄体。

分析： 本题以科学思维立意，考查基因的分离定律、伴性遗传的相关知识，意在通过比较、分析与综合等方法对某些生物学问题进行解释、推理，做出合理的判断或得出正确结论。

（1）模型建构。根据试题要求，用同学甲得到的子代果蝇设计实验，通过子代黄体和灰体的性别差异，建构模型，判断基因的位置是位于X染色体上还是常染色体上。试题要得到控制黄体的基因位于X染色体上，并表现为隐性，可以建构模型：①♀黄体×♂灰体；②♀灰体×♂灰体。

（2）科学思维推理与论证。模型①中，如果基因位于常染色体上，♀黄体×♂灰体→♀：黄体：灰体=1：1，♂：黄体：灰体=1：1，子代无性别差异；如果基因位于X染色体上，♀黄体×♂灰体→♀全为灰体，♂：黄体：灰体=1：1，子代出现性别差异。模型②中，如果基因位于常染色体上，♀灰体×♂

灰体→♀：灰体：黄体=3：1，♂：灰体：黄体=3：1，子代无性别差异；如果基因位于X染色体上，♀灰体×♂灰体→♀全为灰体，♂：灰体：黄体=1：1，子代出现性别差异。模型假设是成立的。

启示：试题通过特殊的情境，考查科学思维，启示我们在高中生物教学中，应注重培养科学推理和论证的能力，培养学生运用科学的思维方法，认识事物、解决实际问题的思维习惯和能力；培养学生尊重事实和数据，崇尚严谨和务实的求知态度，构建模型的能力和意识。

（三）科学探究和社会责任的考查

科学探究是针对生物学问题，进行观察提问、实验设计、方案实施及交流讨论。开展探究活动中，我们应善于团队合作，勇于创新。社会责任是指对待生物科学出现问题的正确态度和责任感，主要包括科学本质、科学态度、科学·技术·社会·环境关系（简称STSE）等要素。

例9（2016年高考新课标II卷第31题）BTB是一种酸碱指示剂，BTB的弱碱性溶液颜色可随其中CO_2浓度的增高而由蓝变绿再变黄。某同学为研究某种水草的光合作用和呼吸作用，进行了如下实验：

用少量的$NaHCO_3$和BTB加水配制成蓝色溶液，并向溶液中通入一定量的CO_2使溶液变成浅绿色，之后将等量的绿色溶液分别加入到7支试管中，其中6支加入生长状况一致的等量水草，另一支不加水草，密闭所有试管。各试管的实验处理和结果见下表。

试管编号	1	2	3	4	5	6	7
水草	无	有	有	有	有	有	有
距日光灯的距离（cm）	20	遮光*	100	80	60	40	20
50 min后试管中溶液的颜色	浅绿色	X	浅黄色	黄绿色	浅绿色	浅蓝色	蓝色

*遮光是指用黑纸将试管包裹起来，并放在距日光灯100cm的地方。

若不考虑其他生物因素对实验结果的影响，回答下列问题：

（1）本实验中，50min后1号试管的溶液是浅绿色，则说明2至7号试管的实验结果是由不同光强下水草的光合作用和呼吸作用引起的；若1号试管的溶液是蓝色，则说明2至7号试管的实验结果是不可靠的（填"可靠的"或"不可靠的"）。

（2）表中X代表的颜色应为黄色（填"浅绿色""黄色"或"蓝色"），判断依据是水草不进行光合作用，只进行呼吸作用，溶液中CO_2浓度高于3号管。

（3）5号试管中的溶液颜色在照光前后没有变化，说明在此条件下水草光合作用强度等于呼吸作用强度，吸收与释放的CO_2量相等。

分析：本题将溴麝香草酚蓝水溶液（BTB）变色原理用于考查光合作用、呼吸作用的相关知识，意在考查学生对证据的猜想和假设、获取证据信息和处理信息及实施探究过程与结果的分析和评估能力，以及对实验现象和结果进行解释、分析和判断的能力，体现了对科学探究的正确态度和责任感。

（1）基于证据的猜想和假设。BTB的弱碱性溶液颜色可随其中CO_2浓度的增高而由蓝变绿再变黄。本实验中，颜色变化起源于不同光照强度下，光合作用和呼吸作用引起的CO_2浓度不同。距日光灯的距离越远，光照强度越小，光合作用强度越小，呼吸作用强度一定，净光合作用强度越小，导致溶液CO_2浓度越高。

（2）获取证据信息和处理信息。证据信息：距日光灯的距离越近，试管颜色变化是浅黄色→黄绿色→浅绿色→浅蓝色→蓝色。

处理信息：距日光灯的距离越近，光照越强，在呼吸作用强度一定情况下，净光合作用强度越强，需要的CO_2越多，溶液中CO_2浓度越低，因此颜色变化越小。

（3）探究过程与结果的分析和评估。用少量的$NaHCO_3$和BTB加水配制成蓝色溶液，并向溶液中通入一定量的CO_2使溶液变成浅绿色，1号试管的溶液原本是浅绿色，现在是蓝色，那么说明2至7号试管中的CO_2浓度都会降低，将不会出现浅黄色→黄绿色→浅绿色→浅蓝色→蓝色的变化，实验结果是不可靠的；如果遮光，水草光合作用不会消耗CO_2，呼吸作用释放CO_2，试管2内CO_2浓度最高，X代表的颜色为黄色；5号试管中的溶液颜色与对照组1号试管的相同，说明在此条件下水草的光合作用强度等于呼吸作用强度，吸收与释放的CO_2量相等。

启示：在高中生物教学中，教师应注重培养学生的科学探究意识、态度与责任，让学生尝试解决现实生活中与生物学相关的问题，提出基于证据的合理猜测与假设；使用各种方法，获取证据信息和处理信息，并能正确实施探究过程与结果的分析和评估。

2016年下半年教育部公布了《中国学生发展核心素养》，这意味着新一轮课程改革提升学生核心素养进入实质性阶段，2016年高考试题无疑对今后高考复习具有指导和借鉴作用。在生物教学与复习过程中，需要生物教师深入理解生物学科核心素养的内涵，把握高考内容改革的基本脉络，通过创设真实的教学情境，以高中生物基本概念和原理为媒介，以贯穿生物核心素养的养成为主线，以评价改革推力成为深化改革的动力源，促进学生生物核心素养的形成和发展。

第四节　基于核心素养的测评[①]

为全面深化改革，立德树人，新一轮课程改革的根本任务为发展学生的核心素养。生物核心素养是学生在解决真实情境中的生物学问题过程中，所表现出来的必备品格和关键能力，主要包括生命观念、理科思维、科学探究和社会责任4个方面。

一、基于核心素养的测评

基于核心素养的测评是科学质量监测的关键，只有让学生解决真实情境问题，才能真正测试出学生的核心素养水平。因此，教师需要在认真学习课程标准对核心素养的要求基础上，建立试题命制框架，设计命题的路径，构建良好的问题情境和设计优质的监测问题，深入理解核心素养内涵和连接学生核心素养发展规律。

1. 认真学习课程标准对核心素养的要求

考试的目的主要有：检验学习效果、促进学生发展、提高教学水平。下面以生命观念为例，阐述依据课程标准对核心素养的学业质量要求（表10-1），以发展学生核心素养为基准，注重对学生学习生物习惯和创造力的考查，力求真实反映教师"教"的水平和学生"学"的能力，引导教师转变教学方式和学生学习方式，促进学生树立正确的素养。

表10-1　生命观念的学业质量水平

素养水平	水平描述
1	能初步以结构与功能观、物质与能量观等观念，说出生物体组成结构和功能之间的关系、光合作用和呼吸作用中的物质与能量转换、遗传与变异的物质基础和规律等。初步运用进化与适应观，说出生物的多样性和统一性。在给定的问题情境中，能以生命观念为指导，分析生命现象，探讨生命活动的规律，设计解决简单问题的方案。

---

① 肖安庆.基于生命观念的理解与测评研究 [J].中学生物学，2018（7）.

续 表

素养水平	水平描述
2	能运用结构与功能观、物质与能量观等观念，举例说明生物体组成结构和功能之间的关系、光合作用和呼吸作用中的物质与能量转换、遗传与变异的物质基础和规律等。运用进化与适应观，举例说明生物的多样性和统一性。在特定的问题情境中，能以生命观念为指导，分析生命现象，探讨生命活动的规律，设计方案解决简单问题。
3	能运用结构与功能观、物质与能量观、稳态与平衡观等观念，举例说明生物体组成结构和功能之间的关系、遗传与变异的物质基础、稳态的维持和调节机制、生态系统的平衡原理等。运用进化与适应观举例说明生物的多样性、统一性以及与环境的关系。在特定的问题情境中，能以生命观念为指导，分析生命现象，探讨生命活动的规律。基于上述观念，能综合运用科学、技术、工程学和数学（STEM）的相关知识，设计方案，解决特定问题。
4	能运用结构与功能观、物质与能量观、稳态与平衡观等观念，阐释生物体组成结构和功能之间的关系、遗传与变异的物质和结构基础、稳态的维持和调节机制、生态系统的平衡原理等。运用进化与适应观阐释生物的多样性和统一性以及与环境的关系。在新的问题情境中，能以生命观念为指导，解释生命现象，探究生命活动的规律。基于上述观念，能够将科学、技术、工程学和数学综合运用在实践活动中，解决生活中的实际问题。

2. 建立试题命制框架

从命题依据来看，命题应依据课标的内容标准、学业质量水平标准，贴近学生生活和教学实际，通过学生感悟体验，考查学生的创新实践能力和批判性思维，注重核心素养与内容标准、学业质量试题相对应的关系。从命题原则上看，应注重学生在新情境中分析和解决问题能力的考查，注重创新精神和实践能力的考查，注重生物学科知识与核心素养相联系的考查。从命题要求看，命题指向应明确清晰，保证试题规范、科学和公平；命题情境真实新颖，符合中学生的生活经验；命题梯度具有层次性，符合学业质量水平要求，并设计出科学的评分标准。

3. 设计命题的路径

科学设计命题的路径，可从两方面进行。一是绘制核心素养的测量表。参照核心素养的学业质量水平表，制定1～4级测量等级指标，设计核心素养的测量表，使测试更具有针对性和可行性。二是科学命制试题。为保证试题具有可测性、可教性和可学性，命题人命制试题时可从核心概念、学科方法和素养三方面入手，使命题立意具有逻辑性、相关性和层次性，使命题情境真实、科学和新颖，使命题设问具有层次性和递进性，科学命题，精雕细琢、反复论证。

二、基于核心素养测量的试题分析

例10（2017年新课标Ⅰ卷第38题改编）真核生物基因中通常有内含子，原核生物基因中没有内含子，也没有切除内含子对应RNA序列的机制。已知在人体中，基因A（有内含子）可表达出某种特定蛋白（蛋白A）。回答下列问题：

（1）若要高效地表达蛋白A，通常选用大肠杆菌为受体，原因是大肠杆菌具<u>繁殖快，容易培养等优点</u>（答两点即可）。

（2）基因A植入大肠杆菌中却不能表达蛋白A，原因是<u>基因A有内含子，在大肠杆菌中，其初始转录产物中与内含子对应的RNA序列不能被切除，无法表达出蛋白A</u>。

（3）若要检测基因A是否表达出蛋白A，可用的检测物质是<u>DNA可以从一种生物个体转移到另一种生物个体</u>（填"蛋白A的基因"或"蛋白A的抗体"）。

（4）肺炎双球菌转化实验证明了DNA是遗传物质，这也是基因工程的先导，这些工作为基因工程理论的建立提供了启示。这一启示是_____。

本试题以内含子为背景，要求学生运用生命观念素养中的结构与功能相适应的观念，解释生命现象，认识并阐释生命活动。通过分析微生物作为受体的优势，分析原核细胞不能表达真核生物基因的原因，对目的基因表达产物如何检测做出判断以及从肺炎双球菌转化实验本质迁移到基因工程理论获得启示，考查了运用基因工程、遗传变异的物质基础和生物多样性相关知识解决实际问题的能力。相关生命观念具体表现和答题要求见表10-2。

表10-2　生命观念素养的测量表

设问	生命观念素养具体表现	答题要求	水平
（1）	初步具有结构与功能相适应的观念	能够说出大肠杆菌生长、繁殖特点	一
（2）	能够运用结构与功能相适应的观念分析和解释简单情境中的生命现象	能够说出原核细胞不能表达真核生物基因的原因	二
（3）	能够说明和判断生物工程中的技术原理	能够对目的基因表达产物的检测做出判断	三
（4）	能够利用遗传变异的结构基础探究生命规律	能够说出从肺炎双球菌转化实验本质迁移到基因工程理论的启示	四

核心素养是未来高中生物课程改革的精神，需要从核心素养的内涵、教育价值加以理解和认识，关注课程标准对生物核心素养的学业质量要求，建立试题命

制框架，科学命制试题，对于课程改革的推进和高校选拔人才都具有重要的现实意义。但这项工作难度高、创新性强，前人涉及不多，需要更多的生物教育工作者深入研究和实践。

第五节 基于核心素养的试题命制[①]

命制试题是教师教学活动的重要方面。改编试题是命题者对原有试题进行改编，使试题的考查方式和考查功能发生改变而成为新题的过程。命题过程中常出现新编好题数量不多、命题质量不高等问题。用置换法改编试题能有效地解决这一问题。命题人常采用置换考查形式、置换情境、置换图表和置换考查方向等方法，为顺利开展命制试题工作、实现考试目标提供保障。

一、置换考查形式

高考试题只有两种形式：选择题和非选择题。命题人改编试题时，可置换它们的考查形式，达到以旧换新的目的，给人耳目一新的感觉。

例11（2011年新课标I卷第29题改编）在光照等适宜条件下，将培养在CO_2浓度为1%环境中的某植物迅速转移到CO_2浓度为0.003%的环境中，其叶片暗反应中C_3和C_5化合物浓度的变化趋势如右图。下列说法错误的是___C___。

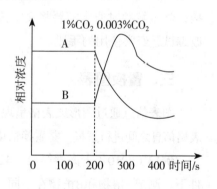

A. 物质A为C_3化合物

B. CO_2浓度从1%降低到0.003%，C_5化合物的合成速率不变，消耗速率却减慢，浓度升高

C. 植物处于CO_2浓度为0.003%的环境中，C_3和C_5化合物浓度稳定时，物质A的浓度比B的低

D. CO_2浓度为0.003%时，暗反应的强度低，所需的ATP和［H］少，该植物光

---

① 肖安庆，颜培辉.例谈"置换法"在改编试题中的应用——以光合作用为例［J］.中学生物教学，2016（10）.

合速率最大时所需要的光照强度比CO_2浓度为1%时低

分析： 将以前的非选择题置换成选择题。这种置换法只是简单改编试题的呈现形式，保持了原有试题对光合作用的考查，学生思考的难度和过程不变。它对教师命题技术的要求相对较小，使学生解题思维的难度明显降低。

二、置换情境

试题情境呈现形式有文字信息和非文字信息，非文字信息包括图形、表格等形式。对文字信息和非文字信息之间进行置换，起到"旧瓶装新酒"的作用。

例12（2015年重庆卷第4题改编）在适宜条件下将水稻叶肉细胞置于密闭容器中悬浮培养。在不同光照强度下，比较在短时间内，①胞外的CO_2浓度与②胞内CO_2浓度，③胞内O_2浓度与④胞外O_2浓度发生相应的变化。下列叙述错误的是B。

A. 黑暗条件下①增大，④减小

B. 光照强度低于光补偿点时，①、③增大

C. 光照强度等于光补偿点时，②、③保持不变

D. 光照强度等于光饱和点时，②减小，④增大

分析： 原有试题通过图形出现信息。把图形信息置换成文字信息，改编试题情境。相比较而言，图表陈述的信息容易引起学生注意，文字陈述的信息比较直接，学生解题时通常需要将文字信息转换成图表信息，试题难易程度会改变，是改编试题经常使用的手段。

三、置换图表

图表信息通过图形或表格呈现出来。置换图表是指对原有试题中的图形信息与表格信息之间进行置换，是置换情境的一种特殊手段，达到"换汤不换药"的目的。

例13（2010年上海卷第41、42、43题改编）在一定浓度的CO_2和适当的温度条件下，测定A植物和B植物在不同光照条件下的光合速率，结果如下图，据图中数据回答问题。

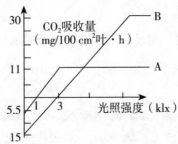

（1）与B植物相比，A植物是在弱光光照条件下生长的植物，判断的依据是A植物的光合速率与呼吸速率相等时的光照强度低于B植物。

（2）当光照强度超过9klx时，B植物光合速率不再增加，造成这种现象的实质是暗反应跟不上光反应。

（3）当光照强度为9klx时，B植物的总光合速率是45（mg CO_2/100 cm^2 叶·h）。当光照强度为3klx时，A植物与B植物固定的CO_2量的差值为1.5（mg CO_2/100 cm^2 叶·h）。

分析：将以前的表格信息置换成图形信息，难度明显降低。一般而言，图形信息较直观，学生解题时需要将表格信息转换成图形信息。二者之间转换，试题难度有改变。

四、置换考查方向

试题考查方向是指试题考查的知识点。在保持原有试题的主要信息或题干信息不变的情况下，更改试题的考查方向，变更试题考查的知识点，给人"似曾相识燕归来"的感觉。

例14（2007年山东卷第8题改编）以测定的CO_2吸收量与释放量为指标，研究温度对某绿色植物光合作用与呼吸作用的影响，结果如下图所示。下列分析正确的是   A   。

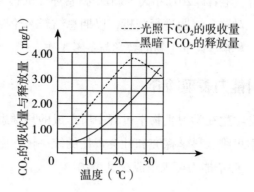

A. 适宜光照下，温度从15℃升至25℃时，C_3化合物的含量升高

B. 适宜光照下，温度从25℃升至35℃时，C_5化合物的含量升高

C. 两曲线的交点表示光合作用强度等于呼吸作用强度

D. 温度在30℃时，光合作用强度小于呼吸作用强度

分析：试题由以前的考查净光合作用、呼吸作用和总光合作用的关系置换成

对光合作用过程中C_3化合物、C_5化合物变化的考查，以及对光合作用和净光合作用的辨别，考查方向改变，考查维度增加，难度降低。

总之，利用置换法改编试题，可以充分开发已用试题资源，促进教师的专业发展，"多""快""好""省"地编制试题。在编制过程中，教师首先应选择经典试题，实现考试的评价目标；同时，应多个角度思考，避免改编后试题的科学性、规范性和严谨性出现问题。

第六节　基于生物学科试题的能力表现[①]

核心素养的培养，关键要培养学生的学科能力。学科能力是衡量学生心理发展的重要指标，是本轮课程改革的中心问题。关于学科能力，早有研究，但首次系统性地论述见于林崇德的《论学科能力的建构》，他指出学科能力是学生的智力、能力与特定学科的有机结合，是学生的智力、能力在特定学科中的具体体现。关于生物学科能力表现，则鲜有研究，王健等在《生物学科能力及其表现研究》中提出了生物学科能力体系模型和要素；李能国在《生物学科能力表现与关键能力的分析》中阐述了生物学科能力表现的意义，尚未报道基于生物学科能力表现的高考试题分析。笔者以2018年高考新课标I卷理综试卷生物试题为例，从学科能力表现的角度，对这一试题进行分析，以期总结新一轮课程改革高考试题的变化特点，探讨核心素养背景下生物的教学与备考工作。

一、生物学科能力表现简介

生物学科能力是学生在学习生物学过程中所形成的科学思维与基本能力，是学生生命观念、科学思维、科学探究和社会责任的统一体，由回忆识别、理解、解释、综合和创新迁移5个能力要求组成，见表10-3。

---

① 颜培辉，肖安庆.基于生物学科能力表现生物试题分析与启示［J］.中学生物学，2019（5）.

表10-3　生物学科能力表现水平

水平	生物学科能力表现
1	回忆识记基本生物学事实、概念、原理、理论或学说等
2	理解生命现象与规律，对自然现象与数据进行分类、分析、描述共同特征，展示原理和概念之间的关联
3	利用生物学主要概念原理，解释生物学现象
4	对生物学问题综合分析，利用实验设计原则探讨研究目的和设计思路
5	综合运用概念和原理，批判性地解决陌生的生物学问题

表10-3中，水平1到水平5学科能力表现的要求逐步升高。水平1属于回忆识别层次，水平2属于理解层次，水平3属于科学解释层次，水平4属于综合运用层次，水平5属于创新迁移层次。

二、基于生物学科能力表现的试题分析

2018年I卷在全国10个省份使用，生物试题有12道。通过比对，笔者制定了I卷生物试题的能力表现要求的描述与水平，见表10-4。

表10-4　2018年高考I卷生物试题的能力表现要求的描述与水平

题号	能力表现要求的描述	水平	题号	能力表现要求的描述	水平
1	回忆识记生物膜的结构与功能的联系	1	31（1）	综合分析尿量与抗利尿激素的影响	4
2	理解染色体主要成分、转录、DNA复制的过程	2	31（2）	理解渗透压与尿量的关系，以及糖尿与还原糖显色原理	2
3	利用跨膜运输的原理，解释生物学现象	3	31（3）	回忆识记渗透压感受器的位置	1
4	综合分析药物X和D对细胞增殖的影响	4	32（1）	判断基因的位置，显隐性，分析性状与性别的关系	2
5	正确描述种群数量的特征	2	32（2）	设计实验判断显隐性	4
6	利用肺炎双球菌转化实验解决陌生的生物学问题	5	32（3）	分析自由组合现象与数据	2
29（1）	回忆识记共同进化的概念	1	37（1）	回忆识记抗生素抑制细菌生长的事实和培养基的分类	1
29（2）	回忆识记收割理论的概念	1	37（2）	回忆识记微生物的营养种类和大分子物质的元素组成	1

续表

题号	能力表现要求的描述	水平	题号	能力表现要求的描述	水平
29（3）	回忆识记生态系统能量流动的过程	1	37（3）	回忆识记淀粉的鉴定原理	1
30（1）	光合作用能量利用率的分析	2	37（4）	利用实验设计原则，分析菌落数据的原因	4
30（2）	判断与解释光合作用强度与光照强度之间的关系	3	38（1）	理解分析基因工程的过程	2
30（3）	理解光合作用与光照强度之间的关联	2	38（2）	回忆识记基因工程导入细菌的方法、病毒的组成与类型	1
30（4）	理解光合作用与二氧化碳之间的关系	2	38（3）	理解蛋白酶降解蛋白质的作用	2

统计各试题能力表现的要求水平所占分值与百分比（注：为便于分析，将选做题37和38题同时统计，总分105分），如表10-5所示，可以得出以下结论：

表10-5 2018年I卷能力表现的要求水平所占分值与百分比

水平	1	2	3	4	5
分值	28	36	8	16	6
百分比	26.7	34.3	7.6	15.2	5.7

（1）基于学科能力表现的2018年I卷生物试题主要注重回忆识记和理解能力的考查，主要考查了学生应用主要概念、生物原理解决特定情境下的问题的能力，二者所占比例为61%。此外，考查探究生物学问题的能力占15.2%。

（2）2018年I卷对学习理解能力的考查，注重概念、原理等知识的关联整合，要求考生在理解基本概念与原理内涵与外延的基础上，建立知识的联系，既要理解主要概念之间的关联，又要对这些概念和原理进行牢固的识记。

（3）与2017年相比，2018年I卷对科学解释能力和创新迁移能力的要求有所降低，分别只占7.6%和5.7%。二者都要求学生将所学的知识与方法，应用到特定的情境之中，解决新的生物学问题。

三、启示

（一）关注主要概念的识记，提高学生理解能力

主要概念是超越课堂教学之外的具有持久价值和迁移价值的概念性知识、原理，是学科教学的核心内容。主要概念的教学应该从识记主要的生物学事实迁移

到主要概念的深度学习，达到促进学生深度思维的进阶。生物学复习过程中，有的教师习惯于用大量的重复练习替代主要概念的识记与理解，忽视了主要概念的重构与理解。生物复习中，教师可以利用学科的主要概念，通过思维导图，深层次地呈现科学素养的形成过程，体现概念的核心与本质，提高学生对主干知识的理解层次。

动物激素调节包括：①各种激素的作用；②激素的调节。图10-2为动物激素调节的思维图，较好地反映了动物激素调节的关联、概括与整合作用。

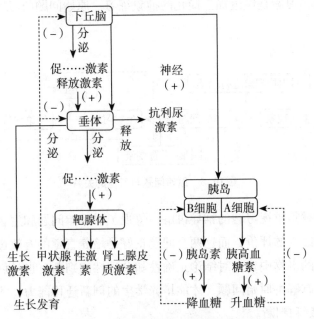

图10-2　动物激素调节的思维图

（二）注重情境教学，培养应用实践能力

科学实践以理论探究为主导，注重以科学思考能力为目标的科学探究，注重追问质疑反思等行为的形成，注重分析解释、推论预测和综合应用能力的培养，主要包括动手操作能力、创造性思维和科学思维，是培养应用实践能力的重要方法。应用实践能力是指信息初级输出的能力，是学生在熟悉的科学情境中应用事实性知识、概念性知识和程序性知识，解决特定情境的生物学问题，其主要特点是直接应用和情境的熟悉性。

在生物复习中，教师通过把问题情境化，拓展对问题情境的理性分析，引导学生对问题情境进行变化与思考，达到培养学生应用实践能力的目的。

2018年I卷第4题、31题是科学探究的典型情境。第4题中，题干已经给出"已知药物X对细胞增殖有促进作用，药物D可抑制X的作用"，X在对照组的基础上细胞数增多，D在X的基础上细胞数减少，学生比较容易判断甲组、乙组和丙组与对照组、药物D和X的对应关系。第31题考查学生对抗利尿激素与尿量关系的理解。教学时，学生如果理解了垂体释放的抗利尿激素促进肾小管集合管对水的重吸收引起血浆渗透压升高，尿量减少，那么对于这类问题就迎刃而解了。

（三）重视原始问题的理解，训练创新迁移能力

原始问题是生物学中基本的生物学事实、概念或原理，是生活生产中基本的生物学现象，习题是经过加工简化的抽象练习。原始问题与习题的关系，如图10-3所示。

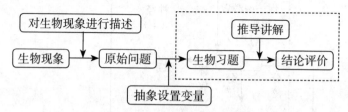

图10-3　原始问题与习题的关系

目前有的教师重视习题的推导讲解，忽视了对原始问题和生物习题的结论评价以及对问题结论的评价，而这两个问题正好是培养直觉的有效过程。直觉是帮助学生从陌生的事物中建立对结论正确性和合理性的判断，也是创新迁移的关键步骤。教师只有解决原始问题，才能培养学生的创新迁移能力，才能对结论的评价诱发新的质疑和判断。

2018年I卷第6题，考查了大肠杆菌突变体M和N在基本培养基上重组成新菌落的迁移，其原始问题是R型细菌转化成S型细菌。学生需要凭借直觉判断细菌转化现象，推导突变体M和N重组成新菌体，并利用普通培养基合成氨基酸的过程。

综观2018年I卷，从生物学科能力表现来看，生物试题注重对知识关联整合的考查，主要考查了学生在熟悉情境下回忆识记和理解，但对创新迁移能力的考查较为薄弱。在生物复习教学中，教师应该关注主要概念的识记，提高学生的理解能力，尝试通过熟悉的情境培养学生的应用实践能力，重视原始问题，培养学生的创新迁移能力。

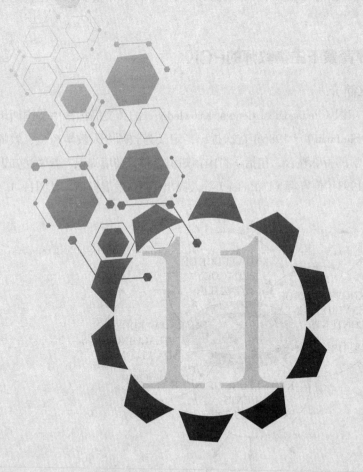

第十一章
基于核心素养的教师专业发展

第一节　基于学科核心素养优化高中生物教师PCK

当前部分高中教师受传统教学经验和应试教育的影响，思维模式僵硬，教育热情倦怠，教师专业发展方向迷茫，这对课程改革是不利的。因此，在核心素养背景下，如何正确指导教师专业发展，实现从知识教学到素养教学的转化，是亟待解决的重要课题。[①]

一、核心素养背景下生物教师的PCK

（一）教师PCK简介

PCK是学科教学知识（Pedagogical Content Knowledge）的英文简称，由美国斯坦福大学教授舒尔曼（Shulman）于1986年首次提出，定义为教师个人教学经验、教师学科内容知识和教育学的特殊整合，包括学科内容知识、教育情境知识、教学法知识和有关学生的知识。1993年德鲁特（DeRtuter）等人提出了PCK发展模型，见图11-1。

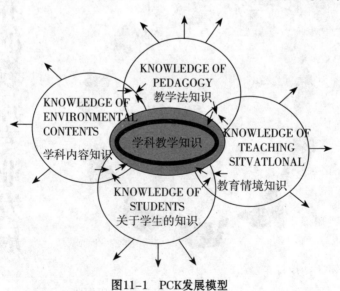

图11-1　PCK发展模型

---

① 肖安庆，李贤.基于学科核心素养优化高中生物教师PCK的探索［J］.中国教师，2018（11）.

该模型显示了教师专业发展对知识的需求关系，教师的PCK水平取决于4种知识的融合情况。融合程度越高，这种知识成分转化程度越好，教师的PCK水平也越高。图中还显示：这4种知识相互融合的同时，每种知识都有箭头指向外界，说明该模型是一个动态开放的系统。每种知识都不是单独存在的，而是在融合的过程中不断与外界相互作用，不断更新、重组和转化，动态地显示了教师PCK的构建过程。

（二）基于学科核心素养的生物教师PCK（表11-1）

表11-1　生物教师的PCK成分

学科内容知识	核心知识（最基础）	必修内容	高中生物学的基本概念、基本技能、基本理论
	延伸知识（知识的深度）	教师教学内容	高中生物教学知识之间的联系和生物知识逻辑体系
	拓展知识（知识的广度）	选修性必修及选修内容和课外生物读书	关注与社会生产生活密切相关的知识和生物学最新成果
教育情境知识	实践性知识	教学实践中积累的情境知识和外界环境知识	
教学法知识	条件性知识	科学教学策略知识和教学评价知识	
有关学生的知识	主体性知识	教学中学生已有的知识和易错知识情况等	

1.学科内容知识

学科知识是教师教学前必须掌握的、最基本的知识，也是学生理解和掌握的内容，分3个维度：

（1）核心知识。它是最基础的学科知识，课程内容少而精是《普通高中生物学课程标准（2017年版）》的基本理念之一。必修模块的内容大为精简，聚焦在几个重要概念上，但重点突出，为精悍教学提供了保障。

（2）延伸知识。探讨了深层次理论知识，以及知识间的内在联系和逻辑体系。这部分知识需要教师在平时教学中积累和归纳，需要详细讲解，深入浅出，便于学生理解和消化。

（3）拓展知识。探讨了生物学知识与社会生产生活密切相关的知识和最新科技成果，这部分知识难度较大，教师不宜拓展太多，主要培养学生的专业兴趣。

在学科核心素养背景下，教师不仅要从微观层面掌握以上具体知识，还要从中观和宏观层面审视这些知识的关系，建立整体知识观。因为在核心素养背景下，教学目标不再是相对割裂的知识、能力、情感态度与价值观，而是学生在生物学问题所表现出来的必备品格和关键能力，需要教师整体分析学科知识的价值，避免教学目标的随意性和知识学习的碎片化，从而促进三维目标的融合和知识结构的建立。

2. 教育情境知识

教育情境知识是教师在教学实践中积累的情境知识和与教学有关的外界环境。教育情境知识源于课堂教学实践，属于实践性知识。教师可将教育情境知识转化为有意义的教学形式，激发学生学习生物学的兴趣。以细胞中的水为例，教师可以创设这样的教学情境："《红楼梦》中的贾宝玉说女人是水做的，这很符合生物学观点。其实，男人女人都是水做的。"这样创设情境，可以快速激发学生学习热情，快速导课。而与教学有关的外界环境，是指社会期望、地区文化差异、学校设施和家庭背景。

在学科核心素养背景下，教师不仅是客观知识的传递者，更是学生自主学习过程的激励者、学习条件的创设者和学习活动的组织者。教师要挖掘和积累与学科核心素养相关的情境，让学生的学习处于一种接近真实情境之下，感受问题解决的现实性。同时教师要分析社会期望、地区文化差异、学校设施和家庭背景等现实情况，从需求与供给两个方面考虑情境创设的必要性和可能性，实现教学效益最大化。

3. 教学法知识

教学法知识以基本的教育学、心理学知识作支撑，属于条件性知识，包括教学策略知识和评价知识。

（1）教学策略知识，包括探究性教学法、问题教学法、STEAM教学法等，每个教师在教学实践中都会形成适合自己的个性化教学风格。学科核心素养背景下，教学策略要聚焦到重实践中来，特别是将科学、技术、工程学、艺术和数学（STEAM）整合到教学中，帮助学生快速理解概念。

（2）教学评价知识，包括对学生的评价维度、评价方法。评价维度是教师评价学生学习效果时，设计的考查范围，评价方法是教师具体的评价工具。对学生学习的评价，不能仅局限于知识层面，应从多个维度来评价。教学评价不是简单的作业和分数，而应建立一种评价主体多元、评价内容全面、评价方法多样、评价时机全过程的体系。在学科核心素养背景下，教师应进一步提升教育理念，通过研读学业质量标准，实现从内容与学科本位向素养目标评价转变，关注学生进步和发展潜能，帮助学生认识自我，通过诊断、激励和促进等手段，使评价服务于教育教学。

4. 有关学生的知识

教学的最终目标是学生学习的有效达成。为了帮助学生更好地理解学科知识，在学习某个课题时，教师应了解学生的认知水平与差异、原有知识掌握情况、学生难点疑点易错点情况，准确定位学生的学习困难处，帮助学生建构知识体系，不断增加学生的知识。

在学科核心素养背景下，教师应根据学生的认知特点和实际设计实施教学，引导学生利用已有的知识和经验，主动探索知识的发生和发展；考虑学生的认知特点和认知水平的差异性，并充分利用这种差异，使之资源化；还要有敏锐的教学现场感知能力，根据学生的学习表现合理地调整教学。

二、基于学科核心素养优化生物教师PCK的策略

（一）形成PCK发展的教学思维方式

教师的PCK是在教学实践中建构和发展起来的。教师的思维方式贯穿于教学实践全过程，影响着生物教师PCK的发展。教师的思维方式，蕴含在教学实践、教学实施和教学反思3个环节之中。不同环节，教师思考的重点是不同的。其中，教学设计中，教师主要思考如何发展核心素养，如何展开重要概念的教学。根据学生已有知识和概念的理解难点，选择合适的教学策略，开展合适的探究性活动，促进学生的学习。在教学实施环节中，教师主要关注采取何种教学策略及表征解决学生出现的问题，帮助学生理解好生物学知识。在教学反思环节中，教师反思的主要是学生对知识的理解是否达到了核心素养的要求、教学策略的有效性、学生对理解生物学方面存在的问题以及教学策略和表征的改进方面。教师经常思考这三个环节，形成自己的教学方式，才能促进自身PCK的发展。

（二）提升学科知识的理解水平

学科知识是教师最根本的PCK，生物教师应不断提升对学科知识的理解水平。首先，教师应从整体上把握生物学科课程。生物学科的教学，既要让学生获得基础的学科知识，又要让学生领悟到生物学家在研究过程中的观点、方法与思路。生物学课程旨在促进学生主动参与学习，通过学生提出问题、获取信息、寻找证据、检验假设和发现规律，获得学科知识，养成思维的习惯，形成积极的科学态度，发展终身学习的能力，从整体上理解学科知识，理解学科本质。另外，学生要深化基本理论和重要概念的理解，既要从生物学的发展史、研究方法、技术手段理解基本概念和基本规律，又要从WWW认知模型的角度深化学科知识的理解。所谓的WWW认知模型，是指所认知的知识和价值是什么（what），如何认

识（how），为什么这样认识（why）。例如在细胞失水与吸水实验的WWW认知时，学生要思考的问题有：①质壁分离与复原的原理是什么？②细胞失水和吸水的条件是什么？③如何设计实验证明细胞存在吸水和失水现象？④细胞为什么要不断吸水和失水？

（三）不断积累有关学生的知识

有关学生的知识是生物教师PCK的重要方面和来源。教师只有不断积累有关学生的学习情况，才能积累学生的知识。首先，要有学生意识，教师在教学设计、课堂教学和教学反思各环节中，以学生视角服务学生的学习；其次，对任何课题都应明确学生理解的程度和达到水平的目标；最后，掌握学生对某一课题的已有知识情况，清楚学生对这些内容的学习理解难度、障碍点和理解方式，帮助学生掌握相关学科知识。

（四）发展生物课程知识

课程知识包括课程标准和教材。修订后的生物课程标准对课程性质与基本理念、学科核心素养与课程目标、课程结构、课程内容、学业质量和实施建议提出了指导性建议，是教师从事教育教学活动的重要依据。教师只有认知研究课程标准，才能发挥好指导功能。教师可从3个方面展开研读：①清楚生物课程目标和生物课程的主要结构；②了解生物课程模块的目标以及必修模块与选修模块内容之间的关系；③明确章节教学目标在整个课程目标中的位置及教学实施建议。教材是教师教育教学活动的主要来源，教师可从两个方面研究、开发课程资源：①熟知教材的知识结构，把握各知识点之间在教材中的组织联系；②对特定课题进行课程资源开发，设计课题教学活动和教学主题等。

（五）提高整合转化能力

教师的教学策略及表征的知识是教师PCK的重要成分。教师在教学实践中，将学科知识和课程知识整合转化为学生容易理解的方式。首先，教师应明确课题知识的教学目标和学生理解的意义，分析某一课题内容和知识讲解方式、已有知识、理解难易程度和理解方式，采取何种教学组织形式。另外，转化要以理解为归宿，知识整合形态的呈现是以教学策略和教学表征来组织。教师通过帮助学生理解，将生物学科知识转化为学生容易理解的方式。

（六）多渠道发展PCK资源

提升教师PCK来源主要有教学经验与反思，与同事反思交流，继续教育、培训与专业书刊的阅读等渠道。教师应积极构建自己PCK的发展模式：①向优秀教师学习。研究优秀教师的成长案例及特点，借鉴他们的教学策略和表征。②开展科组教研。科组是教师专业成长的主要组织，科组活动是教师PCK发展的重要途径。③积极参加继续教育与培训。继续教育与培训对提升教师学科知识的理解水平，增强学生的学生意识，提高学科知识教学转化能力，获得教学策略和表征方式，具有重要的意义。④阅读中学生物期刊。四种中学生物期刊都有教学设计与案例的内容，教师经常阅读这些内容，可以提升自己对生物科学的理解，掌握学生对某一课题的问题与解决策略，获得解决问题的表征方式。

教师PCK的提出，使教师教育更具有方向性和指导性，使教师教育从以往注重学科知识向有效教学和高效教学转变，使教师的学科内容知识、教学法知识、有关学生的知识和教育情境知识重新整合，内化成教师独有的知识体系，并在特定的教育情境中外显化，形成教师独有的教学风格。教师的PCK可以直接传授，但更需要教师自己加工改造。随着新一轮课程改革的实施，核心素养的提出是一个新课题，对教师提出了新的挑战。教师只有积极应对，不断地提高自己的PCK，才能更好地服务教学，推动课程改革不断深入。

第二节 基于核心素养的听课要求

随着我国学生发展核心素养体系的发布和高中课程标准的修订，核心素养成为深化高中课程改革的关键词，教材和教学都应当以发展学生的核心素养为纲。听课，因其活动的简便有效性，成了提升教师专业素养、交流课改成败得失的一种重要形式。然而，在课例教研中我们也发现，有的教师形式主义严重，听课来去匆匆，收获甚微。因此，核心素养背景下的听课活动要做到三问。

一问：听课前须准备些什么？

教师听课时通常只带着听课记录本，这就犹如只带着一张白纸去听课。听课教师要边听，边看，边记，边揣摩执教者的教学思路，对执教者如何挖掘教材、如何突出重点，全凭自己领会；双边活动如何进行，设计中采用了哪些先进的教学理念，依据的是哪些教育学、心理学理论，全靠自己的认识和经验来揣摩；至于课堂实际教学与教案设计是否相符、偏离多少、如何灵活处理偏差等深层问题就更难以问津了。可见，教师听课前要有准备。首先，要熟悉课程标准，了解编者的意图与教师拓展的空间。例如，在教材把握上，就要做到"三准"，即对教材体系和教学内容认识准；对本堂课教材重点、难点把握准；对课后训练目的要求掌握准。其次，听课教师应对所教的内容在头脑中设计出课堂教学的初步方案，粗线条勾勒大体的教学框架，最好能在课前研读执教者的教案设计，对该课的教材、教法、学情、目标乃至执教者的教学思想有一个预先的认识和把握。这样听课时，听课教师就能将实际教学过程与教学方案加以对照，就能有更多的时间，站在更高的层面上来仔细观察、理性分析，从而发现执教教师处理教材的技巧、处理偶发事件的艺术，找到存在问题的根源，变被动听课为主动听课，为听课后的评课活动打下坚实的基础。

二问：听课中应关注些什么？

教师去听课，仅仅听其对教材的把握、习题的设计，观其板书、教态、教学手段等表层的东西是不够的。虽然根据听课目的（汇报课、研讨课、指导性、检查性）的不同，教师的关注点有所侧重，但至少有三方面是听课教师更应关注的。

（1）关注执教者的教学理念。不同的教学理念决定着不同的教学行为。例如，重视体现"教师是信息源"的课堂，反映的是知识为本的理念；突出"教与学融合"的课堂，展示的是师生互动的理念；关注学生学习状态的课堂，突现的是以生为本的理念；新课程倡导"任何教学活动都应围绕学生的已有经验和未来发展去展开，按学生的成长规律去设计，在学生的最近发展区着力"的理念。

（2）关注学生的学习状态。包括学生的参与状态、交流状态、思维状态、情绪状态、达成状态。围绕教学内容，听课教师应首先思考：在教学活动展开之前学生对这部分内容已有怎样的基础，是否需要运用先行组织者策略？对于学习内容，学生可能呈现的思维形式和思维状态怎样？在学习过程中，哪些信息、结论应使用接受式学习法，以保证学生学习的效率和速度？哪些信息、结论可以采用发现式学习法，以有效地促进学生综合能力的发展？然后在听课中，着重关注：执教老师是如何用自己理解的方式来科学地诠释这些原理的，有哪些独到的创新之处；学生能否和同学、教师甚至教材进行平等的对话；学生在学习过程中是否积极主动地跟进、共鸣、投入，每一个学生是否在原有基础上得到了尽可能大的进步与发展。

（3）关注课堂的教学结构。课堂教学是一个彰显个性的过程。课堂教学结构是教师的教学理念、教学方法、教学手段和教学艺术的综合体现。同样的内容，执教老师为什么这样讲，用这种方法引导，对照反思在自己的教学中为什么那样讲，用那种方法去引导。可见，不同教师对同样的学习材料设计的教学顺序、结构是不同的，究竟谁的教法更符合教育学、心理学的规律，更符合课改形势下学生发展的需求，必须经过课堂教学实践的检验。因此，在学习内容基本相同的前提下，课堂教学结构是直接影响教学目标是否达成的一个最重要的变量，值得关注。

三问：听课后该研究些什么？

传统听课教研活动的基本方式是"听课、说课、评课"。评课的主要内容一般是对这堂课是如何引入、如何过渡、如何掀起高潮、如何做小结等教学行为的评价，研究的是教学各个环节是否具备，"起承转合"是否连贯，虽然有利于教师的学习和改进，但大多就事论事，只能解决教学中一些零碎问题，很难追溯到内隐的教学理念，对其他内容或形式的课指导性也不强。

核心素养背景下的好课不是求顺、求完美，课堂教学不是设计好的完美无缺的圆，而是动态生成的有缺憾的艺术。教学追求不是以课堂上获得多少知识为准，而是以思考的深度与广度、引起学生多认知冲突、激发学生思维的创造性为最终目的。因此，评课应从一般教学技能、专业教学技能和课堂教学对学科特性的体现三个维度展开。评课时或认真倾听或积极讨论，要形成经验，产生新的问题，并引导教师持久地关注和跟踪某一问题，逐步使问题课题化，开展更深入的研究和实践。

改变传统的开会式或点评式等简单化的评课方式，必须针对听课实际，在自我反思、同伴互助、专家引领的过程中寻求问题。任何研究都始于问题以及由问题而发生的惊奇。诸如，如何处理教师讲解和学生自主学习之间的关系？如何在倡导探究性自主学习中进行有意义的接受学习？如何处理学生合作学习与独立思考之间的关系？教师如何在学生交流的过程中适时切入进行指导？怎样看待预设与生成的关系？如何在预设基础上追求课堂教学的动态生成与主动建构？如何在关注结果的同时更关注过程？如何将知识技能目标与情感、态度和价值观有机融合？如何在知识技能训练中培养学科思维品质？如何兼顾面向全体与促进个体发展？等等。这样，听课教研便有了主题和问题。当教师意识到教学中出现某种问题且想方设法在行动中解决问题并不断回头反思解决问题的效果时，参与听课活动才能真正起到诊断、分析病理、开出处方的作用，教师的专业素养才能实现螺旋式的提升。

第三节　基于核心素养的教师磨课能力[①]

磨课是对教学设计的再思考，将课后反思的过程置前，减少课堂的冗余，还学生自由的时间和空间。从以下六个角度，谈如何进行磨课，构建高效简约的生物课堂。

一、去粗取精，磨出简明扼要的教学目标

现在，有的教师对课程目标与课时教学目标存在错误理解，将二者混为一谈。其实生物课程目标着眼于宏观，具有一定的概括性，而教学目标与每个章节知识紧密相连，教学目标由拟定应简明而透彻，具有可操作性和可测性，切忌过多、过大、过空。磨课的第一步为磨教学目标，即对行为动词的界定与教学目标的叙写进行重新审视。如果目标不够具体，课堂教学就无从考量达成度问题，也就无法界定高效课堂的生成。三维目标是生物课程目标的整体设计思路，而不是教学目标的维度，一节课的教学目标，应当以生物知识、技能为载体，在教学过程中开展生物思想、方法的教学，渗透情感、态度和价值观的教育。教学中，有些教师只凭经验和考试要求进行教学，认为讲完规定的教材内容就达成了教学目标；有些教师备课时只是抄教参或上网下载，目标虚化，教学随意性大。

布鲁姆指出有效的学习始于准确地知道达到的目标是什么。由此可见，把握教学目标是实现有效教学的前提与关键，支配着教学的全过程，规定着教与学的方向。教师在指向性更明、操作性更强的教学目标指引下，引导学生走向知识、探究知识、培养能力、增强感悟，真正实现用教材教。通过磨课，磨出简明扼要、易于达成、便于反馈的教学目标，让学生明晰自己的学习任务，较好地调整自己的学习心理指向，较快地进入学习角色之中。

二、去枝存干，磨出简约充实的教学内容

教师课堂教学要以学为主，以教为辅，真正实现生物课堂的生本化，一节

---

① 肖安庆.磨课是生物高效课堂的必要条件［J］.中学生物学，2014（7）.

课不仅仅是看教师教了多少，更要考量教师教会了多少，所以选择恰当的教学内容，特别是抓住一节课的本质内容，就会显得既充实又简约。俗话说："提领而顿，百毛皆顺"，教师对生物教学内容要有所取舍，舍即是"磨"，"磨"去学生在预习中已掌握的或与本节无关紧要的内容等，对教材内容要裁剪重组，磨出简约的教学内容，教学内容的选择要精心比较，教学情境问题的设计要反复推敲，所选择的实例要有思考的价值，能够反映生物的本质规律，贴近学生认知水平，符合学生的最近发展区，不要随意拓展或延伸。情境创设要简约，要真实、积极，要为教学服务，不要无病呻吟。教学重点、难点的确定要细心斟酌，这样才能在备课中体现详简，从而将主要精力花在关键点处，使教学重点更加突出，难点更易突破，通过两次甚至多次磨课，磨出简约充实的教学内容，主线明晰，课堂教学动感和韵律显现，使教学设计更能为教学目标服务。

笔者在"现代生物进化理论"教学时，感到概念较多、内容抽象，学生难以掌握，如果照本宣科，学生接受不了，上课效益不高。通过磨课，我认为可以按照一条主线将课程展开：一个单位、三个环节。"一个单位"是指现代生物进化的基本单位是种群，"三个环节"是指"一原二方三必要"，即生物进化环节的原材料是突变和基因重组，进化的方向是自然选择决定，隔离是物种形成的必要条件。笔者通过将课堂内容简约化，吸引了学生浓厚的兴趣，顺利地完成了教学目标。

三、裁剪取舍，磨出简化朴实的教学环节

高效的生物课堂一定有一个简明、流畅、过渡自然的教学环节，学生在教师的引导下，感受到知识的顺其自然，一个优秀的教师总是会在教学中顺势而下，教学环节显得水到渠成，而不是生硬唐突。笔者在教学实际中发现：教学环节复杂、结构繁杂的不良现象越来越多地充斥着如今的生物课堂，使原本简单而快乐的生物学习，因教学环节"天衣无缝、环环相扣、层层递进"的烦琐，迫使学生"疲于追赶、疲于应付"，变得"茫然不知所措、忙碌而无所作为"，以致学生精彩的发言和智慧的火花无法在课堂中生成。简约的生物课堂是清晰的、扎实的，易于理解、循序渐进的一个过程，因此，磨教学环节，就是减少多余环节，留给学生有效思维的空间和时间。

在教学"孟德尔的豌豆杂交实验（一）"一课时，有的老师对实验"性状分离比的模拟"环节不够重视，对本节课的理解没有帮助。其实这一模拟实验是本节课的"睛"，按照假说演绎的方法将本课讲授后只是画好了"龙"而已，如

果能安排学生参与该实验，则能起到画龙点睛的效果。为此，笔者设计了三个环节，一是感知分离现象，激发欲望；二是探究分离现象的形成过程，得出基因分离定律的实质；三是探究分离的影响因素，设计拓展实验，让学生自行得出结论。整节课围绕分离现象一条主线，思路简洁明朗、任务精当明晰，层层推进，环环相扣，教学流畅、轻松、高效。

环节的预设不在于多，而在于精、在于简、在于厚实和朴实，通过磨的过程，磨出简化朴实的教学环节，往往具有"四两拨千斤"之功效。

四、合理运用，磨出简便灵活的教学方法

陶行知指出："凡做一事，要用最简单、最省力、最省钱、最省时的法子，去收最大的效果"，教无定法但贵在得法，努力追寻最简便、最有效的教学方法，一节课到底用什么方法，要根据授课内容和学情而定，最适合学生的、适合教学目标、适合教学内容、能促进学生需要和发展的教学方法，就是好方法，在教学手段选择上应该返璞归真，从简朴有效的原则出发，恰当选用多媒体、实物投影仪等教辅工具，力求简便、实用、有效，通过磨的过程，磨去带有作秀和表演色彩的启发式、满堂问、满堂论等教学形式，让生物课堂回归常态，还生物教学以自然本色，让学生亲自参与到生物知识的再发现过程中去，真正体验到获得新知和能力的乐趣，亲身经历"为有源头活水来"的情感体验。

"通过神经系统的调节"中"兴奋在神经纤维上的传导"是高中生物教学的难点，教师引导学生思考静息电位和动作电位的原因，分析局部电流的形成和兴奋部位膜内外电位差的变化，但是这样的课堂经常出现冷场，学生不能理解。教师缺乏对学生固有知识的了解，缺乏对学生把握知识规律、形成认识思路和方法的启发和引导，忽视了采用什么教法引导学生思考。教师在此处不妨弱化分析，让学生亲手做用电刺激青蛙的坐骨神经实验，或者看这一视频，然后讲解，将兴奋的传导类比成弹钢琴，这样的效果会更好。

五、化繁为简，磨出简洁流畅的教学语言

言简意赅、简洁流畅的生物课堂教学语言，给学生以明亮清澈的透明感，让学生感到心旷神怡，因此教师在进行课堂教学时，必须事先通过磨课，反复推敲教学语言，磨去提问语、启发语、点评语、讲解语、过渡语中的杂质，尽可能地使得自己的教学语言精练、经济、简洁和有效，应该做到：导入语言简洁明了，引人入胜；问题语言导向明确，问在知识的关键处、问在学生思维的断链处；点

拨语言精当、富有启发性；过渡语言自然流畅；评价语言简练真实、扼要坦诚。通过磨的过程，教师磨出富有激情的简洁精练的教学语言，像一串珍珠，使生物课堂流光溢彩，让学生领略教师的睿智和语言风采，从而诱导学生主动、有效地学习生物，把学生带入瑰丽的生物知识殿堂。

六、精挑优选，磨出简练有效的课堂练习

通过课堂练习加深学生对本节内容的理解，但不应简单地以熟求巧，布置大量简单重复的习题，也不应急于求成，对于过于综合、离学生实际水平较远的题目要大胆舍弃，单纯强调多练是不行的，只有练得准，练得巧，练得及时，练在刀口上，效果才会更好。教师应根据教学具体情况和学生实际认知水平精心设计课堂练习的范围、要求和时机，跳进题海精选课堂练习内容，确保课堂练习具有针对性、层次性和系统性，从而达到举一反三、事半功倍的课堂练习训练效果。

总之，如果我们的生物课堂都能磨课，生成的课堂才能高效、清新、自然、纯净且本色。磨尽铅华，返璞归真，删繁就简，生物课堂教学才能简约且高效。

第四节　基于核心素养的教师教学反思[①]

教学反思是指教师对自己教学前、教学中和教学后的经验或行为加以审视、分析、批判和调整，并改进自己的教学，以期达到更好的教学效果，进而促进自身专业成长的过程。其根本目的在于完善教学设计，改进教学行为，提高课堂教学效益，以及提升教学能力，促进专业发展，不仅有利于教学经验的积淀与升华，也有利于教育教学理论的生成。因此，国内外教育学家将教学反思视为专业成长的重要途径，美国心理学家波斯纳认为"成长=经验+反思"，叶澜教授指出"一个教师写一辈子教案难以成为名师，但如果写三年反思则有可能成为名师"。

---

① 肖安庆.中小学教师教学反思的现状与对策［J］.学校党建与思想教育，2013（2）.

一、教学反思的现状

1. 缺乏良好的教学反思氛围

一线教师的教学任务偏重，一切围绕课堂教学和学生分数转，教师之间的竞争大于合作。学校对教师的考评形式单一，不重视教师的专业发展，没有在学校内部形成良好的教学反思文化，也未能形成有效的教学反思机制。

2. 缺乏有效的教学理论的指导

很多教师也知道应该进行教学反思，但不知如何进行有效的教学反思，缺乏行之有效的教学反思理论的指导，基于经验的、就事论事的、为反思而反思的现象较为普遍。"教学理论学习和修养的不足，制约了教师教学反思能力的提高。"

3. 缺乏基本的教学反思意识与教学反思活动

很多教师主动进行教学反思的意识比较淡薄，并有相当一部分教师缺乏基本的教学反思活动，更不用说产生教学行为改进的效果了。"实践中越来越多的教师出现教学反思倦怠，具体表现为反思心理疲倦、不愿反思、对待学校的反思要求持消极应付态度等。"

4. 缺乏有效的教学反思

具体表现为教学反思行为与教学反思方式的表面化、单一化、随意化与程式化。不少教师会在教学设计的"教后反思"或教学反思日记中轻描淡写地写上几句空话或套话以应付差事，甚至在教学活动之前就已经预先写好了所谓的"教后反思"。

5. 缺乏系统而有理论深度的教学反思

教师在教学反思过程中关注较多的是某个（些）教学环节或教学片断，或教学中的纰漏，或教学中的"灵光一现"，等等，缺乏对整个教学过程完整而深入的反思，在教学反思中对教学过程中学生学习的达成情况、教学目标的落实情况等不够重视，对教师自身的教育经验、教育理念等方面的反思较少。教学反思也很少涉及教学改革的合理性与有效性、课程设置的科学性与适切性等较为宏观的方面。反思的表面化、片段化现象严重，教师在反思过程中缺乏对理论的深度挖掘。

6. 缺乏长期与持久的教学反思

教学反思经常是虎头蛇尾、半途而废，虽然一些教师能认识到开展教学反思的重要意义，热情也很高，但是过不了多久，热情就消退了，教学反思也就不了了之了。出现这一现象的原因主要有：缺少教学反思的时间，缺少专家的引领，教学反思缺乏实效。很多时候教学反思只是走过场，形式主义盛行，严重影响了教学反思的效果。

二、提高教师教学反思能力的对策

要想改变教学反思现状、提高教师的教学反思能力，可以从以下八方面着手。

1. 进一步转变观念，提高教师自觉反思的意识

中小学教师需要进一步转变观念，进一步强化教师专业必须不断成长、不断发展的意识，真正认识到积极的教学反思活动是教师成长和提高的有效手段之一。

2. 变强制性反思为鼓励性反思

教学反思不应该是制度性要求与硬性任务，而应该成为教师自觉自愿的教学研究行为。"学校应重新考虑对教师反思的具体要求，改强制为鼓励"。学校在确定教师教学反思的具体要求时要有一定的灵活性，充分体现教师在教学反思过程中的主导地位与主体作用，同时，"教育行政部门在制定对教师教学反思要求方面应充分考虑教师的真实感受，机制方面要有利于教师建立反思的心理意向。"

3. 创造有利于教师自觉反思的学校文化

很多教师在教学中基本上处于一种"单打独斗"的状态，难以形成教师专业成长的"团体动力"。不同教师的教育经验更多地表现为一种孤立的离散的存在，既缺乏必要的整合与提升，也难以进行有效的交流与传播。对教学过程中存在的具体问题的解决也常常依赖于个人的努力，因此其解决过程也蒙上了一层浓厚的个人色彩。"这要求学校去营造有利于教师反思的氛围，创建学校反思文化。如学校应考虑如何为教师减轻负担，建立一定的激励机制，切实开展好教研组活动，定期开展反思经验交流会。学校还要注意塑造学校教师学习文化，让教师群体成为学习型组织。"

4. 给予教师一定的教学反思方法指导

通过专家引领、有丰富教学反思经验的教师的现身说法、教学反思理论学习、教学反思经验交流以及日常的教学交流等方式促使广大教师掌握基本的教学反思方法。"中小学教师缺乏相应的专业知识基础和教学反思的经验，这就需要专业研究人员不仅要进行教学反思的理论研究，还要深入学校、课堂进行教学反思的实践研究，对教师的教学反思提出一些建设性的指导和反馈意见。"

5. 从具体的教学问题着手进行反思

反思以往教学过程中遭遇的问题或无知境界，教学反思的基本目的在于解

决教学过程中存在的问题，并通过持续不断的教学反思和教学行为促使"教师学会教学"。要将教学反思引导到对教学中存在的具体问题的反思上，"教师要多从微观层面和局部视角去分析日常教育教学过程，发现问题，从而进行反思"。从具体的教学问题切入进行教学反思既易于入手，又易见成效，易于激发教师的反思兴趣与反思热情。另外，教学反思不能仅仅止步于反思教学中存在的一个个具体问题，而应该在适当的时机，提出更高的反思要求，不断拓展教学反思的内容。

6. 反思后要有行动跟进

"教学反思不是为回顾而回顾，而是要在回顾中发现问题和不足，进而修正行动方案，进入新的行动尝试。只有反思后进行行动跟进，教师才能获得真正的改变和成长"。教师专业成长=实践经验+教学反思+行动跟进，"成长、经验、反思、行动跟进"构成教师专业成长的循环小周期。

7. 积极探索灵活多样的教学反思方式

教学反思不能完全局限于写反思日记或教后反思等几种具体方式，还应积极探索灵活多样的教学反思方式。学校要创造真正有利于教师反思活动的机制和氛围，促使教师养成经常反思的意识与习惯，引导教师把主动进行教学反思作为一种教学交流与教学研究的常态行为，而不是局限于每周都提交一份反思日记，或每天都写空洞无物的所谓教后反思。比如针对某一教学内容，同组教师彼此交流自己的看法或处理方式，或者授课结束后同组教师针对教学困惑或教学感悟等进行轻松自由的交流，或者交流一下教学中存在的较为普遍的问题及其各自的处理方式，等等，都可能会对彼此的教学认识产生意想不到的启发作用。

8. 引导教师不断扩展反思的内容

"目前教师的反思内容具有一定的局限性且视角单一，主要集中在教学方面，而其他方面的反思如教育观念的反思、学生问题的反思、专业发展的反思、个人成长的反思等较少被作为反思的内容，而这些对教师自身的成长和发展都十分地重要和必要。学校应该引导教师扩展反思的内容"。在教学反思中，教师既要重视对教学过程中的局部问题、微观问题、具体问题进行反思，也要重视对教育改革、教学理念、学生问题、自身专业发展等宏观问题进行反思。安富海（2010）从较为宏观的角度研究了教学反思内容的6种不同指向，即课堂教学指向、学生发展指向、教师发展指向、教育改革指向、教育教学的影响因素指向、人际关系指向。这对我们拓展教学反思的视角、扩展教学反思的内容等具有一定的启发与引导作用。

在科学的教育教学理论的指导下，基于教学实践活动的持续的教学反思，以及教学行动的不断跟进，是教师专业成长的重要源泉与根本动力。因此，教学反思应该成为每位教师的自觉追求与主动选择，并在教学实践的基础上不断拓展、深化教学反思的内容与教学反思的方式。

第五节　基于核心素养的教师专业发展的内涵与路径

教师如何及时、有效地理解和认识核心素养的内核和意义，并在学校管理、教育教学中做出相应的调整，这是当前教师专业发展的重要议题。

一、课改呼唤教师专业发展先行

百年大计，教育为本；教育大计，教师为本。国家制订的课程方案能否在学校教育实践中得到有效贯彻，主要取决于广大教师的教育自觉与教学行为。《国家中长期教育改革和发展纲要（2010—2020年）》要求："提高教师业务水平，完善培养培训体系，做好培养培训规划，优化教师队伍结构，提高教师专业水平和教学能力。"我国教师专业发展工作伴随着教育事业发展和课程改革推进也在同步进行。"教师专业发展先行"是保障课改顺利推进的一个宝贵经验。

（一）教师专业素养必须适应规模迅速扩大的高中教育发展

教育事业的发展呼唤着教师专业发展的改革。现代教育培养创新型人才的新态势对教师专业素养不断提出新的要求，教师队伍建设必须适应这一现状。以广东省为例，近20年普通高中教育规模迅速扩大，每年招生人数从1995年的15多万人剧增到如今的近70万人，增长了三倍多。高中生源数量的剧增必然带来学生发展的多样性和教学需求的差异性。

（二）教师专业发展工作必须适应高中教师队伍数量急速增长的现状

伴随着高中教育规模的扩大，教师队伍数量也在急速增长，到2014年广东省普通高中教师由20年前的2.6万人增长到如今的14.8万人，足足增加了四倍多，深圳市教师队伍的壮大发展呈现年轻化、高学历化的趋势。因此，加速培养并造就一支师德高尚、业务精湛、结构合理、充满活力的高素质专业化教师队伍成为深圳教师队伍建设迫在眉睫的任务。

（三）教师专业发展课程必须适应教育价值观的变化

21世纪以来，国际、国内学校教育的价值取向在不断发生变化，由原来强调基础知识学习的知识取向阶段和强调基本技能训练的能力取向阶段发展进入当前强调价值观取向的发展学生核心素养阶段。教师对于知识、课程、教学、教师、学校的价值，乃至教育的价值，都必须有全新的学习与思考。因此，坚持教师继续教育，改革教师专业发展工作，不仅是终身学习理念下构建学习型社会的历史重托，而且是教育事业改革与发展的必然趋势。教师必须在终身教育过程中不断完善自身专业素养，才能胜任新时期的教育教学工作。

（四）教师专业发展务必适应课程与教学持续改革的发展需求

三十多年来，我国普通中学课程一直处在改革与实验的进程中，主要经历了四个阶段：①1981年推出的《六年制重点中学教学计划》和《五年制一般中学教学计划》并行的两类中学教学计划；②1991年实行的《普通高中教学计划调整意见》和《普通高中毕业会考制度》"两项改革"；③1997年至2000年试验的"两省一市"方案试验稿、试验修订稿等普通高中课程"过渡方案"；④2004年开始实验的《普通高中课程方案（实验）》。当下马上要进入落实立德树人、强调价值观取向的发展学生核心素养阶段。每一阶段的课程改革都对教师提出了新的专业发展要求。

二、基于核心素养的教师专业发展的内涵

国内外教师专业标准在以下方面达成高度共识：①关于教师专业标准的范畴与领域——专业知识（应知）、专业技能/实践（会做）和专业品质（愿持）；②关于教师专业发展阶段的划分与要求——根据教师专业发展各阶段的特质，为每个层次和水平的教师制定相应标准；③关于教师专业发展的核心领域——学会理解、尊重学生，致力于每位学生的学习与成长；④促进学生有效学习的教学实践技能；具有专业反思与终身学习的能力；⑤养成专业合作的品质。

（一）内涵

教师专业发展，使一线教师正确认识、理解核心素养的内核和实质。我国基础教育核心素养的提出，不是盲目地跟风和模仿，而是基础教育课程改革进行到一定阶段的需要，是全面贯彻党的教育方针，落实"立德树人"根本任务的需要。当下进行的第八次课程改革已经进入拓荒区，迫切需要获得进一步突破的增长点。中国学生发展核心素养，以科学性、时代性和民族性为基本原则，以培养"全面发展的人"为核心，正好适应了目前社会主义核心素养价值观全面落实和

课程改革进一步深化的需要，成为基础教育改革的航标灯和推进剂。

（二）内容

核心素养背景下的教师核心素养培训包括专业理念与师德、专业知识、专业能力。

1. 教师的专业理念与师德

教师的专业理念与师德包括：①职业理解与认识方面要做到爱岗敬业、为人师表；②在对学生的态度与行为方面要做到关爱学生；③在教育教学的态度与行为方面要做到育人为本、德育为先、教书育人、尊重规律、因材施教，引导和促进学生的自主发展；④在个人修养与行为方面要做到：富有爱心、责任心、耐心和细心，乐观向上、热情开朗、有亲和力，善于自我调节情绪，保持平和心态，勤于学习，不断进取；衣着整洁得体，语言规范健康，举止文明礼貌。

2. 教师的专业知识

在国外，近30年来，教师专业标准的研究将焦点放在教师学科教学知识与教学能力上。1986年美国斯坦福大学舒尔曼教授首次提出"学科教学知识"概念（PCK）并作为学科教师专业能力的重要评价指标，分为学科内容知识、学科教学知识和课程知识3大类型。科克伦在1993年提出"学科教学知识"理论（PCKg），包括学科、教学、课程、学生、评价、学校6大维度的知识与能力。一线教师的专业知识应包括：

（1）教育知识：掌握中学教育的基本原理和主要方法；掌握班级、共青团、少先队建设与管理的原则与方法；掌握教育心理学的基本原理和方法，了解中学生身心发展的一般规律与特点；了解中学生世界观、人生观、价值观形成的过程及其教育方法；了解中学生思维能力与创新能力和实践能力发展的过程与特点；了解中学生群体文化特点与行为方式。教师不仅要知道教什么，而且更应懂得怎样教，怎样才能教得好。

（2）学科知识：理解所教学科的知识体系、基本思想与方法；掌握所教学科内容的基本知识、基本原理与技能；了解所教学科与其他学科的联系；了解所教学科与社会实践及共青团、少先队活动的联系。

（3）学科教学知识：掌握所教学科课程标准；具有依据国家课程标准进行课程开发的能力；具有根据学生学习具体学科内容时的特点开展有针对性教学的。

（4）通识性知识：具有自然科学和人文社会科学方面的知识；具有有关艺术方面的知识；具有信息技术方面的知识；具有有关中国教育国情方面的知识。

3. 教师的专业能力

教师的专业能力是核心素养的重要构成之一，具体包括：

（1）教学能力：在教学设计方面，科学设计教学目标和教学计划；合理利用教学资源和方法设计教学过程；引导帮助中学生设计个性化的学习计划。在教学实施方面，营造良好的学习环境与氛围，激发与保护中学生的学习兴趣；通过启发式、探究式、讨论式、参与式等多种方式，有效实施教学；有效调控教学过程，合理处理课堂偶发事件；引发中学生独立思考和主动探究，发展学生创新能力；发挥好共青团、少先队组织生活、集体活动、信息传播等教育功能，将现代教育技术手段整合应用到教学中。在教育教学评价方面，利用评价工具，掌握多元评价方法，多视角、全过程评价学生发展；引导学生进行自我评价；自我评价教育教学效果，及时调整和改进教育教学工作。

（2）组织与管理能力：具体包括建立良好的师生关系，帮助中学生建立良好的同伴关系；注重结合学科教学进行育人活动；根据中学生世界观、人生观、价值观形成的特点，有针对性地组织开展德育活动；指导学生理想、心理、学业等多方面发展；妥善应对突发事件。

（3）沟通与合作能力：具体包括与学生的沟通交流能力；与同事的合作交流能力；与家庭、社区的沟通合作能力。

（4）反思与发展能力：具体包括反思能力、研究能力、生涯发展规划能力。所谓教师专业发展，是教师作为专业人员，从专业思想、专业知识、专业能力、专业心理品质等方面由不成熟到比较成熟的发展过程。

教师要从上述四个方面进行专业发展，以更好地通过教育教学培养学生的核心素养。

4. 教师专业发展课程的视角

关于教师专业发展改革的价值取向与方法路径，不少学者进行了研究探讨。比较有代表性的是生态哲学视角、生成性教学视角、教师需求导向视角、培训效果反馈视角、标准对应分析视角、教学研究视角、比较分析视角等。

（1）生态哲学视角：学者从生态哲学的视角提出，新课改的"分科与综合""预设与生成""接受与探究"等理论，给广大的教师队伍带来巨大的震撼与启发，但伴随其间的也有教师自身思维方式等方面的混乱，以致产生了课改的焦虑。究其原因是教师的创造性、批判性不足。这需要用生态哲学、生态思维去看待教师教育，解决专业不足问题。教育生态学将为教师专业发展改革与创新提供新的视角与启发。

（2）生成性教学视角：基于生成性教学视角探讨了中小学教师专业发展的难题——实效性，继而提出只要在培训实施过程中体现"生成性"就能激发教师兴趣。这个生成性的观点与教师教育政策内容中要求的"生成"相一致。

（3）教师需求导向视角：通过对九省市的大规模抽样调查，进而对全国中小学教师的学历学位教育、教学技能与专业素养、教师工作量与工作负担、教学资源与使用情况、信息技术的应用、教师效能、科研活动、教学反思行为、在职培训效果与需求、学校管理等各个维度发布了专题报告，完成了《中国中小学教师专业发展状况调查与政策分析报告》，对中小学教师专业发展需求和培训取向提供了理论导向和政策制定依据。

（4）培训效果反馈视角：通过抽样调查法，学者了解到影响中小学教师专业发展实施成效的主要因素有培训专家、培训内容、培训方式、培训时间安排等，并据此指出目前中小学教师专业发展效果不尽如人意的原因主要是这些因素考虑不周、实施不当，从而提出了一系列改进建议。

（5）标准对应分析视角：以浙江省为案例，对应中小学教师专业标准解析教师在教育教学实践中出现的问题和显露的专业不足，探讨了中小学教师专业发展的变革与创新，对现实的教师专业发展目标取向进行了深度反思，提出了应对变革的中小学教师专业发展目标：①面向全员式培训，实行"一个教师都不能少"的全员培训。②能力为重，在培训内容与方式的价值取向上重视实践性。③以教师为本，突出参训者学习的自主性和选择性。④凸显开放性和竞争性，提供丰富多样的、足够教师选择性学习的培训资源。⑤在培训形式上注重参与性和体验性。⑥关注源头，在培训者队伍建设上强化"培训师培训"。

（6）教学研究视角：学者回顾了我国中小学教学研究60年的历史，提出了教师教学教研的现实问题，并根据教育改革的大背景进行了中小学教师教研的未来思考。

（7）比较分析视角：李斌通过比较发达国家中小学教师专业发展的发展趋势，揭示出其中的共性：目标多样化，培训方式多样化，培训内容实效性，培训机构开放化，管理制度化。由此结合我国的教育国情，提出了自己的反思与思考。

三、基于核心素养的教师专业发展的路径

（一）基于培养学生核心素养的专业思想的建立

随着全球化、信息化时代与知识社会的来临，各国综合国力的竞争日益加剧，各国之间已经从表层的生产力水平竞争转化为深层的以科学技术和人才培养

为中心的竞争，以经济发展为核心、致力于公民科学素养的提升，已经成为世界各国发展的共同主题。在此背景下，各国教育改革中无法规避的一个核心问题就是，21世纪培养的学生应该具备哪些最核心的知识、能力与情感态度，才能成功地融入未来社会，才能在满足个人自我实现需要的同时推动社会的健康发展？针对这一问题，国际性经济合作与发展组织OECD在21世纪初率先提出了核心素养概念框架和指标体系。核心素养是学习者较为核心且重要的素养，具体是指个体为了健全发展、适应生存生活需求而必须具备的知识、能力、技能与态度等核心素养。随后，世界主要发达国家或地区也纷纷启动了以核心素养为基础的教育目标体系研究，建构起符合本国或本地区实际教育情况的核心素养指标体系，并以此为基础开发和完善以学生核心素养为基础的课程改革方案，进而开展基于培养学生核心素养的学科教学实践与学业水平评价，以全面提高教育质量，更好地为社会和经济发展服务。为了提升我国教育的国际竞争力，并顺应国际教育改革的发展趋势，教育部启动了"立德树人"工程。核心素养就是个体在社会中生存与生活的最基本、最重要、最必需的素养。教育部印发的《意见》，为推动社会主义核心价值观融入教育教学，提出"研制中国学生发展核心素养体系，明确学生适应终身发展和社会发展需要的必备品格和关键能力，系统落实社会主义核心价值观的要求"。核心素养被置于深化课程改革、落实立德树人目标的基础地位。学生发展核心素养是一套经过系统设计的育人目标框架，其落实需要从整体上推动各教育环节的变革，最终形成以学生发展为核心的完整育人体系。具体而言，主要有三个方面的落实途径：①通过课程改革落实核心素养，基于学生发展核心素养的顶层设计，指导课程改革，把学生发展核心素养作为课程设计的依据和出发点，进一步明确各学段、各学科具体的育人目标和任务，加强各学段、各学科课程的纵向衔接与横向配合；②通过教学实践落实核心素养，可以通过引领和促进教师的专业发展，指导教师在日常教学中更好地贯彻落实党的教育方针，改变当前存在的"学科本位"和"知识本位"现象，帮助学生明确未来的发展方向；③通过教育评价落实核心素养，学生发展核心素养是检验和评价教育质量的重要依据。

由此可见，教师需要树立"教育要发展学生适应终身发展和社会发展需要的必备品格和关键能力"这一专业思想，并切实把它作为教师专业行为的理性支点。其中，一方面需处理好知识和能力、品格之间的关系。知识是基础，发展能力和品格离不开知识的习得；知识是手段，目的是通过知识的习得发展能力和品格。另一方面需明确所要发展的能力和品格的特殊指向性，要适应终身发展的需

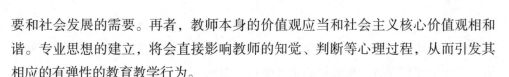

要和社会发展的需要。再者，教师本身的价值观应当和社会主义核心价值观相和谐。专业思想的建立，将会直接影响教师的知觉、判断等心理过程，从而引发其相应的有弹性的教育教学行为。

（二）基于培养学生核心素养的专业知识的拓展

1. 量的拓展

其一，核心素养是什么的知识。一方面，核心素养的内涵，不仅包括核心素养概念本身，还包括核心素养的上位概念如素养、素质和下位概念"学科核心素养"。要弄清楚到底什么是核心素养。另一方面，特质是什么也要弄清楚。OECD通过多学科的整合，归纳出"能互动地使用工具""能在异质社群中进行互动""能自律自主地行动"等方面的核心素养。关于学科核心素养，各学科有自己的独特性，如数学学科的核心素养为抽象、推理和模型，历史学科的核心素养为历史意识、历史思考与历史判断，美术学科的核心素养为图像识读、美术表现、审美态度、创想能力和文化理解。

其二，核心素养为什么的知识，即与背景、目的等相关的知识。国际上长期研究表明，只有找到人发展的"核心素养体系"，才能解决好生命有限与知识无限的矛盾；才能在给学生打下坚实知识、技能基础的同时，又为未来可持续发展奠定基础。我国较少关注为学生个人发展和终身发展打基础。基于国内教育改革中遇到的问题以及国际上可供参考的经验，教育部在2014年印发的《意见》提出了核心素养培养体系，具体回答了"培养什么样的人"的问题，教育工作要从学科中心转向育人中心，要从追求分数转到关注人的全面发展，转到立德树人。

其三，核心素养怎么培养的知识。一方面，教师坚持探究性的教与学，让学生学会认知。知识是必需的，但不是灌输给学生的，而是学生通过探究获取的，要培养学生的思维能力。另一方面，教师坚持问题解决式教学，让学生学会做事。"教师在教学的时候，应该想方设法创设问题情境，让学生调动已有的知识与技能或者学习新的知识与技能，参与到解决问题的过程中来，并在这一过程中通过观察、思考、想象、研究、操作、合作等方式，逐渐地形成核心素养。围绕这一思想，项目驱动法、任务驱动法、合作学习法以及像艺术家那样工作都是不错的选项。但无论哪一种方法，情境、问题、探究、合作都是其中的关键词。"再有，教师引导学生开展合作性、自主性的学习，让学生学会与他人相处、学会自我教育、反思与管理。

2. 质的深化

质的深化即从知识的理解、掌握到知识的批判，再到知识的创新。认识问题是不能割断历史的，我们坚持了很多年的"双基"、素质教育以及第八次课程改革所倡导的课程功能、课程文化，它们与核心素养是什么关系？这些问题必须弄清楚，才能深刻理解、把握核心素养的相关知识。"双基"是核心素养的部件，要向核心素养转化，需要在获取上重视研究性方式并通过创设问题情境加强运用。素质教育与核心素养都是对"培养什么样的人"做出的回答。人的素质经由生理、心理、文化、思想等不同层次，不断提升，逐步完善，而且其可塑性即可教性（可学性）逐渐增强，也就是说，先天禀赋成分逐渐减少，而后天教养（即素养）成分逐渐增加。由此可知，素养是可教、可学、可测的，下一步推进素质教育的思路为从知识教育走向能力教育，进而走向素养教育。第八次课程改革提出了三维目标。"深入推进新一轮基础教育课程改革，迎接课堂转型挑战，难以绕过核心素养这一重要问题。没有核心素养，改革就缺了灵魂。"从"双基"到三维目标，再到核心素养，这是从教书走向育人这一过程的不同阶段。

（三）知识结构的优化

其一，摄取广泛的文化基础知识。教师需要获取21世纪社会政治、经济、文化等方面的知识，把握21世纪人们的生存环境及其对人的生活方式的要求。培养学生核心素养需要设置问题情境，而问题的分析与解决是综合的，会涉及多方面的知识，这就要求教师广泛涉猎知识。其二，深刻理解知识。培养核心素养强调从关注知识的传递到更多地关注育人，需要从知识、技能、态度整合性地给予学生影响，最终体现在学生的行动上，使学生成为一个能够独立生活的人。这就要求教师在把握学科知识时，不仅要深刻理解陈述性知识，而且要熟练把握程序性知识，更要细密梳理策略性知识，善于描述自己的内在思维，使学生可以想象。同时，教师要考虑知识所承载的技能、态度。其三，教师要补充相关学科知识，以满足课程整合设置和综合培养核心素养的需要。

（四）基于培养学生核心素养的专业能力的发展

为了在教育教学中能顺利地培养学生核心素养，教师要格外重视教学设计能力、教学组织管理能力以及教学交往能力的发展。

教师在进行教学设计时，应根据学科核心素养的要求，对教学内容进行分析，形成基本理解，转化为驱动性问题，设计学生活动。要形成多角度、多层次、开放地进行设计的技能，既考虑对学生知识和能力的培养，又考虑对学生思想道德的培养；既考虑课内内容，又考虑课外内容，要熟练地运用生活经验和社会资源，包括21世纪社会、生活的实况，给学生以实际问题的解决。通过教书实现育人，达成立德树人的目的。

课堂组织和教学中，要精心培养学生的学科核心素养。课堂的组织，展现课程的生成、学生对活动的参与和解决，是学生学科核心素养形成的主要途径。教师要具备相应的技能来指导学生，成为学生终身学习态度、方法与能力的指导者。在组织过程中，教师要具备技能，以求能够及时判断出学生的发展状态及需求，做出恰当的反馈和引导。还要培养学生的团队合作素养和个人自主自律行动等核心素养。

教学交往能力包括与学生、与教师的交往能力。与学生的交往，需要教师具备理解学生素养现状的能力、与学生沟通的能力，在班级授课制中还要具备协调学生人际关系的能力。与教师交往，除了与同事一起分享观念和新知外，更要着力于教师间教育力量的整合。学生核心素养的养成离不开各学科核心素养的养成，各学科核心素养有其独特性，但也会构成学科群，承担核心素养的培养任务。因此，教师需要具备与其他教师密切深入交往的能力。

（五）基于培养学生核心素养的专业心理品质的形成

培养学生核心素养，教师要以知识为依托，通过创设问题情境，让学生形成适应终身发展和社会发展需要的能力和品格。能力、品格、智慧、信念等正属于人的心理品质。因此，培养学生核心素养，教师必须获得相应的专业心理品质的发展。

心理品质是个体在心理过程和个性心理两方面表现出来的稳定的心理特征，如感觉、知觉、记忆、想象、思维、情感、意志、兴趣、性格等。这要求教师在感觉方面，面对复杂的生活环境能判断会选择；在思维方面，保持思维的广阔性、动态性、创造性，学会自我思考，能够把知识综合化并用来解决问题；在情感方面，爱学生、爱教育、爱国家，与人友好，能合作，共同解决问题或完成任务；在意志方面，坚强、百折不挠地面对各种情境，保持终身学习的动力；在性格方面，活跃、务实、稳定、积极。这些心理品质既促进自身的专业发展，又给予学生积极的影响，发挥一种定向指导作用。

附 录

肖安庆老师发表核心素养领域中的论文一览表

1.《教师无为，学生有为》发表在《中学生物教学》2012年第4期；

2.《礼仪教育：高中教育的盲点》发表在国家级期刊《中国德育》2011年第2期；

3.《师生冲突中教师自我调控的艺术》发表在《思想理论教育》2011年第10期；

4.《试论教师专业发展的规划与策略》发表在《中小学校长》2011第6期；

5.《师生冲突的调控艺术》发表在《青年教师》2012年第1期；

6.《浅谈高中生物建模的教学价值和培养策略》发表在《中学生物学》2011年第7期；

7.《高效听讲：构建高效课堂的新思维》发表在《素质教育大参考》2011年第13期；

8.《对教学反思再反思》发表在省级期刊《校长参考》2011年第1期；

9.《时代呼唤科研型教师》发表在省级期刊《教师新概念》2011年第5期；

10.《以教学反思为抓手，推动教师专业发展》发表在《教书育人》2011年第9期；

11.《试论教师职业自我的内涵与策略》发表在《基础教育参考》2011年第10期；

12.《论考试改革的方向与人的全面发展》发表在《安徽教育》2012年第1期；

13.《试论教学一体化的编写原则与优化》发表在《西藏教育》2012年第1期；

14.《例谈师生冲突中教师自我调控的艺术》发表在《基础教育研究》2011年第19期；

15.《责任教育的实践与探索》发表在《学校管理》2012年第2期；

16.《责任教育：教育之本》发表在《教材教法研究》2012年第3期；

17.《注重基础提高学生思维应变能力》发表在《赣南教育教学研究》2011年第10期；

18.《例谈生物简笔画在生物学中的应用》发表在《生物学教学》2008年第11期；

19.《试论中学环境教育的策略》发表在《环境教育》2012年第6期；

20.《学生自主性实验：实验教学的新思维》发表在《教材教法研究》2012年第9期；

21.《重视责任教育》发表在《平安校园》2011年第9期；

22.《试论教学质量评价的异化》发表在《西部教育研究》2012年第4期；

23.《例谈类比推理在高中生物教学中的应用》发表在《教学与管理》2013年第2期；

24.《中小学教学反思的现状与对策》发表在《学校党建与思想教育》2013年第1期；

25.《高中生物实验教学的新问题与新对策》发表在《生物教学与实验》2012年第12期；

26.《幸福教育：教育的追求》发表在《基础教育改革动态》2013年第1期；

27.《管窥中小学教研的问题与反思》发表在《基础教育参考》2013年第15期；

28.《管窥中小学教师反思与思考》发表在《青年教师》2013年第4期；

29.《中小学教师专业发展探析》发表在《新教育》2013年第2、3期；

30.《中小学教研：问题与反思》发表在《宁夏教育科研》2013年第4期；

31.《磨课是高效课堂的必要途径》发表在《中学生物学》2013年第7期；

32.《磨课使课堂更有效》发表在《赣南教育教学研究》2013年第7、8期；

33.《注重基础，凸显创新》发表在《中学生物教学》2013年第11期；

34.《教学反思：现状分析与改进策略》发表在《教育文汇》2013年第16期；

35.《我国中小学教师评价新问题与改进策略》发表在《新课程教学》2013年第6期；

36.《教学名师热的冷思考》发表在《教学实践与研究》2014年第2期；

37.《青少年核心价值观教育内容的甄选》发表在《会员通讯》2014年第5期；

38.《回归教材注重基础突出能力》发表在《考试（理科版）》2014年第7、8期；

39.《社会主义核心价值观进校园：内涵、优化、甄选与路径》发表在《基础教育论坛》2014年第4期；

40.《社会主义核心价值观进校园：内涵、优化、甄选与路径》发表在《师资建设》2014年第10期；

41.《打破常规，平实创新——2014年全国高考理综课标I卷第5题互动分析》发表在《中学生物教学》2014年第11期；

42.《新时期中学教师教学实践的六大特点》发表在《教学月刊·中学版》2014年第11期；

43.《基于多元智能理论的生物教学设计与实践》发表在《中小学教材教学》2015年第4期；

44.《基于多元智能理论的生物教学设计与实践》全文刊载在中国人民大学报刊复印中心《中学政治及其他各科的教与学》2015年第8期；

45.《慢教育：生物有效教学新视角》发表在《中学生物教学》2015年第1、2期；

46.《当课堂学生玩手机》发表在《新德育》2014年第11期；

47.《教师要有所不为》发表在《青年教师》2014年第11期；

48.《试论高考生物创新试题：内涵、特征与功能》发表在《中学生物教学》2015年第3期；

49.《中小学教师教学反思：主要内容与呈现方式》发表在《教育论坛》2015年第1期；

50.《悟错教学的理论基础、策略和方法》发表在《中学生物教学》2015年第10期；

51.《管窥社会主义公民教育的活动模式设计》发表在《重庆与世界》2015年第9期；

52.《高中生物教学中"滑过现象"分析与矫治策略》发表在《教学与管理》2015年第12期；

53.《中小学中国梦教育：深刻内涵和有效途径》发表在《西部教育发展研究》2015年第2期；

54.《高中生物核心素养的内涵与培养策略》发表在《中小学教师培训》2017年第6期；

55.《问题教学法在"基因工程的基本操作程序"教学中的应用》发表在《生物学教学》2016年第4期；

56.《基于核心素养的情感态度价值观教育的探索》发表在《中学生物教学》2016年第4期；

57.《社会主义公民教育的活动模式设计》发表在《天津教育》2015年第10期；

58.《试论中小学社会主义核心价值观教育的基本原则、方法与途径》发表在《中小学校长》2016年第5期；

59.《中医诊断理论与中学生物教学》发表在《中学生物教学（下半月）》2016年第5期；

60.《中小学创客教育的发展现状、内涵与构建策略》发表在《中小学教师培训》2016年第11期；

61.《中小学创客教育：问题与对策》发表在《基础教育改革论坛》2017年第2期；

62.《基于核心素养的模型建构概念的教学策略》发表在《中学生物学》2016年第9期；

63.《例谈"置换法"在改编试题中的应用》发表在《中学生物教学》2016年第10期；

64.《换个思维教育学生》发表在《青年教师》2016年第10期；

65.《高中生物核心素养的内涵与培养策略》发表在《中学生物学》2017年第3期；

66.《中小学创客教育：问题与对策》发表在《今日教育》2017年第4期；

67.《试论高中生物核心素养的内涵与培养策略》发表在《中小学教材教学》2017年第9期；

68.《基于核心素养立意的生物考试内涵与试题分析》发表在《中学生物学》2017年第7期；

69.《中小学创客教育的发展现状、内涵与构建策略》发表在《科普研究》论文集；

70.《关于孟德尔遗传定律的4个疑点》发表在《中学生物学》2017年第10期；

71.《中小学创客教育:问题与对策》转载在《山西电教》2017年第9期；

72.《高考题应不应该出现考过的陈题》发表在《中学生物教学》2017年第10期；

73.《基于核心素养的高中生物教学探讨》发表在《中学生物学》2018年第4期；

74.《基于核心素养的高中生物教学设计》发表在《中学生物教学》2017年第12期；

75.《基于探究性教学"种子的萌发"一节的设计》发表在《中学生物教学》2018年第12期；

76.《例谈高中生物复习中翻转课堂教学模式的应用》发表在《教育与装备研究》2018年第2期；

77.《基于"三观"视野的教学设计研究》发表在《生物学教学》2018年第6期；

78.《开展学校财经教育发展学生财经素养》发表在《中国教育学刊》2018年第2期；

79.《中学生物教学应加强社会责任教育》发表在《中国教育学刊》2018年第5期；

80.《基于核心素养背景下的教师培训：内涵与策略》发表在《基础教育改革论坛》2018年第1期；

81.《基于核心素养的高中生物教学设计》全文转载在《中学政治学科及各科的教与学》2018年第3期；

82.《试论核心素养评价的挑战与路径》发表在《中学生物教学》2018年第5期；

83.《基于生命观念的理解与测评研究》发表在《中学生物学》2018年第7期；

84.《STEM校本教育课程研究》发表在《实验教学与仪器》2018年第87期；

85.《基于5E教学模式的生物实验教学》发表在《教育与装备研究》2018年第9期；

86.《试论核心素养视角下课堂教学目标的制定》发表在《中小学教材教学》2018年第9期；

87.《基于学科核心素养优化高中生物教师PCK的探索》发表于《中国教师》2018年第11期；

88.《落实生物学科核心素养应处理好3种关系》发表于《中学生物学》2018年第10期；

89.《试论STEAM项目式学习的内涵与设计》发表于《中学生物教学》2019年第1、2期；

90.《易错生物学概念的自主纠错研究》发表于《中学生物学》2019年第1期；

91.《基于生命观念的理解与测评研究》全文转载于《中学政治及其他各科的教与

学》2019年第1期；

92. 《基于学科核心素养优化高中生物教师PCK的探索》全文刊载于《中学政治及
其他各科的教与学》2019年第2期；

93. 《基于布鲁姆教育目标分类的高中生物核心素养评价》发表在《创新人才教
育》2019年第2期；

94. 《表观遗传学的试题例析》发表在《生物学教学》2019年第7期；

95. 《生物学科能力表现的试题分析与启示》发表在《中学生物学》2019年第5期；

96. 《试论核心素养视角下课堂教学目标的制定》全文刊载在《中学政治及其他各
科的教与学》2019年第5期。